Torey L. Hayden
Meine Zeit mit Sheila

Torey L. Hayden

Meine Zeit mit Sheila

Auf der Suche
nach dem Geheimnis einer
tragischen Kindheit

Aus dem Amerikanischen
von Mechtild Sandberg-Ciletti

Goldmann Verlag

Die amerikanische Originalausgabe erschien 1995
unter dem Titel »The Tiger's Child. The Story of a Gifted, Troubled
Child and the Teacher Who Refused to Give Up on Her«
bei Scribner, New York.

Umwelthinweis
Dieses Buch und der Schutzumschlag
wurden auf chlorfrei gebleichtem Papier gedruckt.
Die Einschrumpffolie (zum Schutz vor Verschmutzung)
ist aus umweltfreundlicher und recyclingfähiger PE-Folie

Der Goldmann Verlag
ist ein Unternehmen der Verlagsgruppe Bertelsmann

1. Auflage

Abdruck der Zitate aus »Der Kleine Prinz«
von Antoine de Saint-Exupéry
mit freundlicher Genehmigung des Karl Rauch Verlags
Satz: Uhl + Massopust, Aalen
Druck und Bindung: Wiener Verlag, Himberg
Printed in Austria
ISBN 3-442-30606-X

Prolog

Es war ein Moment des Déjà vu.

Auf Besuch zu Hause in Montana, bei meiner Mutter, hatte ich mich an einem Sonntag morgen, während sie und meine kleine Tochter beim Schwimmen waren, allein davongemacht. Es war kurz nach elf, und ich wanderte durch das Einkaufszentrum. Die meisten Geschäfte waren noch geschlossen, daher war die große Halle dämmrig, nur von der Nachtbeleuchtung erhellt. Und da sah ich sie plötzlich. Sie stand ein Stück weiter vorn im Schatten einer großen Topfpflanze. Langes Haar fiel ihr wirr über die Schultern; der Pony hing ihr in die Augen; die vollen, sinnlichen Lippen waren schmollend vorgeschoben. Mit fest verschränkten Armen und hochgezogenen Schultern stand sie da, wilden Trotz im Gesicht. Aber dieser ganze Ingrimm hatte etwas sehr Rührendes. Ich vermute, sie wußte bereits, daß sie ja doch nicht siegen würde. Ich war noch ein ganzes Stück entfernt, als ich sie sah, aber ich erkannte sie so blitzartig, daß es mich heiß durchzuckte. Sheila.

Ein, zwei Sekunden später griff mein Verstand ein. Das war natürlich nicht Sheila. Mehr als zwanzig Jahre sind vergangen, seit ich Sheila an jenem warmen Juninachmittag das letzte Mal aus meinem Klassenzimmer gehen sah. Ich bin nicht mehr die zornige junge Lehrerin von damals. Meine Zeiten im Klassenzimmer liegen hinter mir, jedenfalls fürs erste, und die Jüngste bin ich mittlerweile auch nicht mehr. Aber in diesen wenigen Minuten im Einkaufszentrum waren die Jahre plötzlich ausgelöscht. Ich war wieder in den siebziger Jahren, Mitte Zwanzig und von meiner Arbeit besessen, und erlebte noch einmal, wie flüchtig auch immer, was für eine Frau ich gewesen war und wie die Welt damals ausgesehen hatte.

Dann senkte sich die Realität über die Episode, ähnlich wie wenn man Transparentfolie auf eine Buchseite legt. Ich näherte mich dem kleinen Mädchen neugierig und blieb stehen, als ich mit ihm auf gleicher Höhe war. Ich tat so, als interessierte ich mich für ein Schaufenster in der Nähe, um sie auf diese Weise unauffällig mustern zu können. Sie war älter, als Sheila damals gewesen war. Sie war vielleicht sieben oder acht. Ihr Haar war dunkler, mehr mausbraun als blond.

Meine Nähe lenkte sie nicht von ihrem Zorn ab. Ich war eine Fremde; sie ignorierte mich einfach und konzentrierte ihre gesammelte Aufmerksamkeit auf die offene Tür des großen Warenhauses hinter mir. Ich konnte nicht erkennen, wer sie so sehr in Zorn gebracht hatte. Die Person war im Kaufhaus verschwunden, sie jedoch stand unverrückbar, die kleinen Hände zu Fäusten geballt, das wirre Haar im Gesicht, gefangen in ihrem hoffnungslosen, ohnmächtigen Zorn. Ich blieb still und stumm, wo ich war, vielleicht drei Schritte entfernt, und staunte darüber, daß eine solche Zufallsbegegnung so viele Jahre einfach auslöschen, daß Sheila mein Herz immer noch zum Rasen bringen konnte.

Sheila und ich waren als Schülerin und Lehrerin nur fünf Monate zusammen. Unsere Beziehung in dieser kurzen Zeit löste dramatische Veränderungen in Sheilas Verhalten aus und gab ihrem Leben eine ganz andere Richtung. Und obwohl das damals weniger offenkundig war, veränderte unsere Beziehung auch mich auf dramatische Weise und gab meinem Leben eine andere Richtung. Die Begegnung mit diesem kleinen Mädchen hatte eine tiefgreifende Wirkung auf mich. Ihr Mut, ihre Wehrhaftigkeit und ihre unbewußte Fähigkeit, das starke, verzehrende Verlangen nach Liebe zum Ausdruck zu bringen, das wir alle haben, kurz: ihr Menschsein, brachte mich mit meinem eigenen Innersten in Kontakt.

Über die fünf Monate, die Sheila in meiner Klasse war, habe ich in *Sheila* berichtet. Es war ein persönliches Buch, das ich ursprünglich nicht mit der Absicht geschrieben hatte, es zu veröffentlichen, sondern einzig in dem Bemühen, diese tiefe Beziehung besser zu verstehen. Ich leitete damals ein Graduiertenseminar in Sonderpädagogik, und einer meiner damaligen Studentinnen habe ich für den Gedankenanstoß zu danken. Am letzten Seminartag schenkte sie mir das Buch *The Acorn People* von Ron Jones und schrieb mir folgendes hinein: »Für Torey – in der Hoffnung, daß Sie eines Tages über Sheila, Leslie und all die anderen schreiben werden.«

Sheila ist mittlerweile in zweiundzwanzig Sprachen übersetzt um die ganze Welt gegangen und hat mich mit Menschen von Schweden bis Südafrika, von New York bis Singapore in Kontakt gebracht. Ein Leser schrieb mir von einer Forschungsstation in der Antarktis; eine Handvoll Briefe kam aus Ländern hinter dem Eisernen Vorhang, als dieser noch bestand, und erst kürzlich erhielt ich erste Zuschriften zu *Sheila* aus China. So groß der Anklang war, den die Geschichte von Sheilas Wachstum und Veränderung in aller Welt fand, so drängend wurde immer wieder dieselbe Frage gestellt: Wie ging es weiter?

Sheila ist eine wahre Geschichte, die von realen Menschen und ihren Erfahrungen erzählt. Anfangs zögerte ich, eine Fortsetzung zu schreiben, weil die sechsjährige Sheila so anrührend war und die Zeit, die wir zusammen erlebten, so positiv. Ja, der Lektor des Buches ging sogar so weit, mir zu empfehlen, im Epilog meines Buches nicht zu erwähnen, was Sheila in der Zeit seit unserem Auseinandergehen tatsächlich widerfahren war. Reale Lebensgeschichten sind selten so befriedigend wie fiktionale oder auch nur wie klug bearbeitete wahre Geschichten, und man meinte, das, was in der Zeit geschah, nachdem Sheila meine Klasse verlassen hatte und bevor ich das Buch schrieb, wäre ein allzu ernüchterndes Ende einer so hoffnungsfrohen Geschichte. Daher schloß das Buch mit Sheilas schönem Gedicht, aber ohne Einzelheiten.

Nun habe ich meine Meinung geändert; nicht nur als Reaktion auf die zahllosen Anfragen meiner Leser, sondern auch als Reaktion auf Sheila, die sich allen Widrigkeiten zum Trotz zu einer einnehmenden, wortgewandten jungen Frau entwickelt hat. Die fünf Monate, die wir zusammen verlebten, haben auch sie tief beeinflußt, aber *Sheila* erzählt, wenn ich das auch nicht so beabsichtigt hatte, *meine* Geschichte. Sheila hat diese Zeit ganz anders erlebt, und nun soll, um Paul Harvey zu zitieren, der Rest der Geschichte folgen.

Teil I

1

Die Meldung in der Zeitung war winzig im Vergleich zur Ungeheuerlichkeit der Tat. Sie berichtete von einem sechsjährigen Mädchen, das ein Kleinkind, einen kleinen Jungen, aus dem Garten seines Elternhauses gelockt, ihn in einen nahe gelegenen Wald geführt, an einen Baum gebunden und angezündet hatte. Der Kleine lag mit schweren Brandverletzungen im Krankenhaus. Ich las die Notiz, die nicht mehr war als ein Füller unter den Comic strips auf Seite sechs, und blätterte angewidert um.

Sechs Wochen später bekam ich einen Anruf von Ed, dem Leiter der Sonderschulabteilung. Es war Anfang Januar, der Tag, an dem wir alle aus den Weihnachtsferien zurückkamen. »Sie bekommen ein neues Kind in Ihre Klasse. Erinnern Sie sich an das kleine Mädchen, das im November diesen kleinen Jungen angezündet hat? . . .«

Ich unterrichtete die »Abfallklasse«, wie wir in unserem Schulbezirk durchaus liebevoll zu sagen pflegten. Es war das letzte Jahr vor der gesetzlichen Einführung des sogenannten »Mainstreaming«, das gemeinsamen Unterricht behinderter Kinder mit nichtbehinderten verlangte. Wir hatten also in unserem Bezirk noch die zahllosen kleinen Unterrichtsräume, von denen jeder einer bestimmten Gruppe behinderter Kinder zur Verfügung stand. Es gab Sonderklassen für körperlich Behinderte, für geistig Behinderte, für Verhaltensgestörte, für Sehbehinderte, um nur einige zu nennen. Meine acht Schüler waren die Übriggebliebenen, Kinder, die sich nicht einordnen ließen. Alle litten sie an emotionalen Störungen, aber die meisten waren außerdem geistig oder körperlich behindert. Von den acht Kindern in der Gruppe – drei Mädchen und fünf Jungen – konnten drei nicht sprechen, eines konnte zwar sprechen, weigerte sich aber, es zu tun, und ein anderes sprach nur echoartig die von anderen gehörten Worte nach. Drei brauchten noch Windeln, und bei zweien war regelmäßig mit »Unfällen« zu rechnen. Da ich in meiner Gruppe die gesetzlich höchstzulässige Zahl behinderter Kinder hatte, bekam ich gleich zu Beginn des Schuljahrs einen Helfer; aber es wurde nicht, wie ich erwartet hatte, eine der aufgeweckten, einsatzfreudigen Hilfskräfte, die bereits an der Schule angestellt waren. Man teilte mir einen mexikanisch-amerikanischen Wanderarbeiter namens Anton zu, den man aus der Liste der örtlichen Sozialhilfeempfänger herausgepickt hatte. Er hatte keinen High-School-Abschluß, war nie zuvor den ganzen Winter über im Norden geblieben und hatte bestimmt noch nie bei einem Siebenjährigen die Windeln gewechselt. Sonst hatte ich nur noch Hilfe von Whitney, einer vierzehnjährigen Schülerin, die bei uns einsprang.

Zu großen Hoffnungen gab diese Gruppe gewiß keinen Anlaß, und zu Beginn ging es denn auch chaotisch zu; doch im Lauf der Monate vollzog sich eine Wandlung. Anton, dessen Engagement den Kindern gegenüber sich schon in den ersten Wochen zeigte, erwies sich als sensibler und unermüdlicher Mitarbeiter. Die Kinder ihrerseits sprachen auf den Mann in der Gruppe gut an und setzten ihre jeweiligen Stärken zum Wohl der Gruppe ein. Whitney war aufgrund ihrer Jugend manchmal eher den Kindern als den Betreuern zuzurechnen, aber ihr Enthusiasmus war ansteckend und erleichterte es uns allen, die Geschehnisse als Abenteuer zu betrachten und nicht als die Katastrophen, die sie häufig waren. Die Kinder entwickelten und veränderten sich, und als Weihnachten kam, waren wir zu einer festen kleinen Gruppe zusammengewachsen. Und ausgerechnet jetzt schickte mir Ed dieses kleine Bündel hochexplosiver Energie.

Sie hieß Sheila. Am Montag nach den Ferien schleppte Ed sie herein, und der besorgte Sonderschuldirektor folgte mit wedelnden Händen, als wollte er sie ins Klassenzimmer scheuchen. Sie war winzig, mit trotzig blitzenden Augen und langem, verfilztem blonden Haar. Und sie stank. Ich fiel aus allen Wolken, als ich sah, wie klein sie war. Nach dem, was sie getan hatte, hatte ich jemand wesentlich Größeren und Stärkeren erwartet. Aber dieses Kind konnte ja kaum größer sein als der Dreijährige, den es entführt hatte.

Entführt? Ich sah sie mir aufmerksam an.

Wie das mit mit dem Amtsweg in Schulbezirken so ist, trafen Sheilas Schulunterlagen erst mit ihr selbst ein; daher nutzten Anton und ich die Mittagspause an jenem ersten Tag, um ins Büro hinunterzugehen und einen raschen Blick in ihre Akte zu werfen. Die Lektüre war deprimierend, selbst an den Maßstäben meiner Klasse gemessen.

Unserer Gemeinde benachbart waren eine staatliche Nervenheilanstalt und eine große Strafvollzugsanstalt, die neben dem Wanderarbeiterlager mit daran schuld waren, daß sich hier eine überproportional große Unterschicht gebildet hatte. Viele dieser Menschen lebten in entsetzlicher Armut. Die Hütten des Arbeiterlagers, eigentlich nur als provisorische Sommerunterkünfte gedacht, bestanden größtenteils aus nichts weiter als Holzbrettern und Teerpappe und entbehrten selbst des einfachsten Komforts, doch im Winter drängte sich hier alles, was sich eine bessere Bleibe nicht leisten konnte.

Hier lebte Sheila mit ihrem Vater, einem Drogenabhängigen mit Alkoholproblemen. Als Sheila klein war, hatte er immer wieder im Gefängnis gesessen. Er war arbeitslos. Auf Bewährung aus dem Gefängnis entlassen, nahm er an einem Entzugsprogramm für Alkoholiker teil, aber das war so ziemlich alles, was er tat.

Sheilas Mutter war erst vierzehn Jahre alt gewesen, als sie, von zu Hause durchgebrannt, ein Verhältnis mit Sheilas Vater angefangen hatte und schwanger geworden war. Sheila war zwei Tage vor dem fünfzehnten Geburtstag ihrer Mutter zur Welt gekommen. Ein zweites Kind, ein Sohn, wurde neunzehn Monate später geboren.

Viel mehr hatte die Akte über sie nicht zu berichten, aber es war nicht schwer, zwischen den Zeilen von Drogen, Alkohol und häuslicher Gewalt zu lesen. Was auch immer geschehen war, mußte sie schließlich genug gehabt haben. Als Sheila vier Jahre alt war, ging sie. Den kurzen Notizen zufolge schien sie vorgehabt zu haben, beide Kinder mitzunehmen, doch Sheila hatte man später etwa dreißig Meilen südlich des Orts verlassen auf dem Freeway aufgefunden. Sheilas Mutter und ihr Bruder Jimmie ließen nie wieder von sich hören.

Der Hauptteil der Akte befaßte sich mit Sheilas Verhalten. Ihr Vater schien sie überhaupt nicht unter Kontrolle zu haben. Wiederholt war sie spätabends beim Streunen im Arbeiterlager aufgegriffen worden. Sie war eine amtsbekannte Brandstifterin und war dreimal wegen mutwilliger Sachbeschädigung auf die zuständige Polizeidienststelle zitiert worden – eine beachtliche Leistung für eine Sechsjährige. In der Schule weigerte sich Sheila häufig, auch nur einen Ton zu sagen; als Folge davon enthielt ihre Akte praktisch nichts, woraus ich hätte entnehmen können, was sie überhaupt bisher gelernt hatte. Sie hatte die Vorschule besucht und dann, bis zum Zeitpunkt des Zwischenfalls mit dem kleinen Jungen, die erste Klasse einer Grundschule in der Nähe des Arbeiterlagers, aber es lagen keinerlei Beurteilungen vor. Anstelle der üblichen Noten und Bewertungen war ein ganzer Katalog von Horrorgeschichten zu lesen, die Sheilas destruktives und häufig gewalttätiges Verhalten beschrieben.

Am Ende der Akte befand sich eine kurze Rekapitulation des Zwischenfalls mit dem dreijährigen Jungen. Der Richter vertrat die Überzeugung, daß Sheila der elterlichen Kontrolle völlig entglitten und am besten in einer geschlossenen Anstalt aufgehoben sei, wo ihren Bedürfnissen besser entsprochen werden könne. In diesem Fall meinte er damit die Kinderstation der staatlichen Nervenheilanstalt. Unglücklicherweise war die Station zur Zeit der Verhandlung voll gewesen, so daß Sheila nun warten mußte, bis ein Platz frei wurde. In einer beigelegten Aktennotiz jüngeren Datums hieß es, in Anbetracht ihres Alters und der gesetzlichen Vorschriften müsse das Mädchen Schulunterricht in irgendeiner Form erhalten, aber niemand nahm ein Blatt vor den Mund: Es handelte sich um eine Sicherheitsverwahrung. Das hieß, sie mußte zwar, damit den gesetzlichen Vorschriften Genüge getan wurde, zur Schule gehen, aber ich brauchte mich nicht verpflichtet zu fühlen, ihr etwas beizubringen. Mit der Ankunft von Sheila war mein Klassenzimmer zur Bewahranstalt geworden.

An diesem Punkt in meiner beruflichen Karriere war meine größte Stärke meine Jugend. Noch von Idealismus beflügelt, war ich felsenfest davon überzeugt, daß es keine Problemkinder, sondern nur eine Problemgesellschaft gab. Wenn ich zunächst nur widerstrebend bereit war, Sheila bei mir aufzunehmen, so einzig deshalb, weil der Unterrichtsraum zu klein zu werden drohte und meine Kapazitäten überlastet waren, nicht aber aus Abneigung gegen das Kind. Als sie dann in meiner Gruppe war, betrachtete ich sie als meinen Schützling. Mein Klassenzimmer war keine Bewahranstalt! Ich glaubte fest an die menschliche Integrität – und jedes meiner Kinder hatte das unabdingbare Recht darauf, daß diese Integrität auch ihm zugestanden wurde.

Nun, Sheila begann gleich am ersten Tag, alle meine Überzeugungen gründlich zu erschüttern. Während Anton und ich in der Mittagspause im Büro saßen und ihre Akte lasen, beschäftigte sie sich im Klassenzimmer damit, die Goldfische aus unserem Aquarium zu holen und einem nach dem anderen die Augen auszustechen.

Sheila entpuppte sich als das wandelnde Chaos in verwaschenem T-Shirt und Overall. Was sie sprach, war gebrüllt. Was sie anfaßte, wurde zerbrochen, zertrümmert, zerquetscht oder verstümmelt. Und alle, ich eingeschlossen, waren Der Feind. Sie verhielt sich, so beschrieb es Anton, wie ein Tier. Von einem Kind war in den ersten

Tagen nicht viel zu sehen. Die kleinste unerwartete Bewegung interpretierte sie unweigerlich als Angriff. Dann wurden ihre Augen dunkel, ihr Gesicht rötete sich, ihr Körper spannte sich wie zum Sprung, und es war nur noch die Frage, ob sie angreifen oder in Panik davonlaufen würde. Wenn das kleine Tier zum Vorschein kam, waren eher unsere Fertigkeiten als Tierbändiger als die von Lehrern gefragt.

Und doch...

Sheila war anders. Sie hatte etwas Elektrisierendes an sich; es zeigte sich im Blick ihrer Augen, in der Abruptheit ihrer Bewegungen; es überlagerte selbst die Momente ungebärdigster Wildheit. Ich konnte nicht ausdrücken, was es war, aber ich spürte es.

Ich hatte meine Kinder von Herzen gern, aber Tatsache war, daß sie nicht gerade die aufgewecktesten waren. Die meisten Kinder mit emotionalen Störungen verbrauchen so viel geistige Energie, um mit den Alltäglichkeiten des Lebens fertig zu werden, daß zum Lernen einfach nicht mehr viel bleibt. Hinzu kommt, daß sich zu den psychischen Problemen häufig noch andere Syndrome gesellen, die entweder zu ihnen beitragen oder aus ihnen resultieren. Zwei meiner Kinder beispielsweise waren durch Alkoholismus der Mütter während der Schwangerschaft geschädigt, und ein drittes hatte eine neurologische Störung, die zu einer langsamen Zerstörung seines zentralen Nervensystems führte. Dies alles hatte zur Folge, daß keines der Kinder seinem Alter gemäß entwickelt war, auch wenn einige von ihnen zweifellos mit normaler Intelligenz begabt waren. Es überraschte mich daher zu entdecken, daß Sheila – obwohl sie nur drei Monate lang zur Schule gegangen war – eine gute Rechnerin war.

Und noch größer war meine Überraschung, als ich ein paar Tage später entdeckte, daß sie die Bedeutung ungewöhnlicher Wörter erklären konnte. Ein solches Wort war »hörig«.

»Woher kennst du denn dieses Wort?« fragte ich neugierig.

Sheila saß klein und schmutzig und recht streng riechend auf ihrem Stuhl auf der anderen Seite des Tischs. Das verfilzte Haar im Gesicht, blickte sie zu mir auf. »Der Liebe hörig«, antwortete sie. »So heißt ein Buch, das ich gefunden habe.«

»Ein Buch? Wo denn? Was für ein Buch?«

»Ich hab's nicht gestehlt«, entgegnete sie, sofort in Abwehrstellung. »Es war im Müll. Da hab' ich's gefunden.«

»Wo denn?«

»Ich hab's wirklich gefunden«, wiederholte sie. Sie glaubte offensichtlich, dies wäre der Punkt, um den es mir bei meinen Fragen ging.

»Ja, okay«, sagte ich. »Aber wo?«

»Im Frauenklo an der Bushaltestelle. Aber ich hab's nicht gestehlt.«

Ich lächelte. »Das glaube ich dir. Ich möchte nur gern mehr über das Buch hören.«

Sie betrachtete mich mißtrauisch.

»Was hast du mit dem Buch getan?« fragte ich.

Sheila konnte nicht verstehen, wozu ich das alles wissen wollte.

»Ich hab's gelesen«, antwortete sie in einem Ton, als hätte ich eine sehr dumme Frage gestellt. Es schwang aber auch ein Unterton der Beunruhigung in ihrer Stimme mit. Sie empfand meine Fragen immer noch als Beschuldigung.

»Du hast es gelesen? War das nicht ein Buch für Erwachsene?«

»Na ja, ich hab' nicht alles gelesen. Aber auf dem Einband hat gestanden ›Der Liebe hörig‹, und ich wollt' gern wissen, was in dem Buch drinsteht, wegen dem Bild vorn drauf, was der Mann da mit der Frau gemacht hat.«

»Ach so«, meinte ich unsicher.

Sie zuckte die Achseln. »Aber sonst war nix Gutes drin. Da hab' ich's wieder weggeschmeißt.«

O ja, Sheila mit einem IQ von mehr als 180, wie wir bald erfahren sollten, war mehr als elektrisierend.

Die Entdeckung, daß Sheila ein geistig hochbegabtes Kind war, änderte natürlich nichts an den Tatsachen – an der bedrückenden Armut, am Mißbrauch in der Familie und auch nichts an ihrem weiterhin unmöglichen Verhalten. Unsicher, wo ich anfangen sollte, da doch so vieles Abhilfe forderte, begann ich mit kleinen Dingen, von denen ich wußte, daß es in meiner Macht stand, sie zu verändern.

Von Hygiene hatte Sheila noch nie etwas gehört. Ihre gesamte Garderobe bestand aus einem verwaschenen, braungestreiften T-Shirt, einem abgetragenen Jeansoverall, aus dem sie bereits herausgewachsen war, einem Paar rot-weißer Leinenschuhe mit Löchern, wo sich die Zehen durchgebohrt hatten, und einer Garnitur Unterwäsche. Strümpfe besaß sie keine. Wenn von diesen Sachen je etwas gewaschen wurde, so war es nicht zu erkennen.

Sheila selbst jedenfalls war immer ungewaschen. Der Schmutz hatte sich an Händen, Ellbogen und Fußknöcheln in die Haut eingegraben, so daß sich an diesen Stellen dunkle Streifen gebildet hatten. Außerdem war Sheila Bettnässerin. Der Geruch nach altem Urin begleitete sie auf Schritt und Tritt. Als ich Sheila nach ihren Waschgewohnheiten fragte, erfuhr ich, daß es zu Hause kein fließendes Wasser gab.

Hier schien mir der beste Ansatzpunkt zu sein. Es war so unangenehm, sie in der Nähe zu haben, daß wir uns auch von dem Kind selbst fernhielten. Ich rüstete mich also mit Handtüchern, Seife und Shampoo aus und machte mich daran, Sheila in dem großen Becken hinten im Klassenzimmer zu baden.

Als ich sie abwusch, sah ich zum ersten Mal die Narben. Es waren zahlreiche kleine, runde Male, vor allem auf ihren Oberarmen und den Innenseiten ihrer Unterarme. Die Narben waren alt und längst verheilt, dennoch erkannte ich gleich, daß sie von Zigaretten stammten, die man auf der Haut des Kindes ausgedrückt hatte.

»Tut dein Dad so was?« fragte ich, bemüht, so beiläufig und ruhig wie möglich zu sprechen.

»Nein, mein Pa, der würde nie im Leben so was tun. Der würde mir nicht weh tun«, antwortete sie entrüstet. »Der hat mich lieb.« Sie wußte genau, was ich fragte.

Ich nickte und hob sie aus dem Wasser, um sie abzutrocknen. Eine Zeitlang sagte Sheila gar nichts, dann drehte sie sich herum, so daß sie mir ins Gesicht sehen konnte. »Aber weißt du, was meine Mama gemacht hat?«

»Nein. Was denn?«

Sie hob ein Bein und drehte es, um mir an der Außenseite, gleich oberhalb des Knöchels eine breite weiße Narbe von vielleicht fünf Zentimetern Länge zu zeigen. »Meine Mama hat mich aus dem Auto rausgestoßt, und da bin ich hingefallen, direkt auf einen Stein. Und der hat mir hier das rechte Bein aufgereißt. Siehst du?«

Ich beugte mich vor und sah mir die Narbe an.

»Mein Pa hat mich lieb. Der läßt mich nicht irgendwo auf der Straße stehen. So was darf man mit kleinen Kindern nicht machen.«

»Nein, das darf man nicht.«

Es blieb einen Moment still, während ich sie fertig abtrocknete und dann begann, ihr frisch gewaschenes Haar auszukämmen. Sheila wurde nachdenklich. »Meine Mama hat mich gar nicht richtig lieb gehabt«, sagte sie sinnend, aber ruhig und sachlich. Ebensogut hätte sie über eines der Kinder in der Klasse sprechen können oder über eine Schularbeit oder das Wetter. »Meine Mama hat Jimmie mitgenommen und ist mit ihm nach Kalifornien gefahren. Jimmie ist mein Bruder. Er ist vier. Aber wie meine Mama weggefahren ist, war er erst zwei.« Wieder verging ein Moment. Wieder besichtigte Sheila die Narbe an ihrem Bein. »Zuerst hat meine Mama mich und Jimmie mitgenommen, aber dann hat sie von mir die Nase voll gehabt. Und da hat sie die Tür aufgemacht und mich rausgeschubst, und da hab' ich mir an einem Stein das Bein aufgereißt. Genau hier.«

Diese ersten Wochen mit Sheila waren wie eine Fahrt mit der Achterbahn. An manchen Tagen waren wir oben. Staunendes Entzücken über diese neue Welt, in der sie sich plötzlich befand, machte aus Sheila einen kleinen Sonnenschein. Sie wollte von der Gruppe angenommen werden und bemühte sich auf ihre eigene, etwas merkwürdige Weise, Anton und mir zu gefallen. An anderen Tagen ging es steil in den Abgrund. Trotz der phantastischen Fortschritte, die Sheila gleich von Anfang an machte, blieb ihre Fähigkeit zu wahrhaft haarsträubendem Verhalten bewahrt.

Die Welt war in Sheilas Augen böse und gemein. Sie lebte nach dem Grundsatz: Füge anderen zu, was du nicht willst, daß man dir tu. Rache insbesondere war das A und O. Wenn jemand Sheila unrecht tat oder auch nur ein wenig willkürlich mit ihr umsprang, griff Sheila zu harten, schmerzhaften Vergeltungsmaßnahmen. Einmal richtete sie im Zimmer einer anderen Lehrkraft, die sie im Pausenraum zurechtgewiesen hatte, Schaden in Höhe von mehreren hundert Dollar an.

Unsere Rettung war ein komplizierter Busfahrplan. In den Monaten, ehe Sheila zu mir gekommen war, hatte man sie aus zwei Schulbussen hinausgeworfen und ihr weitere Fahrten verboten. So blieb ihr nur noch der High-School-Bus, der jedoch erst zwei Stunden nach Ende unseres Unterrichts zum Wanderarbeiterlager startete. Sheila mußte also nach Schulschluß so lange bei Anton und mir bleiben.

Ich war entsetzt, als ich das hörte. Diese zwei Stunden nach Unterrichtsschluß waren meine Vorbereitungszeit für den nächsten Tag, und ich konnte mir nicht vorstellen, wie ich meine Arbeit schaffen sollte, wenn ich gleichzeitig ein so unberechenbares Kind wie Sheila zu beaufsichtigen hatte. Ich hatte jedoch keine andere Wahl. Anfangs ließ ich sie mit den Spielsachen im Klassenzimmer spielen, während ich am Tisch saß und meine Arbeit tat; aber schon nach spätestens einer Viertelstunde kam sie unweigerlich zu mir an den Tisch und sah mir bei der Arbeit zu. Immer war sie voller

Fragen: Was ist das? Wozu ist das da? Warum tust du das? Warum ist das so? Was tust du mit dem Ding da? So ging es unaufhörlich. Bis mir bewußt wurde, daß wir einen großen Teil der zwei Stunden miteinander sprachen. Bis mir bewußt wurde, wieviel Freude mir das machte.

Sie las gern und konnte, denke ich, praktisch alles lesen, was ich ihr in die Hand gab. Aber so leicht es ihr fiel, aus den Buchstaben auf den Seiten Wörter zu bilden, so schwer fiel es ihr, aus den Wörtern einen Sinn herauszulesen. Sheilas Leben war so unsäglich arm, daß vieles von dem, was sie las, für sie einfach keinen Sinn ergab. Da begann ich, mit ihr zu lesen.

Es war faszinierend, mit Sheila ein Buch zu teilen. Wir pflegten es uns in der Leseecke gemütlich zu machen, dann begann ich vorzulesen. Und Sheila war so begierig auf die Erlebnisse und Abenteuer, die das Buch zu bieten hatte, daß ihr kleiner Körper angespannt war vor Aufregung. Pu der Bär, Long John Silver und Peter Pan übten mächtigeren Zauber aus als *Der Liebe hörig*. Aber von allen Büchern das liebste war Sheila Saint-Exupérys *Der kleine Prinz*. Dieser nachdenkliche, wundersame kleine Held hatte ihr Herz gewonnen. Sein Anderssein verstand sie. Der kleine Prinz, der bald erwachsen, bald kindlich war, bald gedankentief, bald flatterhaft, und immer, immer der Außenseiter, er sprach Sheila im Innersten an. Wir lasen das Buch so oft, daß sie am Ende ganze Passagen auswendig hersagen konnte.

Wenn wir nicht lasen, redeten wir miteinander. Manchmal stand Sheila dabei an meinen Tisch gelehnt und sah mir bei der Arbeit zu; manchmal machten wir an irgendeiner Stelle in einem Buch eine Pause, damit ich ihr etwas Bestimmtes erklären konnte, und schon verzweigte sich das Gespräch und ging vom Hundertsten ins Tausendste, ohne wieder zu der Geschichte, die wir gerade vor uns hatten, zurückzukehren.

Mit der Zeit erfuhr ich mehr über Sheilas Leben im Arbeiterlager, über ihren Vater und seine Freundinnen, die er oft spätnachts mit nach Hause brachte. Sheila erzählte mir davon, wie sie seine Bierflaschen hinter dem Sofa versteckte, damit er nicht zuviel trank, und wie sie aus ihrem Bett aufzustehen pflegte, um seine Zigaretten auszumachen, wenn er mitten unter dem Rauchen eingeschlafen war. Ich hörte mehr über ihre Mutter und ihren Bruder und über den Tag, an dem ihre Mutter sie ausgesetzt hatte. Und ich hörte von Sheilas anderer Schule und ihren anderen Lehrern und wie sie sich die Zeit vertrieb, wenn sie nicht bei uns war. Ich führte sie dafür in meine Welt ein und schenkte ihr die Hoffnung, daß es eines Tages auch ihre Welt sein würde.

Diese zwei Stunden jeden Tag waren ein Segen. Ihr ganzes kurzes Leben lang war Sheila immer nur ignoriert, vernachlässigt und allzuoft offen abgelehnt worden. Sie hatte emotional zuverlässige, liebevolle Erwachsene und eine Atmosphäre von Geborgenheit nie kennengelernt; jetzt, da sie entdeckte, daß es das gab, konnte sie nicht genug davon bekommen. In der lebhaften Umgebung des Schulzimmers, so gut sie ihr auch bekam, erhielt Sheila einfach nicht das Maß an ungeteilter Zuwendung, das sie brauchte, um all das nachzuholen, woran es ihr gefehlt hatte. In der freundlichen Stille dieser Nachmittage, wenn wir für uns waren, wagte Sheila zuerst, alte Verhaltensweisen abzulegen und diese oder jene von mir übernommene auszuprobieren.

2 Was Sheila wirklich beschäftigte, waren die Dinge, die sich zwischen ihr und ihrer Mutter damals vor zwei Jahren auf dem finsteren Highway abgespielt hatten. Dank ihrer ungewöhnlichen Begabung blieben diese Dinge nicht unausgesprochen. Sie äußerte ihren Schmerz vielmehr klar und deutlich.

Daß zwischen Sheilas schwierigem Verhalten und ihrer Aussetzung durch die Mutter eine Beziehung bestand, zeigte sich am deutlichsten bei der Arbeit im Unterricht. Trotz ihrer hohen Intelligenz war Sheila nicht dazu zu bewegen, schriftliche Arbeiten zu machen. Anfangs sah ich den Zusammenhang nicht. Ich verstand den aggressiven Ungehorsam als Widerspenstigkeit. Erst später erkannte ich, daß sie damit lediglich vermeiden wollte, sich an den Tisch setzen und einen Bleistift zur Hand nehmen zu müssen. Jeder Versuch, sie mit Zwang an den Tisch zu bringen, artete in einen Kampf aus, und selbst wenn sie einmal saß, leistete sie weiterhin Widerstand und weigerte sich zu arbeiten. Als sie irgendwann schließlich doch schriftliche Aufgaben akzeptierte, gab sie ein fertiges Blatt immer erst ab, nachdem sie vorher zwei, drei Blätter mit unvollständigen Versuchen weggeworfen hatte.

Einmal erlebte ich dieses Verhalten auch nachmittags, als sie mit mir allein war. Ich hatte sie ins Büro mitgenommen, weil ich dort etwas vervielfältigen wollte. Während ich am Gerät stand, fand sie im Papierkorb den Abzug eines Rechentests der fünften Klasse. Sheila rechnete leidenschaftlich gern. Rechnen war ihr bestes Fach, und sie war Feuer und Flamme, als sie den Test fand und aus dem Papierkorb holte. Es ging dabei um das Multiplizieren und Teilen von Brüchen, das sie noch gar nicht gelernt hatte, aber nachdem sie sich das Blatt angesehen hatte, war sie sicher, die Aufgaben lösen zu können. Sobald wir wieder in unserem Zimmer waren, setzte sie sich mir gegenüber an den Tisch und begann zu schreiben – ein sehr ungewöhnliches Verhalten für Sheila. Als sie fertig war, zeigte sie mir ihre Arbeit und fragte, ob sie die Aufgaben richtig gelöst habe. Die Multiplikationsaufgaben hatte sie richtig gemacht, doch beim Teilen hatte sie die Brüche nicht umgekehrt, und die Lösungen waren alle falsch. Ich drehte das Blatt um, zeichnete einen Kreis und teilte ihn in Abschnitte auf, um ihr zu illustrieren, warum die Umkehrung notwendig war. Noch ehe ich ein Wort gesagt hatte, begriff Sheila, daß ihre Lösungen nicht richtig waren. Sie riß mir das Blatt unter dem Stift weg, zerknüllte es zu einem winzigen Knäuel und schlug mit der Faust auf den Tisch, ehe sie sich vornüber fallen ließ und den Kopf in ihre verschlungenen Arme drückte.

»Aber du hast es doch nicht gewußt, Herzchen. Niemand hat dir das beigebracht.«

»Ich wollte dir aber zeigen, daß ich es ganz allein kann.«

»Sheila, darüber brauchst du dich doch nicht zu ärgern. Du hast das sehr gut gemacht. Du hast es versucht. Das ist doch die Hauptsache. Und das nächste Mal machst du es richtig.«

Nichts von dem, was ich sagte, konnte sie trösten. Eine Weile saß sie nur da und versteckte ihr Gesicht hinter den Händen. Dann ließ sie die Hände langsam sinken und strich das zerknüllte Blatt auf dem Tisch glatt. »Wenn ich gut rechnen gekonnt hätte, hätte meine Mama mich bestimmt nicht so auf der Straße stehen lassen. Wenn ich Matheaufgaben wie einer aus der fünften Klasse gekonnt hätte, dann wär' sie stolz auf mich gewesen.«

»Ich glaube nicht, daß Rechenaufgaben etwas damit zu tun haben, Sheila.«

»Sie ist abgehauen, weil sie mich nicht mehr mag. Kleine Kinder, die man mag, läßt man nicht einfach auf der Straße stehen. Und ich hab' mir am Bein weh getan, siehst du?« Zum hundertsten Mal zeigte sie mir die kleine weiße Narbe. »Wenn ich bräver gewesen wär', hätt' sie das nicht getan.«

»Sheila, wir wissen nicht, was passiert ist, aber ich vermute, deine Mama hatte selbst Schwierigkeiten, mit denen sie fertig werden mußte.«

»Aber Jimmie hat sie doch auch mitgenommen. Warum hat sie Jimmie mitgenommen und mich nicht?«

»Ich weiß es nicht, Liebes.«

Über den Tisch hinweg sah Sheila mich an, gequält und tief verletzt. »Warum ist es passiert, Torey? Warum hat sie ihn mitgenommen und mich nicht? Warum hat sie mich so bös' gefunden?« Ihre Augen füllten sich mit Tränen, aber wie immer weinte sie nicht.

»Ach, Sheila, Liebes, es hatte nichts mit dir zu tun. Glaub mir. Es war nicht deine Schuld. Sie hat dich nicht zurückgelassen, weil du böse warst. Sie hatte einfach zu viele eigene Schwierigkeiten. Es war nicht deine Schuld.«

»Mein Pa sagt, doch. Er sagt, wenn ich bräver gewesen wär', dann hätt' sie es nie getan.«

Ich fühlte mich sehr niedergeschlagen. Da gab es so viel zu heilen, und die Mittel dazu waren so knapp.

Sheilas Hadern mit der Verletzung durch die Mutter beeinflußte alles: ihre Arbeit, ihr Verhalten, ihre Einstellung zu anderen Kindern und zu Erwachsenen. Mir war sehr wohl bewußt, welcher Art die Entwicklung war, die im Verlauf dieser Wochen, zumal durch unser enges Zusammensein nach den Unterrichtsstunden, gefördert wurde. Ich war die erste zuverlässige weibliche Bezugsperson, zu der Sheila intensiven Kontakt hatte, und sie stürzte sich mit der Gier der Verzweiflung in diese Beziehung.

War es richtig, das zuzulassen? Diese Frage stellte ich mir immer wieder. Alles, was ich als Pädagogin und als Psychologin gelernt hatte, warnte eindringlich vor einer allzu persönlichen Beziehung mit einem mir anvertrauten Kind, und ich bemühte mich redlich, das rechte Maß zu finden. Andererseits hatte ich gegen das Konzept der Distanz immer rebelliert. Der Eckstein meiner Philosophie war das persönliche Engagement. Nur wenn sich einer dem anderen gegenüber wahrhaft engagierte, nur wenn ich mich dem Kind gegenüber, mit dem ich arbeitete, engagierte, konnte das meiner Auffassung nach zu positiver Veränderung führen. Wie aber sollte es wirkliches Engagement bei gleichzeitiger Distanz geben? Das war ein Widerspruch in sich.

Rein gefühlsmäßig war ich überzeugt, daß Sheila diese Beziehung brauchte und ohne sie niemals weiterkommen würde. Sie brauchte dringend die Selbstachtung, die allein dem Wissen entspringt, daß andere einen mögen und daß sie einen hinreichend wertschätzen, um sich auf eine tiefere Beziehung einzulassen. Sheila mußte erfahren, daß sie einer solchen Beziehung nicht unwürdig war, nur weil ihre Mutter vielleicht nicht fähig gewesen war, sie zu ihr herzustellen. Doch mein Verstand sagte mir, daß ich eine gefährliche Gratwanderung machte.

Wie gefährlich genau, wurde mir im Februar klar, als Sheila gerade sieben Wochen bei uns war. Ich mußte zu einer Konferenz in einem anderen Bundesstaat, und das bedeutete, daß ich dem Unterricht zwei Tage würde fernbleiben müssen. Da ich früh genug Bescheid wußte, versuchte ich, meine Gruppe auf meine Abwesenheit und meine Vertretung vorzubereiten. Sheila reagierte mit Wut.

»Ich mag dich nicht mehr. Ich mag dich nie, nie wieder! Ich tu' nie wieder irgendwas, was du willst. Es ist gemein von dir, daß du mich allein läßt. So was tut man nicht, weißt du das vielleicht nicht? Meine Mama hat genau das gleiche getan, und so was tut man nicht mit kleinen Kindern. Da kommt man ins Gefängnis, wenn man kleine Kinder einfach allein läßt. Das hat mein Pa gesagt. Ja.«

Tirade folgte auf Tirade, und ganz gleich, was ich sagte, ganz gleich, wie sehr ich mich bemühte, ihr zu erklären, daß ich ja nur zwei Tage wegbleiben würde, Sheilas Wut war nicht zu besänftigen. Als ich weg war, verfiel sie in alle ihre alten Verhaltensweisen. Sie prügelte sich mit den anderen Kindern, schlug ihnen die Nasen blutig und trat sie in die Schienbeine. Der Plattenspieler ging zu

Bruch, und das kleine Fenster in der Tür bekam einen Riesensprung. Trotz Antons Bemühungen, Sheila zu bändigen, verwüstete sie den Unterrichtsraum, und meine Vertretung ging nach dem zweiten Tag weinend nach Hause.

Ich hatte etwas anderes von ihr erwartet, und mein Ärger über ihre mangelnde Zusammenarbeit war nicht viel geringer als Sheilas Zorn über meine Abwesenheit. Sie war ein gescheites kleines Mädchen. Sie hatte eine Vorstellung davon, wie lang zwei Tage waren. Und ich hatte mir die größte Mühe gegeben, genau zu erklären, wo ich sein, was ich tun und wann ich zurückkommen würde. Sie wußte über alles Bescheid. Warum konnte ich mich nicht darauf verlassen, daß sie sich zwei lumpige Tage lang zusammennehmen würde?

Genauer gesagt: Ich fühlte mich verraten. Wohl wissend, daß ich einen gefährlichen Kurs steuerte, indem ich ihre immer stärker werdende Bindung an mich zuließ, hatte ich mir klare Beweise dafür gewünscht, daß ich das Richtige tat und ihre Bindung an mich natürlich und gesund und nicht allzu tief war. Ich würde schließlich in spätestens dreieinhalb Monaten, wenn das Schuljahr endete, aus ihrem Leben wieder verschwinden müssen, früher vielleicht, wenn vorher ein Platz in der Kinderstation der staatlichen Nervenheilanstalt frei wurde. Zu meiner eigenen Beruhigung brauchte ich die Bestätigung, daß ich mehr half als schadete, und wenn ich ehrlich bin, erwartete ich diese Bestätigung wohl von ihr. Ich hatte ihr so viel gegeben, daß ich tief im Innersten darauf vertraut hatte, sie würde mir dieses kleine bißchen zurückgeben. Als sie das nicht tat, reagierte ich mit Zorn – und mit diesem Zorn konnte ich gar nicht gut umgehen.

Wir verbrachten, gelinde gesagt, einen schlimmen Tag miteinander, und selbst nach der Schule, als wir allein waren, blieb das drückende Schweigen zwischen uns bestehen. Ich bot ihr an, die Dinge zu tun, an denen wir sonst immer so viel Spaß hatten: ihr vorzulesen, sie beim Korrigieren helfen zu lassen, sie ins Lehrerzimmer mitzunehmen und ihr etwas zu trinken zu spendieren; aber sie schüttelte nur den Kopf und verkroch sich mit ein paar Spielzeugautos in die hinterste Ecke des Zimmers. Die erste Stunde verstrich. Sie stand auf, ging zum Fenster und sah hinaus. Als ich das nächste Mal von meiner Arbeit aufblickte, stand sie immer noch dort, hatte sich jedoch herumgedreht und beobachtete mich.

»Wieso bist du zurückgekommen?« fragte sie leise.

»Ich bin doch nur weggefahren, weil ich einen Vortrag halten mußte. Ich habe nie vorgehabt, für immer wegzubleiben. Hier ist meine Arbeit, hier bei euch Kindern.«

»Aber wieso bist du wiedergekommen?«

»Weil ich es versprochen habe. Es gefällt mir hier. Ich gehöre hierher.«

Langsam näherte sie sich dem Tisch. Sie versteckte sich nicht mehr. Die Verletztheit zeigte sich so deutlich in ihrem Blick.

»Du hast nicht geglaubt, daß ich zurückkommen würde, hm?«

Sie schüttelte den Kopf. »Nein.«

3 Unser Zerwürfnis wegen meiner Reise schien keine negativen Folgen zu haben – im Gegenteil: Sheila zeigte ein intensives Bedürfnis, über die Sache zu sprechen. Ich hatte sie verlassen, ich war zurückgekommen. Sie war wütend und destruktiv geworden; ich war wütend und auf meine eigene Weise ebenfalls destruktiv geworden. Immer wieder wollte sie über jedes kleinste Detail sprechen, bis sie allmählich alles zufriedenstellend einordnen konnte. Die Tatsache, daß ich zurückgekommen war, besaß für sie natürlich große Bedeutung; ebenso aber auch das Maß meines Zorns. Vielleicht meinte sie, daß sie mir jetzt, da sie mich von meiner schlimmsten Seite gesehen hatte, umfassender vertrauen konnte. Ich weiß es nicht. Interessanterweise war es mit Sheilas Zerstörungswut nach dieser Episode praktisch vorbei. Zwar wurde sie immer noch mit schöner Regelmäßigkeit wütend, aber nie wieder bekam sie einen ihrer blinden Wutanfälle, in denen sie alles kurz und klein schlug.

Wie die Narzissen blühte Sheila trotz des harten Winters auf. Sie war jetzt, im Rahmen ihrer Möglichkeiten, stets sauber gewaschen. Außerdem hatte sie – ein deutlicher Fortschritt – eine Vorstellung davon, was Sauberkeit bedeutete, und bemühte sich von selbst, den Schmutz nicht überhandnehmen zu lassen. In zunehmendem Maß ging sie mit den anderen Kindern freundlich und auf angemessene Weise um. Sie hatte eines der Mädchen aus der Klasse ein paarmal zum Spielen besucht, und zwischen den beiden begann sich eine typische Kleinmädchenfreundschaft anzubahnen. Was die schulischen Leistungen anbetraf, so war sie allen anderen weit voraus und stürzte sich mit Feuereifer auf fast alle Aufgaben, die ich ihr stellte. An ihrer Furcht, sich in schriftlichen Arbeiten festzulegen, arbeiteten wir immer noch, aber auch hier zeigten sich im Verlauf des März Fortschritte. Selten brauchte sie mehr als zwei oder drei Versuche, um sich des von ihr Geschriebenen so sicher zu sein, daß sie wagte, es mir zu zeigen. Immer noch reagierte sie äußerst empfindlich, wenn man sie auf Fehler aufmerksam machte, und war tief gekränkt, wenn ich sie verbesserte, ganz gleich, wie behutsam ich dabei war; es gab auch noch Tage, da konnte sie, den Kopf in die verschlungenen Arme vergraben, lange Zeit in tiefer Verzweiflung versinken, aber im allgemeinen kamen wir zurecht.

Es war nach dem Unterricht. Sheila und ich waren wieder einmal zum *Kleinen Prinzen* zurückgekehrt. In die Kissen in der Leseecke gekuschelt, hatten wir das Buch gerade noch einmal von vorn angefangen, und ich war an der Stelle, wo der kleine Prinz den Autor bittet, ihm ein Schaf zu zeichnen.

> »Wenn ein Schaf Sträucher frißt, so frißt es doch auch die Blumen?«
> »Ein Schaf frißt alles, was ihm vors Maul kommt.«
> »Auch die Blumen, die Dornen haben?«
> »Ja. Auch die Blumen, die Dornen haben.«
> »Wozu haben sie dann die Dornen?«...
> Der kleine Prinz verzichtete niemals auf eine Frage, wenn er sie einmal gestellt hatte. Ich war völlig mit meinem Bolzen beschäftigt und antwortete aufs Geratewohl:
> »Die Dornen, die haben gar keinen Zweck, die Blumen lassen sie aus reiner Bosheit wachsen.«
> »Oh!«
> Er schwieg. Aber dann warf er mir in einer Art Verärgerung zu:
> »Das glaube ich dir nicht! Die Blumen sind schwach. Sie sind arglos ...«

Sheila legte ihre Hand auf die Seite. »Ich möchte dich was fragen. Was heißt ›arglos‹?«

»Das ist jemand, der noch nicht viel Erfahrung im Leben hat. Für den alles noch einfach erscheint«, antwortete ich.

»Bin ich arglos?« fragte sie aufblickend.

»Nein, das würde ich nicht sagen. Jedenfalls nicht für dein Alter.«

Sie sah wieder in das Buch. »Die Blume meint, sie hätte Erfahrung.«

Ich nickte.

»Aber der Prinz weiß, daß das nicht stimmt.« Sie lächelte. »Ich liebe diesen Teil. Ich liebe die Blume.«

Wir lasen weiter:

> So hatte sie ihn sehr bald schon mit ihrer etwas scheuen Eitelkeit gequält. Eines Tages zum Beispiel, als sie von ihren vier Dornen sprach, hatte sie zum kleinen Prinzen gesagt:
>
> »Sie sollen nur kommen, die Tiger, mit ihren Krallen!«
>
> »Es gibt keine Tiger auf meinem Planeten«, hatte der kleine Prinz eingewendet, »und die Tiger fressen auch kein Gras.«
>
> »Ich bin kein Gras«, hatte die Blume sanft geantwortet.
>
> »Verzeihen Sie mir...«
>
> »Ich fürchte mich nicht vor den Tigern...«

In diesem Moment öffnete sich die Tür, und die Sekretärin streckte ihren Kopf herein. »Entschuldigen Sie die Störung, Torey, aber Sie haben einen Anruf. Unten im Büro.«

Ich gab Sheila das Buch und ging nach unten ans Telefon.

Es war der Anruf, vor dem mir gegraut hatte. Der Sonderschuldirektor war am Apparat: Auf der Kinderstation der staatlichen Nervenheilanstalt war ein Platz frei geworden. Sheilas Zeit bei mir war um.

Zu sagen, daß ich niedergeschmettert war, würde nicht ausreichen, den Gefühlsaufruhr zu beschreiben, den diese Nachricht bei mir auslöste. Mochte Sheila noch so große Schwierigkeiten haben, sie gehörte nicht in eine Nervenheilanstalt. Sie war intelligent, kreativ, sensibel und wahrnehmungsfähig. Sie gehörte hierher, zu uns, und später in eine Klasse mit gesunden Kindern in einer regulären Schule.

Ich bat, ich flehte, ich bettelte, ich wütete. Ed hörte mir zu. Wir kamen im allgemeinen gut miteinander aus. Ich hatte ihn immer zu meinen Verbündeten bei der Schulbehörde gezählt, in ihm einen Mentor gesehen, auf den ich mich verlassen konnte; deshalb war es um so schlimmer, diese Nachricht ausgerechnet von ihm zu erhalten.

»Das war alles längst geregelt, ehe wir eingeschaltet wurden, Torey«, sagte er. »Das wissen Sie doch. Wir können nichts tun.«

Arme kleine Blume, dachte ich, so stolz auf ihre gefährlichen Dornen, und wenn die Tiger wirklich kommen, können die Dornen gar nichts ausrichten.

Ich konnte das nicht einfach kampflos geschehen lassen. Als Sheila im Januar zu uns gekommen war, war sie für mich ein Fall gewesen, einer der trostlosesten Fälle, die mir je untergekommen waren, und wenn man sie damals geholt hätte, hätte ich es vielleicht akzeptiert. Aber jetzt? Allein die Vorstellung, daß ein Kind mit Sheilas Gaben mit sechs Jahren in eine Nervenheilanstalt eingesperrt werden sollte, brach mir das Herz.

Als ich an diesem Abend mit meinem Freund Chad zu Hause vor dem Fernsehapparat saß, faßte ich einen Plan. Ich hatte so viele Beweise für Sheilas Intelligenz und die großen Fortschritte, die sie gemacht hatte, daß sich damit vielleicht doch noch eine Änderung des Beschlusses erreichen lassen würde. Wir mußten die Sache natürlich der Form entsprechend und mit aller Entschlossenheit angehen, um ernst genommen zu werden, und wir mußten schnell handeln. Ich warf einen Blick auf Chad. Er war gerade als Juniorpartner in eine Rechtsanwaltskanzlei in der Stadt aufgenommen worden und arbeitete viel für Mandanten, die vom Staat Prozeßkostenhilfe bekamen, weil sie sich selbst einen Rechtsbeistand nicht leisten konnten. Er kannte sich also aus.

»Gibt es eine Möglichkeit, den Beschluß über Sheila anzufechten?« fragte ich vorsichtig.

»Willst du was dagegen unternehmen?« entgegnete er.

»Irgend jemand muß es tun. Ich bin ganz sicher, die Schulbehörde würde mich unterstützen. Der Schulpsychologe hat die IQ-Tests gemacht. Er hat den Beweis für ihre außerordentliche Begabung. Und Ed weiß auch Bescheid.«

Schweigen. Gebrummel. Ich war nach Chads eigenen Worten ein Mensch, der »nicht lockerließ, wenn er sich einmal in etwas verbissen hatte«. Er konnte sich also vorstellen, wie besessen ich kämpfen würde.

»Würdest du das für mich übernehmen?« fragte ich.

»Ich?«

Genau.

Und so geschah es. Mit bewundernswerter Solidarität stellte sich die ganze Schulbehörde des Bezirks hinter mich und bezahlte sogar Chads Honorar. Ich trug die Videoaufnahmen, die ich von Sheila beim Unterricht gemacht hatte, ihre Arbeiten, die psychologische Beurteilung und alles, was ich sonst finden konnte, zusammen, um zu beweisen, daß Sheila stetige Fortschritte gemacht hatte. Das schwächste Glied in der Kette der Beweise war Sheilas Vater, der selbst so viele staatliche Anstalten von innen gesehen hatte, daß er offenbar nicht glauben konnte, es hätte einen Sinn, für seine Tochter ein anderes Leben anzustreben. Uns gegenüber, die wir anderer Meinung waren, hegte er einen tiefen Argwohn. Ich war überzeugt, daß er Sheila aufrichtig liebte, auch wenn sein gleichgültiges Verhalten das nicht ahnen ließ, aber es waren mehrere recht bierselige Sitzungen nötig, um ihn davon zu überzeugen, daß wir auf dem rechten Weg waren.

Die Verhandlung fand am letzten Tag im März statt, einem dunklen, windigen Tag, an dem neue Schneefälle die blühenden Narzissen niederzudrücken drohten. Sheila, immer noch in ihrem alten T-Shirt und dem verwaschenen, inzwischen viel zu kleinen

Overall, mußte mitkommen. Wenigstens waren ihre Sachen sauber, und ich hatte ihren Vater dazu gebracht, aus der Kleidersammlung der Kirche Socken und Handschuhe für sie anzunehmen. Mehr konnte ich nicht tun. Sie wartete mit einer Gerichtsbeamtin draußen vor dem Gerichtssaal, für den Fall, daß sie aufgerufen werden mußte.

Drinnen sah ich zum ersten Mal das Elternpaar, dessen kleinen Sohn Sheila entführt und angezündet hatte. Bis zu diesem Moment war diese Geschichte, die dazu geführt hatte, daß sie in meine Gruppe gekommen war, mir sehr fern gewesen. Ich vermute, ich hatte diesen vorsätzlichen Akt der Grausamkeit einfach von mir weggeschoben, um ihn nicht real werden zu lassen. Es war nicht zu leugnen, daß Sheila schlimme Dinge getan hatte; viele davon hatte ich selbst beobachtet, deshalb hatte ich bisher geglaubt, ein realistisches Bild von ihr zu haben. Nun mußte ich mich zum ersten Mal der Tatsache stellen, daß es einen anderen Blickwinkel gab, der so realistisch war wie meiner. Das machte mir schwer zu schaffen; so dringend hatte ich mir die Bestätigung gewünscht, daß ich mit dem, was ich tat, hundertprozentig recht hatte. Und im Grunde war ich davon immer noch überzeugt. Rache würde den Schaden, den der kleine Junge davongetragen hatte, nicht wiedergutmachen, würde aber Sheila für den Rest ihres Lebens seelisch verkrüppeln. Nein, dieser Weg war in meinen Augen der einzig richtige für das kleine Mädchen, auch wenn mir erst in der Verhandlung die Ungeheuerlichkeit ihrer Tat so richtig klar wurde.

Der Richter entschied zugunsten von Sheila. Sie sollte unter der Aufsicht des Jugendamts bleiben, doch die Verfügung zur Verbringung in die Kinderstation der Nervenheilanstalt wurde aufgehoben. Im Korridor des Gerichtsgebäudes brach Freude aus, und hinterher nahmen Chad und ich Sheila mit, um mit ihr zusammen zu feiern.

Es wurde ein magischer Abend. In Hochstimmung über unseren Erfolg gingen wir in eine Pizzeria, in der Chad und ich Stammgäste waren, ein Lokal voller Qualm und Jazzmusik und italienischer Stimmen. Sheila hatte noch nie Pizza gegessen und war hellauf begeistert von dieser neuen Erfahrung. Sie war sofort hingerissen von Chad, und er von ihr. Er stand bald genausosehr unter ihrem Bann wie ich.

Die beiden amüsierten sich mit einem albernen Spiel. Was wäre dir lieber? Einen Würmerpudding essen oder dir die Zähne mit einer Spinnenzahnbürste putzen? So ging das eine Weile, bis Chad ernst wurde und fragte, was sie wirklich am allerliebsten auf der Welt hätte. Ein Kleid, war die Antwort. Ein schönes Kleid. Chad konnte der Versuchung, den Weihnachtsmann zu spielen, nicht widerstehen und schleppte uns sofort ins nächste Einkaufszentrum. Sheila hatte Angst, daß ihr Vater ihr nicht erlauben würde, ein Kleid anzunehmen, aber Chad ließ sich davon nicht beirren und half ihr bei der Suche nach dem Kleid, das ihr am besten gefiel.

Auf der Fahrt zum Arbeiterlager schlief Sheila im Auto ein.

»Hallo, Cinderella«, sagte Chad, als er auf unserer Seite die Tür öffnete und sie heraushob. »Der Ball ist vorbei.«

Sie lächelte ihn schlaftrunken an.

»Komm, ich trag' dich rein und erzähl' deinem Daddy, was wir getrieben haben«, sagte ich.

Sie drückte ihr Gesicht in mein Haar. »Ich mag nicht heim«, flüsterte sie.

»Es war ein schöner Abend, nicht?«

Sie nickte und drückte sich fester an mich. »Darf ich dir einen Kuß geben?«

»Aber ja, warum nicht?« Ich drückte sie fest an mich und küßte sie zuerst.

4 Meine Klasse sollte am Ende dieses Schuljahrs aufgelöst werden. Das »Mainstreaming«-Gesetz, das vorschrieb, daß jedes behinderte Kind in Zukunft mit nichtbehinderten Kinder zusammen zu unterrichten sei, war die Hauptursache. Die meisten Sonderschulklassen wurden aufgelöst, und Lehrkräfte wie ich sollten als »Hilfskräfte« eingesetzt werden, um den regulären Lehrkräften, die von nun an behinderte Kinder unter ihren Schülern haben würden, Hilfestellung zu geben.

Mir behagte diese Veränderung nicht sonderlich. Gern hätte ich das neue Gesetz aufgrund der vorgegebenen Begründung – daß diese Regelung die Gleichstellung behinderter Kinder fördere und ihnen mehr Entwicklungsmöglichkeiten biete – akzeptiert, aber dazu war ich zu sehr Zynikerin. Der weit naheliegendere Beweggrund war in meinen Augen, daß sich auf diese Weise eine Menge Geld sparen ließ.

Was mich betraf, so eignete sich mein Unterrichtsstil am besten für die unabhängige, in sich geschlossene Gruppe. Unter solchen Voraussetzungen konnte ich meine Fähigkeiten am wirksamsten einsetzen. Ich konnte so eine Atmosphäre schaffen, die inzwischen zu meinem Markenzeichen geworden war – geprägt von engem und die Kinder stark förderndem Kontakt. Ich ging davon aus, daß ich so am meisten zum positiven Wachstum meiner Schützlinge beitragen konnte. Es ist verständlich, daß mir unter diesen Umständen natürlich davor graute, eine ambulante Hilfskraft zu werden, die nur noch mit einer Liste pädagogischer Problemfälle zu tun hatte, für deren Bearbeitung ihr jeweils zwanzig Minuten pro Woche zugestanden wurden. Das schwierigste für mich jedoch war die Einengung durch strenge theoretische Vorgaben. Ich war eine Praktikerin, die nicht auf ein bestimmtes System festgelegt war; vielmehr suchte ich mir meine Methoden aus einer Vielzahl von Quellen zusammen, von denen manche auch außerhalb des rein pädagogischen Bereichs lagen. Das schien mir im Umgang mit den vielen unterschiedlichen Störungen menschlichen Verhaltens der einzig vernünftige Ansatz zu sein. Im Rahmen des neuen Gesetzes sollten wir uns jedoch in unseren Arbeitsmethoden auf eine Form der Verhaltensmodifikation beschränken. Ich war durchaus qualifiziert, mit diesem Ansatz zu arbeiten, aber ich fand, daß man die Methode weit überschätzte, und hielt die Theorie für nicht ungefährlich. Da ich nicht das Gefühl hatte, mich im Rahmen dieser neuen Gegebenheiten wirklich engagiert einsetzen zu können, bewarb ich mich an der Universität eines anderen Bundesstaates um die Teilnahme an einem Fortbildungsprogramm und wurde angenommen.

Es war Mai. Die Schule würde in der ersten Juniwoche enden. In den viereinhalb Monaten, die Sheila bei uns verbracht hatte, hatte sie sich in ein lebhaftes, sonniges Kind verwandelt. Seit der Woche im Februar, als ich für zwei Tage verreist war, hatten wir keine ernsten Probleme mehr miteinander gehabt. Zwar war sie immer noch imstande, einen kräftigen Wutanfall hinzulegen, wenn sie sich provoziert fühlte, aber man konnte sie mit normalen erzieherischen Mitteln immer wieder zur Räson bringen. Sie konnte jetzt Zorn ausdrücken, ohne destruktiv zu werden; man konnte vernünftig mit ihr sprechen; sie konnte sogar ein kleines Quentchen vorsichtiger Kritik vertragen, ohne gleich in ein tiefes Loch zu fallen. Kurz, meiner Meinung nach brauchte Sheila jetzt keine Sonderschulbetreuung mehr. Sie war immer noch labil, und ihre Unterbringung und Einstufung wollten gründlich bedacht sein, aber ich war überzeugt, daß sie das Rüstzeug besaß, um in einer ganz normalen Schulklasse zurechzukommen.

Ich hatte eine gute Freundin, Sandy McGuire, die an einer anderen Schule die dritte Klasse unterrichtete. Sie war meiner Ansicht nach ideal als nächste Lehrerin für Sheila. Sie war jung, allem Neuen gegenüber aufgeschlossen und bekannt für ihre Sensibilität ihren Schülern gegenüber, von denen viele aus Minderheitenfamilien oder ärmsten Verhältnissen kamen. Wenn sich auch ihr Unterrichtsstil von meinem unterschied, so vertraten wir doch in grundlegenden Dingen die gleichen Ansichten. Ich war zuversichtlich, daß Sheila, sollte sie in Sandys Klasse kommen, dort die Unterstützung und die Förderung finden würde, die sie nötig hatte, um den Übergang in eine reguläre Schule zu schaffen.

Ed, der Direktor des Schulbezirks, war anfangs gegen diesen Vorschlag; eine solche Lösung bedeutete nicht nur die Rückführung Sheilas in das reguläre Schulsystem, sie erforderte auch das Überspringen einer Klasse, und das war etwas, wovon Ed absolut nichts hielt. Nach langen Diskussionen kamen wir jedoch beide zu dem Schluß, daß dies die beste Lösung sei. In ihren schulischen Leistungen war Sheila ihren Altersgenossen mindestens um zwei Klassen voraus, und sie hatte keine feste Freundschaft mit einem gleichaltrigen Kind, die durch ihre Versetzung zerstört worden wäre. Im übrigen fürchtete ich, daß Sheila, wenn sie in der Schule nicht genügend gefordert würde, auf alle möglichen dummen Gedanken kommen würde, nur um sich zu beschäftigen. Der wichtigste Faktor jedoch war und blieb die Lehrerin. Sheila brauchte eine flexible, fördernde Lehrkraft, die fähig war, mit den Übergangsschwierigkeiten umzugehen, die Sheila bewältigen mußte. Ich hielt an meiner Überzeugung fest, daß Sandy diese Voraussetzungen erfüllte. Zu guter Letzt waren Ed und der Einstufungsausschuß einverstanden.

Aber Sheila nicht.

Ich näherte mich dem Problem vorsichtig, aber nicht zaghaft, da Sheila jede Halbherzigkeit sofort aufzugreifen pflegte. Außerdem konnte ich mir keine Zaghaftigkeit leisten, denn der Juni stand vor der Tür und damit das Ende von Sheilas jetziger Klasse.

Tränen, Zorn und trotziges Schweigen waren die Reaktionen auf meine ersten Bemühungen, mich an das Thema heranzutasten. Und nachdem es einmal auf dem Tapet war, schlichen wir fast eine Woche lang um es herum wie die Katzen um den heißen Brei.

»Das hier ist meine Klasse«, sagte Sheila nach dem Unterricht trotzig zu mir. »Ich geh' in keine andere Klasse. Das hier ist meine.«

»Ja, das stimmt, aber in ein paar Wochen ist das Schuljahr um. Wir müssen an das nächste Jahr denken.«

»Nächstes Jahr bin ich wieder hier.«

»Nein, Liebes.« Das Herz wurde mir schwer.

»Doch!« schrie sie. »Ich werd' das böseste Kind auf der ganzen Welt, du wirst schon sehen. Dann erlauben sie dir nicht, daß du mich wegschickst.«

»Ach, Sheila, Liebes, so ist es doch gar nicht. Ich werfe dich nicht hinaus. Ich könnte mir nichts Schöneres vorstellen, als dich weiter bei mir zu haben.«

Sie blieb zornig, mit erhitztem Gesicht und blitzenden Augen, und hielt sich die Ohren zu.

»Unsere Klasse gibt es im nächsten Jahr nicht mehr«, sagte ich leise.

Sie hörte mich, obwohl sie sich die Ohren zuhielt. Sie wurde blaß. »Wieso? Warum nicht?«

»Die Erwachsenen haben es so entschieden. Die Schulbehörde hat bestimmt, daß sie nicht mehr notwendig ist und die Kinder alle in andere Klassen gehen können.«

Sie fing an zu weinen. Sie zog den Stuhl heraus, der mir gegenüber am Tisch stand, ließ sich darauf niederfallen und vergrub ihren Kopf in ihren verschränkten Armen. Die Tränen flossen. Ihr Schmerz war offensichtlich. Er bedrückte mich tief.

Ich konnte in diesem Moment nur daran denken, was wir von diesem kleinen Mädchen an Toleranz und Verständnis erwarteten. Und dabei war dieses Kind erst ganze sechs Jahre alt!

Was hatte ich ihr angetan! Da stand ich nun mit all meinen Überzeugungen von Engagement, mit meinem Glauben, daß es besser sei, geliebt und verloren zu haben, als überhaupt nie geliebt zu haben. Aber glaubte sie das denn auch? Hatte ich ihr denn je eine Wahl gelassen?

Andererseits, was für eine Wahl hatte es denn überhaupt gegeben? Zu tun, was ich getan hatte, oder sie so zu lassen, wie sie war, und sich mit dem Zählen der Tage zu begnügen, bis sie abgeholt wurde? Das war doch keine Alternative! Und doch war ich mir – während ich das weinende Kind betrachtete – nicht sicher, ob ich die richtige Alternative gewählt hatte.

Sheila stand vom Stuhl auf und vergrub sich tief in die Kissen in der Leseecke. Ich blieb am Tisch sitzen und ließ sie eine Weile weinen. Schließlich jedoch stand ich auf und ging zu ihr.

»Warum bleibst du nicht hier und machst, daß ich ein braves Kind werde?« fragte sie mich verwirrt.

»Weil nicht ich es bin, die ein braves Kind aus dir macht. Das machst du selbst. Ich bin hier, damit du weißt, daß es jemanden gibt, dem es wichtig ist, ob du brav bist oder nicht. Und darum werde ich dich auch nie allein lassen, Sheila. Weil du mir immer wichtig sein wirst.«

»Du bist genau wie meine Mama«, sagte sie.

»Nein, Sheila.«

»Doch. Du läßt mich allein, genau wie sie's getan hat.«

»Nein, Sheila, das hier ist etwas anderes.«

»Sie hat mich nie richtig liebgehabt«, sagte sie leise und sachlich. »Sie hat meinen kleinen Bruder lieber gehabt als mich. Sie hat mich auf die Straße rausgeschmissen wie einen Hund. Als ob ich gar nicht zu ihr gehöre.«

»Aber ich bin nicht sie. Ich kenne die Gründe nicht, warum sie das getan hat, aber das hier ist etwas anderes, Sheila. Ich bin Lehrerin. Im Juni ist meine Zeit zu Ende. Aber ich werde dich auch danach immer liebhaben. Ich werde nicht mehr deine Lehrerin sein, aber ich werde immer deine Freundin bleiben.«

»Ich will aber keine Freundin. Ich will hier in der Klasse bleiben.«

Ich streckte die Arme nach ihr aus. »Das weiß ich, Herzchen. Ich möchte das auch. Ich wollte, es könnte immer so bleiben.«

Sie wich zurück. »Du bist genauso schlimm wie meine Mama –«

»Das hier ist etwas anderes.«

»Für mich ist es dasselbe.«

Das waren emotionsgeladene Tage in diesen letzten Wochen. Sheila brach sehr oft aus heiterem Himmel in Tränen aus. Es waren nicht Tränen des Zorns, es waren einfach Tränen, die in den unerwartetsten Momenten heraus mußten: am Mittwoch nachmittag beim Plätzchenbacken; wenn wir unser freches Kaninchen fütterten; wenn sie in der Leseecke saß und las. Ich hielt die Tränen für einen natürlichen Teil des Trennungsprozesses und reagierte entsprechend: Wenn sie Trost suchte, gab ich ihn ihr, sonst überließ ich sie sich selbst, damit sie den Prozeß in dem ihr gemäßen Tempo durchmachen konnte. Im übrigen waren Tränen keineswegs ihr einziges Ausdrucksmittel. Es gab auch viele überschwengliche Momente voller Glück und Freude.

Ich besuchte mit ihr zusammen Sandy, und bei dieser Gelegenheit vereinbarten wir einen Tag, den Sheila allein in Sandys Klasse verbringen sollte. Wie ich vermutet hatte, war Sheila sofort angetan von Sandys Wärme und Fröhlichkeit und dem viel anregenderen Unterricht in dieser dritten Klasse. Hier lernten die Kinder aktiv und beschäftigten sich mit spannenden Projekten und Unternehmungen, von denen sie viele selbst initiiert hatten. Alles in allem traf sie hier eine ganz andere Atmosphäre an als in unserer Gruppe, wo es schon als Leistung betrachtet wurde, wenn ein Kind es schaffte, allein zur Toilette zu gehen. Sheila kam sehr aufgekratzt von ihrem Besuch zurück und erklärte fortan bei jeder Gelegenheit: »Nächstes Jahr, wenn ich bei Miss McGuire bin . . .« Da wußte ich, daß sie mich hinter sich gelassen hatte.

Dann der letzte Tag.

Wir veranstalteten ein Picknick im Park, um das gemeinsam verbrachte Jahr zu feiern. Alle Eltern waren eingeladen, und wir nahmen zu essen und zu trinken mit; sogar Eiskrem gab es. Es fehlte an nichts für einen unbeschwerten, schönen Tag im Freien.

Bei uns gab es einen besonders schönen städtischen Park, mit einer langen, gewundenen Allee, die von Robinien gesäumt war, und einem plätschernden Bach, der sich über natürliche Steinkaskaden in einen großen, von Trauerweiden umschlossenen Ententeich ergoß. Unter alten Platanen und Eichen erstreckten sich große Rasenflächen in alle Richtungen.

Sheila liebte diesen Park. Bevor sie in meine Klasse gekommen war, hatte sie ihn nie gesehen, da er vom Arbeiterlager ziemlich weit entfernt war. Von der Schule jedoch waren es nur ein paar hundert Meter zum Park, und ich war schon mehrmals mit meiner kleinen Gruppe hinübergegangen. Sheilas Vater war an diesem Tag nicht gekommen, aber es war zu sehen, daß er sich mehr um seine Tochter bemühte. Sie hatte ein leuchtend orangenfarbenes Sonnenkleid aus Baumwolle an und erzählte uns aufgeregt, daß ihr Vater am Abend zuvor mit ihr in einen Laden gegangen sei und ihr das Kleid extra für das Picknick gekauft hatte. Sie war so voller Überschwang an diesem Tag, hüpfte und sprang und tanzte und drehte sich in der Sonne, daß ich noch heute, wenn ich den Duft von Robinien rieche oder an einem Ententeich stehe, die sonnenhelle, hüpfende kleine Gestalt im orangenfarbenen Kleidchen vor mir sehe.

Und dann endlich der Abschied, das letzte Lebewohl von Anton an der Tür zum Klassenzimmer, der letzte gemeinsame Gang hinüber zur High-School, wo ihr Bus wartete. Ich hatte ihr das mittlerweile eselsohrige Exemplar von *Der kleine Prinz* geschenkt, als greifbare Erinnerung an diese vergangenen fünf Monate, und sie hielt das Buch fest an sich gedrückt, als sie neben mir hermarschierte.

Im Bus lief sie sofort ganz nach hinten und kletterte auf den Sitz, um mir durch das Rückfenster zuwinken zu können. Der Bus sprang brummend an, und Dieseldämpfe verdrängten den Duft der Robinien. »Bye-bye«, sagte sie. Ich konnte es allerdings durch das Glas und wegen des Motorengeräuschs nicht hören. Der Bus fuhr los, und sie winkte wie wild.

»Bye-bye«, rief ich und hob winkend die Hand, während der Bus um die Ecke bog und verschwand. Dann kehrte ich in mein Schulzimmer zurück.

5 Als der Herbst kam, war ich tausend Meilen weit weg von der Schule, dem Arbeiterlager und den Robinien. Nachdem ich mich an der Uni eingelebt hatte, konzentrierte ich mich in meiner Freizeit fast ausschließlich auf meine Forschungsarbeit. Schon einige Jahre zuvor hatte ich angefangen, mich für psychisch bedingte Sprechstörungen zu interessieren, insbesondere den Mutismus, eine Form der Stummheit, bei der jemand zwar sprechen kann, aber es aus emotionalen Gründen nicht tut. Solange ich als Lehrerin mit einer vollen Stelle beschäftigt gewesen war, hatte ich dieses Interesse jedoch hintangestellt, weil mir die Zeit gefehlt hatte, es intensiv weiterzuverfolgen. Jetzt konnte ich der Arbeit soviel Aufmerksamkeit zuwenden, wie ich wollte. Auf diese Weise hatte ich immer noch täglich Kontakt mit Kindern, wenn auch von anderer Art und Qualität als zuvor im Klassenzimmer. Aber das war ganz in Ordnung so. Ich hatte diese Veränderung gebraucht und fand die neue Arbeit durchaus lohnend.

Chad und ich hatten uns im Sommer getrennt. Wir waren fast drei Jahre zusammengewesen und waren uns besonders in diesem letzten Jahr nahegekommen. Sheila hatte uns dann einander noch nähergebracht. Vorher hatte Chad ausschließlich in mein Privatleben gehört, einen Teil meines Lebens, den ich streng von meiner beruflichen Welt abzugrenzen versuchte, aber durch Sheilas Verhandlung im März wurde er auch in mein Berufsleben hineingezogen. Der Zauber jenes Abends, als Chad mit Sheila und mir gefeiert hatte, war sehr betörend gewesen, und ich glaube, wir bildeten uns alle drei einen träumerischen Moment lang ein, eine Familie zu sein. Doch im nüchternen Tageslicht erkannte ich, daß das eine Illusion war. Chad war um einiges älter als ich und hatte sich die Hörner schon abgestoßen, ich jedoch war noch sehr jung. Ich wußte, daß ich nicht bereit war, die Verpflichtungen einzugehen, die eine engere Beziehung zu Chad zur Folge gehabt hätte. Eben weil Verpflichtungen mir so wichtig waren, wollte ich sie nicht auf die leichte Schulter nehmen. Ich wußte, daß ich einer Familie jetzt nicht gerecht werden würde, auch wenn die Aussicht zu heiraten noch so verlockend war. Auch diese Erkenntnis stand hinter meinem Entschluß, meinem Berufsleben eine andere Richtung zu geben und in eine andere Gegend zu gehen. Ich liebte Chad und wollte unsere Beziehung nicht einfach abbrechen, andererseits wollte ich sie aber auch nicht intensivieren. Auf Abstand zu gehen schien mir eine vernünftige Lösung zu sein.

Chad merkte natürlich sehr schnell, was ich tat, und er war nicht sonderlich erfreut darüber. Für ihn war es der rechte Moment, zu heiraten und eine Familie zu gründen. Gerade die vergangenen acht Wochen mit Sheila hatten ihm bestätigt, daß er sich eine Familie wünschte, und er litt unter meiner Unsicherheit; er war bald ärgerlich über meinen Mangel an Reife, beklagte bald niedergeschlagen die Ungerechtigkeit der Verhältnisse, daß ein Mann, der sich reif genug fühlte, Vater zu werden, das ohne Frau nicht werden konnte. Mir ging es scheußlich dabei, wie das meistens ist, wenn eine Beziehung zerbröckelt, aber ich hielt an meinen Plänen fest, da ich im Innersten wußte, daß es so für mich richtig war.

Sheila kam zu Sandy McGuire in die dritte Klasse und machte sich ausgezeichnet. Sandy hielt mich mit monatlichen Berichten auf dem laufenden, und ich hörte erfreut, daß Sheila sich gut eingewöhnte, Freundschaften schloß und gute schulische Leistungen zeigte. Vor allem aber freute es mich zu hören, daß sie sauberer und besser genährt zur Schule kam. Das gab mir Anlaß zu hoffen, daß sich die Verhältnisse bei ihr zu Hause gebessert hatten.

Meine einzige andere Informationsquelle war Anton, der selbst immer noch im Wanderarbeiterlager lebte und Sheila ab und zu sah. Allen Bedenken zum Trotz, die ich gehegt hatte, als Anton im vergangenen Herbst als Hilfskraft zu mir gekommen war, hatte er sich als der geborene Lehrer entpuppt. Er besaß ein phantastisches Gespür für Kinder, besonders für solche, die für alles ein bißchen länger brauchten, und für unsere Schützlinge mit spanischer Muttersprache, von denen es hier viele gab. Er hatte deshalb beschlossen, am nahe gelegenen Community College Kurse zu belegen, um die Qualifikation für eine Zulassung an eine pädagogische Hochschule zu erwerben, war aber gleichzeitig noch als Hilfskraft für die Schulbehörde tätig. Er war über alle meine früheren Schüler und Schülerinnen gut informiert, und so war natürlich ein Brief von Anton jedesmal eine besondere Freude.

Ich schrieb Sheila, wie ich versprochen hatte, und Sheila antwortete mir auch hin und wieder. Aber sie war erst sieben, und für Siebenjährige, ganz gleich, wie begabt sie sind, ist Briefeschreiben Schwerarbeit. Ihre Briefe kamen sporadisch, und hätte ich nicht dazwischen regelmäßig von Sandy Nachricht erhalten, so hätte ich wirklich keine Ahnung gehabt, was vorging. Die Briefe selbst waren auch nicht gerade die aufschlußreichsten. Oft schickte Sheila mir aus irgendeinem Grund nur ein Blatt mit ihren Hausaufgaben, und das war manchmal monatelang das einzige, was ich von ihr hörte.

Aber es ging alles glatt. Sheila schloß ihr Jahr in Sandys Klasse erfolgreich ab, eine enthusiastische, wenn auch etwas eigenwillige Schülerin, und wurde in die vierte Klasse versetzt. Ich erhielt von Sandy ein Klassenfoto, das eine strahlend lächelnde Sheila mit Zahnlücken in einem leuchtendgelben Kleidchen zeigte. Sie sah gut aus, wenn auch nicht übertrieben sauber.

Der Herbst kam, aber Sheila nicht. Ich erhielt einen verwunderten Brief von Sandy, in dem sie mit mitteilte, Sheila sei von der Schule abgemeldet worden. Anton ging der Sache nach und schrieb mir schließlich, Sheila und ihr Vater seien in einen kleinen Ort auf der anderen Seite des Staats übergesiedelt, etwa zweihundert Meilen von Marysville entfernt. Sie waren schon im Juni, unmittelbar nach Ferienanfang, umgezogen, offenbar weil der Vater meinte, einen Arbeitsplatz gefunden zu haben.

Ich schrieb an die einzige Adresse, die ich hatte, ihre alte, erhielt aber keine Antwort. Traurig bei dem Gedanken, daß ich tatsächlich den Kontakt zu Sheila verloren haben könnte, machte ich ein paar Anrufe, um zu sehen, ob ich sie nicht ausfindig machen könnte. Dabei erfuhr ich, daß sie zum Ende des Sommers allem Anschein nach in Pflege gekommen war; aber es war nur ein Gerücht, und es gelang mir nicht, dafür eine offizielle Bestätigung zu bekommen. Ich kannte niemanden an ihrem neuen Wohnort, und ich war zwölfhundert Meilen weit entfernt. Es erwies sich als unmöglich, herauszubekommen, wo sie war und wie es ihr ging.

Das bekümmerte mich tief. Als ich eines Nachmittags einer älteren Kollegin von meinen mißlungenen Bemühungen erzählte, Sheila zu finden, versicherte diese mir, das sei sicher besser so, und ich sollte nicht versuchen, an früheren Schülern festzuhalten. Sie klopfte mir mit einem freundlichen Lächeln auf die Schulter. »Man darf nie zurückblicken. Man muß sie liebhaben und dann gehen lassen.«

Erst drei Jahre später schaffte ich es, nach Marysville zurückzukehren und meine alten Freunde zu besuchen. Anton war inzwischen fort. Er hatte seinen Zweijahreskurs am Community College abgeschlossen und ein Stipendium an der staatlichen Universität bekommen. Aber ich besuchte natürlich Sandy und Whitney, die jetzt in der letzten Klasse der High-School war. Auch zu meinem früheren Klassenzimmer zog es mich zurück.

Chad und ich hatten uns in aller Freundschaft getrennt und waren in Verbindung geblieben. Er war jetzt mit einer Kollegin namens Lisa verheiratet, die in Kürze das erste Kind erwartete.

Wir vereinbarten, zusammen zu Mittag zu essen, und ich ging in seine Kanzlei, um ihn abzuholen. Während ich auf ihn wartete, lief ich im Empfangsraum auf und ab, und da fiel mein Blick auf ein Dokument, das im Ausgangskorb lag. Der Name, den ich las, zog mich magisch an. Es war der Name von Sheilas Vater. Ich konnte im Beisein der Sekretärin nicht einfach das Blatt nehmen und lesen, aber ich konnte es kaum erwarten, Chad danach zu fragen.

»Wußtest du nicht, daß er wieder mal sitzt?« antwortete Chad.

»Nein. Seit wann denn? Das hast du mir gar nicht geschrieben.«

»Na ja, das konnte ich doch nicht«, erklärte er entschuldigend. »Ich meine, ich kann doch als Anwalt nicht über meine Mandanten plaudern. Außerdem glaubte ich, du wüßtest es.« Was er nicht sagte war, daß wir seit unserer Trennung kaum mehr als Weihnachtsgrüße ausgetauscht hatten. Dennoch kam ich mir betrogen vor.

Chad lächelte freundlich. »Ich übernehme inzwischen kaum mehr Fälle mit Prozeßkostenhilfe. Deshalb habe ich selbst erst davon erfahren, als ich die Akte sah.«

»Was ist denn passiert?«

»Ich kann wirklich nicht darüber sprechen, Torey.«

»Ich bin nicht irgend jemand, Chad. Ich bin diejenige, die ihn zu dir gebracht hat.« Ich war verletzt und tief bekümmert. Ich wußte natürlich, daß es nicht Chads Schuld war, und ich verstand vollkommen, daß er das Vertrauen, das seine Mandanten ihm entgegenbrachten, nicht mißachten durfte, dennoch war ich ungeduldig und gereizt.

»Ich kann dir nur eins sagen: Er hat sich genauso verhalten, wie es alle vorausgesehen haben. Es ist immer das gleiche mit ihm.«

»Und wo ist Sheila?«

»Das weiß ich nicht. Er lebt seit zwei Jahren in Broadview und ist dort auch festgenommen worden. Sie forderten von hier nur die Unterlagen an. Ich habe ihn weder gesehen noch mit ihm gesprochen.«

»Aber wo ist Sheila?« murmelte ich mit gesenktem Kopf.

Niedergeschlagen über diese Entdeckung, versuchte ich, Näheres über Sheilas Schicksal in Erfahrung zu bringen, aber meine Möglichkeiten waren begrenzt. Broadview war immer noch zweihundert Meilen entfernt und nicht gerade ein Dorf. Dort ein kleines Mädchen zu finden war kein Kinderspiel. Das einzige, was ich schließlich herausbrachte, war, daß sie als direkte Folge der Festnahme und Inhaftierung ihres Vaters in Pflege gekommen war. Wo, bei wem und für wie lange, konnte ich nicht feststellen. Gerüchteweise hörte ich, daß sie seit dem Tag, an dem sie mit ihrem Vater umgezogen war, immer wieder in verschiedenen Pflegefamilien untergebracht worden war.

In der Zeit, als Sheila zu meiner Klasse gehört hatte, hatten wir alle die Unterbringung bei einer Pflegefamilie als die ideale Lösung für sie gesehen. Wenn Sheila nur aus den armen Verhältnissen herausgeholt werden würde, wenn sie nur in einem sicheren Zuhause bei liebevollen Eltern untergebracht werden könnte, wenn sie nur ... Wir hatten es damals nicht geschafft, sie unterzubringen, weil die sozialen Dienste überbeansprucht waren und weil sie schließlich noch ihren leiblichen Vater hatte. Jetzt war sie in Pflege, und ich hätte froh sein müssen. Aber das war ich nicht.

Wieder zu Hause, setzte ich mich hin und schrieb Sheila einen langen Brief. Er erzählte ihr von meinem Besuch in unserer alten Schule und bei unseren alten Freunden. Ich schrieb, ich wüßte, daß ihr Leben in den letzten anderthalb Jahren durcheinandergeraten sei und sie jetzt bei Pflegeeltern lebte. Ich schrieb, ich hoffte, es ginge ihr gut, und wenn ich ihr in irgendeiner Weise behilflich sein könnte, würde ich das gerne versuchen. Ich gab ihr meine Telefonnummer und fügte hinzu, sie könne mich jederzeit per R-Gespräch anrufen. Dann legte ich noch ein Foto bei, das Sandy und mich bei meinem letzten Besuch zeigte, und ein altes Foto, das ich am Tag des Abschiedspicknicks von Sheila aufgenommen hatte. Ich faltete den Brief und schob alles zusammen in einen großen Umschlag. Aber wohin sollte ich den Brief schicken? Schließlich schickte ich ihn an ihren Vater ins Gefängnis und bat ihn, ihr den Brief nachzusenden.

Ich hörte nie, ob Sheila meinen Brief erhielt, ob sie erfuhr, daß ich versuchte, sie ausfindig zu machen. Ich bekam keine Antwort, und mit dem Verstreichen der Monate begann ich mich damit abzufinden, daß ich auch keine bekommen würde.

Es war schwer für mich, das zu akzeptieren. Ich konnte mir nicht vorstellen, daß sie einfach so aus meinem Leben verschwunden sein sollte. Aber immer wieder kamen mir die Worte meiner Kollegin in den Sinn: Man muß sie liebhaben und dann gehen lassen.

Zwei Jahre später lag eines Tages ein kleines Briefchen auf meinem Schreibtisch. Er war nicht an meine Privatadresse gerichtet, sondern an die Universität, an der ich nun unterrichtete. Ich erkannte Sheilas große, krakelige Schrift sofort und riß den Umschlag auf. Drinnen lag nur ein einziges Blatt Papier, ein zerknittertes, aus einem Heft herausgerissenes liniertes Blatt. Es war mit blauem Filzstift beschrieben, und viele Wörter hatten Wasserflekken, als hätte Regen das Papier durchnäßt. Oder waren es Tränen gewesen?

Für Torey – in Liebe
Alle anderen kamen
Sie wollten mich lachen machen
Sie spielten ihre Spiele mit mir
Manche Spiele zum Spaß und manche mit tödlichem Ernst
Und dann gingen sie fort
Ließen mich in den Ruinen der Spiele, mich,
Die ich nicht wußte, welche ernst waren
Und welche zum Spaß und
Ließen mich allein mit dem Echo des
Lachens, das nicht meins war.

Dann kamst du
Mit deiner komischen Art
Nicht richtig menschlich

Und du machtest mich weinen
Und es schien dich nicht zu kümmern
wenn ich weinte
Du sagtest nur, die Spiele sind vorbei
Und wartetest
Bis alle meine Tränen zu Freude wurden.

Das war alles. Es war kein Brief dabei, nichts. Wie damals, als sie mir immer nur ihre Hausaufgaben geschickt hatte, schien Sheila Erklärungen für unnötig zu halten. Nun mußte ich weinen und ließ meinen Tränen freien Lauf.

Teil II

6

Ich kann mich genau an den Moment erinnern, als der Zauber begann. Ich war acht Jahre alt, eine nicht gerade glänzende Schülerin in der dritten Klasse von Mrs. Webb. Ich machte mir nicht viel aus der Schule. Das war schon immer so gewesen. Meine Welt waren damals der breite, morastige Bach, der unterhalb von unserem Haus vorbeifloß, und meine Tiere. Die Schule war nur ein Störfaktor.

Eines Morgens in der Schule sollten ich und einige Mitschüler eine Stillarbeit machen, während Mrs. Webb sich von einer anderen Gruppe vorlesen ließ. Auf meinem Pult, unter meinem Heft, hatte ich ein Blatt Papier versteckt, und anstatt zu tun, was uns aufgegeben worden war, nutzte ich die Gelegenheit zum Schreiben. Zu Hause hatte ich einen Dackel, den meine Mutter mir zu meinem siebten Geburtstag geschenkt hatte, und ich erkor ihn zum Helden einer ziemlich blutrünstigen Geschichte, in der außerdem unsere alte Katze und eine Horde räuberischer Krähen vorkamen. Ich war so vertieft in den schöpferischen Prozeß, daß ich Mrs. Webb völlig vergaß, und es passierte natürlich das, was passieren mußte: Mrs. Webb nahm mir das Blatt ab, und ich mußte nachsitzen.

Der Zwischenfall war an sich bedeutungslos. Dergleichen widerfuhr mir damals leider alle naselang, darum vergaß ich ihn sehr bald. Ungefähr zwei Wochen später wurde ich krank und konnte ein paar Tage nicht zur Schule gehen. Als ich zurückkam, mußte ich am Nachmittag in der Schule bleiben, um nachzuholen, was ich versäumt hatte. Mrs. Webb nutzte diese Gelegenheit anscheinend, um die Schubladen ihres Schreibtischs aufzuräumen. Wie dem auch sei, als ich fertig war, reichte sie mir ein Blatt Papier. »Hier, ich glaube, das gehört dir«, sagte sie. Es war meine Geschichte über den Dackel und die Krähen.

Ich las sie auf dem Weg durch den düsteren, stillen Schulkorridor, und kaum war ich zur Tür hinaus, setzte ich mich auf die Treppe davor, um die Geschichte fertig zu lesen.

An diesen Moment erinnere ich mich mit schneidender Klarheit: an die Kälte des Betons, die durch meinen Rock drang, an den spätherbstlichen Sonnenschein, der von der dunklen Schultür zurückgeworfen wurde, an die unheimliche Stille des leeren Schulhofs, ja, selbst an die leichte Unruhe, die ich verspürte, denn ich wußte, daß ich eigentlich gehen sollte, wenn ich nicht wollte, daß meine Großmutter sich Sorgen machte. Doch die Geschichte hatte mich in ihren Bann geschlagen.

Alles war da: der Hund, sein Abenteuer, die Erregung, die solche melodramatischen Ereignisse stets bei mir auslösten. Ich fand die Geschichte jetzt beim Lesen genauso spannend wie damals, als ich sie geschrieben hatte. Erstaunt senkte ich das Blatt, als mir das klar wurde. Ja, ich erinnere mich, wie ich das Blatt senkte und darüber hinweg in den Hof sah, wo jemand die Kästchen für Himmel und Hölle auf den Asphalt gemalt hatte. Ich war ganz erschlagen von meiner Erkenntnis. Das war ja toll! Ich hatte immer geschrieben, weil Schreiben für mich wie Zauberei war: Ich konnte mich dabei in ein anderes Wesen verwandeln und dieses andere Wesen sein, seine Gefühle empfinden, seine Abenteuer erleben; aber nie zuvor war ich nach dem Prozeß des Schreibens wieder zum Text zurückgekehrt. Und hier saß ich nun, zwei Wochen später, und fühlte genau dasselbe wie zu der Zeit, als ich die Geschichte geschrieben hatte. Genau dasselbe. Als wären die zwei Wochen gar nicht gewesen. Ich hatte die Zeit angehalten. Und während ich da auf der Treppe vor der Schule saß, erkannte ich, daß ich eine Zauberkraft erster Güte entdeckt hatte. Wirkliche Zauberkraft!

Während meiner ganzen Kindheit und Jugend, bis hinein in mein Erwachsenenalter, war das Schreiben für mich eine Notwendigkeit. Es war so unabhängig von Willen oder Wunsch wie der Blutkreislauf oder die Verdauung. Das Schreiben geschah einfach, weil es ein natürlicher Teil von mir war. Ich schrieb in jeglicher

Form: Tagebücher, Anekdoten, Geschichten. Ich schrieb, um andere zu verstehen, um es mir zu ermöglichen, eine Weile in sie hineinzuschlüpfen und zu erfahren, wie es war, die Welt aus ihrer Sicht wahrzunehmen. Ich schrieb, um Gefühle und Erfahrungen zu begreifen, denen ich selbst noch nicht begegnet war. Und ich schrieb, um mich selbst zu verstehen.

Es war eine ungemein wirkungsvolle, wenn auch etwas ungewöhnliche Art der Bildung. Insbesondere förderte sie meine Fähigkeiten, objektiv zu sein und mich in andere einzufühlen, und das wiederum machte es mir leichter zu akzeptieren, daß andere anders waren; und natürlich machte mich das Schreiben zu einer aufmerksamen Beobachterin.

Ich steckte im letzten Jahr der Arbeit an einer Promotion, in die ich eigentlich hineingeschlittert war, ohne es zu wollen. Ich hatte mich mit dem »Mainstreaming«-Gesetz, über das ich in dem Jahr, als Sheila bei mir war, so entrüstet gewesen war, halbwegs angefreundet. Auch wenn es mir beileibe nicht in allen seinen Aspekten behagte, hatte ich ein paar Jahre nach meinem Wechsel an die Uni beschlossen, wieder zu unterrichten, und als »feste« Lehrerin für Sonderpädagogik wieder anzufangen. Das bedeutete, daß ich ein festes Klassenzimmer hatte, die Kinder jedoch kamen und gingen. Es war nicht so befriedigend wie die Arbeit mit einer ganz eigenen Gruppe, aber wenigstens sah ich regelmäßig dieselben Jungen und Mädchen.

Dann wechselte in Washington die Regierung und mit ihr die allgemeine Einstellung im Land. Gesetze, für deren Durchsetzung ich zehn Jahre zuvor wie eine Wilde gekämpft hatte, wurden mit einem Federstrich ausgelöscht. Steuererleichterungen und Kürzungen der öffentlichen Mittel waren die Parolen jener Tage. Da die Betreuung behinderter Kinder in den öffentlichen Schulen sehr arbeitsintensiv und daher teuer ist, waren unsere Programme unter den ersten, die gestrichen werden sollten. Noch stärker drang man jetzt darauf, Kinder, welche sonderpädagogische oder heilpädagogische Betreuung brauchten, einfach in die reguläre Schule zu stecken, weil das weniger kostenaufwendig war. Wir waren gezwungen, mit Kindern auf eine Weise umzugehen, die weder den Kindern noch dem Lehrer unbedingt guttat, da ja viele Lehrer in der Betreuung behinderter Kinder völlig unerfahren waren. Aber nur so konnten wir die Kinder zu dem Kostensatz, den die Regierung uns vorschrieb, durch das System schleusen. Die Gesetze der freien Marktwirtschaft wurden jetzt auf Bildung und Erziehung angewendet.

Ich war zornig über diese Veränderung und mir völlig im klaren darüber, daß ich bald zu den Arbeitslosen gehören würde, wenn ich weiter unterrichtete. Deshalb beschloß ich, in Sonderpädagogik zu promovieren. Es war eine dumme Entscheidung. Mit dem Doktorat war ich für den einzigen Bereich der Sonderpädagogik, den ich wirklich liebte, das Lehramt nämlich, völlig überqualifiziert. Ja, schlimmer noch, ich würde genau da landen, wo die Theorien geschmiedet wurden, von denen ich so wenig hielt. Kein Wunder, daß ich nie mit dem Herzen dabei war.

Dafür suchte ich mir andere Betätigungsfelder. In diesem Fall war es die Weiterführung meiner Forschungsarbeit über psychisch bedingte Sprechprobleme. Die Arbeit stieß bei meinen Kollegen im sonderpädagogischen Bereich kaum auf Interesse; aber ich hatte auf der anderen Seite des Campus in der Universitätsklinik meinen Platz gefunden. In der Abteilung für Kinder- und Jugendlichenpsychiatrie fand meine Arbeit bei Psychiatern und anderen dort tätigen Fachkräften Interesse. Trotz meiner buntscheckigen Qualifikationen akzeptierte und förderte man meine Ideen, und meine Arbeit gedieh.

In meiner Freizeit schrieb ich wie immer. Ja, ich schrieb mehr als je zuvor; zum Teil wohl deshalb, weil mich meine Arbeit nicht ausfüllte.

Der Wunsch, über meine Erfahrungen mit Sheila zu schreiben,

begleitete mich schon eine ganze Weile. Ich hatte eine Menge Material aus dem Unterricht aufgehoben, nicht mit der Absicht, es später als Material für ein Buch zu gebrauchen, sondern einfach weil ich jemand bin, der zum Horten und zur Sentimentalität neigt. Ich hatte zwar über die Arbeit im Unterricht nicht Tagebuch geführt, aber ich hatte umfangreiche anekdotenhafte Aufzeichnungen gemacht; außerdem hatte ich eine Videokamera zur Verfügung gehabt und besaß daher ziemlich viel Bildmaterial über Sheila. Von Zeit zu Zeit sah ich die Sachen durch, und dann hörte ich immer Sheilas Stimme in meinem Kopf: die Melodie ihrer Sprache, ihre manchmal mehr als merkwürdigen grammatikalischen Konstruktionen. Ich mußte das alles niederschreiben. Ich mußte diese fünf Monate aus dem rasch strömenden Fluß der Zeit herauslösen.

Als ich eines dunklen Januarabends von der Arbeit nach Hause fuhr, war plötzlich der Anfang da. Ich hätte es wissen müssen. Ich setzte mich an meinen Schreibtisch und begann. Acht Tage und zweihundertfünfundzwanzig Seiten später war ich fertig.

Erst hinterher wurde mir klar, was geschehen war. Ein Manuskript von zweihundertfünfundzwanzig Seiten war kein nettes, kleines Geschichtchen, das ich zur eigenen Erbauung niedergeschrieben hatte. Das war ein Buch. Da wußte ich, daß ich Sheila finden und es sie lesen lassen mußte, ehe ich den nächsten Schritt unternahm.

7

Das Stellenangebot eines kleinen privaten psychiatrischen Instituts in einer Großstadt, ungefähr vier Stunden von Marysville entfernt, zog meine Aufmerksamkeit auf sich. In den langen Jahren an der Ostküste hatte mir der Mittlere Westen immer gefehlt. Zugegeben, auch der Gedanke an Sheila ging mir durch den Kopf. Broadview, wo sie zuletzt gelebt hatte, war eine Satellitengemeinde dieser Großstadt. Sechs Monate waren vergangen, seit ich das Buch fertiggestellt hatte, und ich hatte noch immer keine Spur von Sheila. Die Vorstellung, in ihrer Nähe zu leben, vielleicht wieder Kontakt zu ihr zu bekommen und die Beziehung zu ihr zu erneuern, war verlockend.

Ich wurde an der Sandry Clinic als Psychologin mit Forschungsauftrag eingestellt. Meine Aufgabe bestand darin, die verschiedenen Forschungsprojekte der Mitarbeiter zu koordinieren und zu betreuen. Man garantierte mir zugleich, daß ich meine eigene Forschungsarbeit auf dem Gebiet des Mutismus fortführen könne. Zum Institut gehörten sieben Leute. Fünf von ihnen, unter ihnen der Leiter, Dr. Rosenthal, waren Kinderpsychiater. Sie hatten das Institut einige Jahre zuvor gemeinsam gegründet und die Umwandlung des eleganten alten Hauses in ein Institut mit Büros und Therapieräumen in die Wege geleitet. Jeff Tomlinson war der letzte »Neuzugang« des Instituts. Er befand sich noch im letzten Jahr seiner Ausbildung als Kinderpsychiater, aber dank seiner unbestrittenen Brillanz würde er nach seinem Abschluß zweifellos in eines der luxuriösen, mit Teppich ausgelegten Büros im vorderen Teil des Hauses einziehen; vorläufig jedoch mußte er hinten Quartier beziehen, wo sich die Büros der ganz normal Sterblichen befanden.

Mir gefiel die Sandry Clinic sehr. Meine Kollegen waren kreative Leute, durchweg lebendig und redegewandt, die gut im Team arbeiteten. Die überragende Persönlichkeit in jedem Sinn war unser Institutsleiter. Dr. Rosenthal war körperlich ein Hüne von mehr als einem Meter neunzig Größe und dazu ein brillanter Kopf. Er besaß jenes Charisma, das viele mächtige Männer umgibt und ohne Rücksicht auf ihre wirklichen physischen Eigenschaften attraktiv macht. Während meines ersten Jahres am Institut begegnete ich ihm mit großer Ehrfurcht. Obwohl in den USA geboren und aufgewachsen, hatte er eine Art europäischer Förmlichkeit an sich. Er nannte uns beispielsweise niemals beim Vornamen. Die meisten seiner Mitarbeiter sprach er mit »Doktor« an, aber da mir dieser Titel nicht zustand, blieb ich unerschütterlich Miss Hayden oder, in zwanglosen Momenten, einfach Hayden. Das verlieh ihm eine Aura der Unnahbarkeit, die bewirkte, daß ich eine gewisse Scheu ihm gegenüber niemals ganz ablegte. Dennoch lernte ich ihn als einen liebenswürdigen Mann kennen, der seinen Mitarbeitern mit der gleichen freundlichen Bestimmtheit begegnete wie den Kindern, mit denen er arbeitete. Und er war immer gerecht.

Die Arbeitsbedingungen im Institut waren der reine Luxus im Vergleich zu dem, was ich als Lehrerin im staatlichen Schulsystem kennengelernt hatte. Wir hatten schöne Räume, unter anderem einen großen, sonnigen Therapieraum voller Dinge, für die ich in meiner Zeit als Sonderschullehrerin fast alles gegeben hätte: ein anderthalb Meter hohes Puppenhaus mit einer ganzen Puppengroßfamilie, ein Schaukelpferd aus Holz, so groß wie ein lebendes Pony, einen großen Innenraumsandkasten, um nur einige zu nennen.

Die Arbeitsteilung war auch sehr großzügig. Mir wurden vor allem Kinder anvertraut, die unter Sprachstörungen litten, aber man ließ mir viel freie Zeit, in der ich mich den Forschungsprojekten widmen oder mit Kollegen beraten konnte. Man hatte auch nichts dagegen, daß ich, da ich mich mit der traditionellen Fünfzig-Minuten-Sitzung einmal pro Woche nicht anfreunden konnte, meine kleinen Klienten zwei- oder dreimal die Woche sah oder, wenn ich es für richtig hielt, auch in ihrer eigenen Umgebung statt im Institut.

Das einzige Haar in der Suppe war für mich, daß die meisten

meiner Kollegen überzeugte Freudianer waren, auf ihre Weise also genauso Scheuklappen trugen wie meine Pädagogikkollegen mit ihrem Glauben an den Behaviorismus. Ich war gewissermaßen die Atheistin im Kloster. Es gibt für mich nicht nur einen einzigen isolierten Bezugsrahmen für die Interpretation menschlicher Verhaltensweisen. Wir erschaffen Theorien, um das Chaos soweit zu ordnen, daß wir eine Möglichkeit haben, Veränderungen herbeizuführen; aber diese Ordnung haben wir, die Praktizierenden, geschaffen, weil *wir* sie brauchen. Und jede Theorie bietet meiner Überzeugung nach nur einen einzigen Weg der Interpretation, während es genau wie bei einer Bergbesteigung tatsächlich noch viele andere Wege gibt, die man einschlagen könnte.

Meistens kam ich mit dieser Unterschiedlichkeit der Auffassung ganz gut zurecht, da niemand am Institut von mir verlangte oder erwartete, daß ich mich an die Freudsche Lehre hielt, zumal ich ja keine psychiatrische Fachausbildung hatte. Ich glaube sogar, daß gerade meine »Andersgläubigkeit« Dr. Rosenthal interessiert hatte. Dennoch mußte ich mir oft auf die Zunge beißen.

Da ich keine ausgebildete Psychiaterin war, stand mir keines der Repräsentationsbüros zu. Ich saß zusammen mit Jeff Tomlinson hinten im Haus in einem Kämmerchen, das Ähnlichkeit mit einem großen Wandschrank hatte.

Jeff, einunddreißig, jungenhaft, war eines dieser Genies, die sich ihrer außergewöhnlichen Intelligenz so bewußt sind, daß sie sie als selbstverständlich betrachten. Bescheidenheit kannte er nicht. Er war brillant, und er wußte es – und er wußte, daß auch alle anderen es wußten. »Kann Superman fliegen?« pflegte er lässig zu fragen, wenn ich mal wieder über eine seiner intellektuellen Heldentaten staunte. Aber er war dabei immer von so einer kindlichen Unbefangenheit, daß niemand ihm böse sein konnte. Wenigstens nicht richtig.

Das Schlimme war nur, daß Jeff Freuds Enkel hätte sein können. Ach was – er war so beschlagen, was das Werk des Alten anging, daß er auch Freud persönlich hätte sein können. Dank seines fotografischen Gedächtnisses konnte er mich bei jeder Diskussion mit wörtlichen Wiedergaben endloser Freudscher Fallbeschreibungen niederdiskutieren. Nach einer Weile machten wir uns einen richtigen Spaß daraus, zu sehen, wer in einer Diskussion den anderen am schnellsten mundtot machen konnte.

Um ehrlich zu sein, ich hatte Jeff sehr gern. Wir waren beide um Jahre, wenn nicht Jahrzehnte jünger als die anderen Mitarbeiter und fühlten uns ein wenig wie die kleinen Geschwister unter all diesen Erwachsenen. Die anderen Psychiater hatten alle prächtige Büros mit Stuck und offenen Kaminen, Spannteppichen und Ledersofas. Jeff und ich hausten in einem fensterlosen Kabuff, in dem es immer noch nach den Versuchstieren roch, die ein anderer Psychologe hier einmal gehalten hatte. Wir hatten die Wände mit Postern und Cartoons beklebt, und auf unseren Namensschildern prangte der Rosarote Panther. Hier arbeiteten und stritten wir, und hier erzählten wir uns von unseren Problemen.

Vor der sicheren Vernichtung wegen seiner freudianischen Engstirnigkeit bewahrte Jeff lediglich ein außergewöhnlicher Sinn für Humor. Er war ein Meister der Komik und der Stimmenimitation und pflegte seine Talente mit dem Aplomb eines routinierten Komikers vorzuführen. Kein Wunder, daß sich bei uns unversehens alle möglichen seelenlosen Objekte wie Aktenschränke, Schreibtische oder Heizkörper in Gespräche einzumischen pflegten – alle mit der ihnen eigenen, an Robin Williams erinnernden Stimme. Die Kinder waren natürlich hingerissen, wenn sie das hörten, und selbst auf mich verfehlte es seine Wirkung nicht. Es war nicht leicht, auf einen Kerl wütend zu sein, der das Mobiliar auf seiner Seite hatte.

Alles in allem war ich sehr zufrieden mit diesem Schritt weg von der Sonderpädagogik. Es war immer noch ungewohnt, im Rock und, wenn ich Lust hatte, mit Ketten behangen zur Arbeit zu gehen. Auch offenes Haar war erlaubt, denn hier war niemand, der versuchen würde, es mir aus dem Kopf zu reißen. Ich merkte jedoch schnell, daß Jeans und Turnschuhe mir allzusehr fehlten, und so kam ich nach den ersten Monaten wieder wie gewohnt zur Arbeit. Aber ich genoß die großzügigen Arbeitsmöglichkeiten und die Anregung durch die Kollegen und war sicher, daß dies, zumindest für den Moment, der richtige Schritt gewesen war.

8

Sheila stand drei Monate vor ihrem vierzehnten Geburtstag, als ich sie endlich aufstöberte. Sieben Jahre – die Hälfte ihres Lebens – hatte ich sie nicht mehr gesehen, und abgesehen von dem Gedicht, das sie mir zwei Jahre zuvor geschickt hatte, hatte ich nichts von ihr gehört. Ich fand heraus, daß sie wieder bei ihrem Vater lebte, in einem weit außerhalb gelegenen Vorort von Broadview. Nach einem Telefongespräch mit ihrem Vater fragte ich, ob ich zu einem Besuch vorbeikommen dürfte.

Sie wohnten in einer Doppelhaushälfte, einem braunen Gebäude, von dem die Farbe abblätterte. Es war eine heruntergekommene Gegend, wo in den Vorgärten ausgeschlachtete Autokarosserien und vor sich hin rostende Haushaltsgeräte herumstanden. Doch im Vergleich zu Sheilas Zuhause im Arbeiterlager war dies luxuriös.

Ich klopfte an die Haustür. Eine lange Zeit verstrich, ohne daß sich drinnen etwas rührte, und ich merkte zu meiner Überraschung, daß mir die Knie zitterten. Die Geister lang vergangener Zeiten überfielen mich, während ich vor der Tür wartete, und ich hörte alles ganz deutlich: das Lachen eines Kindes, Quietschen und Geschrei der Kinder im Klassenzimmer und dann das Pfeifen des Windes in der düsteren Stille des Arbeiterlagers, während ich vor der Hütte wartete, in der Sheila damals wohnte. Dann holte mich die Gegenwart wieder ein, denn Schritte näherten sich, und die Tür wurde geöffnet.

Ich glaube nicht, daß ich Sheilas Vater erkannt hätte, wenn ich nicht erwartet hätte, daß er mir öffnete. Er hatte sich in den vergangenen sieben Jahren unglaublich verändert. Vor mir stand nicht der übergewichtige Trinker, den ich in Erinnerung hatte. Der Mann, der mir öffnete, war schlank und sportlich und – das erstaunte mich am meisten – jung. Ich war Anfang Zwanzig gewesen, als ich ihn das letzte Mal gesehen hatte, und hatte ihn stets der Generation meiner Eltern zugerechnet. Jetzt sah ich verblüfft, daß er nicht viel älter war als ich.

»Mr. Renstad?« fragte ich.

Er nickte.

»Ich bin Torey Hayden.«

Sein Lächeln war echt und hieß mich willkommen. Er hielt mir die Tür auf. »Kommen Sie rein. Sheila ist im Moment nicht da. Sie ist nur in den Laden rübergelaufen, um Milch zu holen. Sie wird gleich wieder da sein.« Er öffnete die Tür, um mich ins Wohnzimmer hineinzulassen. Es war ein kleiner Raum mit einem Fernsehapparat, einem abgenutzten alten Sofa und zwei altmodischen Sesseln. Das ganze Zimmer wirkte irgendwie braun, aber es war gemütlich.

Plötzliche Befangenheit überkam uns beide. So oft hatte ich mir diesen Moment vorgestellt, und jetzt, da er Wirklichkeit geworden war, wußte ich nicht recht, was ich sagen sollte. Sheilas Vater ging es offensichtlich ähnlich.

Er nahm plötzlich eine Fotografie vom Fernsehapparat. »Hier, möchten Sie mal sehen? Das sind meine Jungs.«

Das Foto zeigte eine Baseballmannschaft von vielleicht zehn- bis elfjährigen Jungen. Sie waren in zwei Reihen hintereinander gruppiert, die erste kniete. Mr. Renstad stand links hinten in der zweiten Reihe.

»Ich trainiere sie jetzt seit einem Jahr«, sagte er und trat neben mich, um ebenfalls einen Blick auf das Bild zu werfen. »Sehen Sie den Jungen da? Er heißt Juma Washington. Den Namen sollten Sie sich merken. Aus dem wird mal ein ganz Großer. Wie Hank Aaron. Und ich hab' ihm das Schlagen beigebracht. Anfangs, als er zu uns kam, war überhaupt nichts mit ihm anzufangen. Er war ein wilder, schriller kleiner Kerl. Und jetzt ist er auf dem besten Weg in die Oberliga. Warten Sie nur ab. Der wird mal ein ganz Großer.«

»Das ist ja toll.«

Er sah mich an. »Ich bin jetzt clean, wissen Sie. Hat Sheila es Ihnen erzählt? Kein Alkohol und keine Drogen mehr. Ich bin jetzt seit anderthalb Jahren clean, und jetzt helf' ich den Jungs.«

»Das freut mich«, sagte ich.

»Im Ernst. Ich hab' überhaupt keine Probleme mehr, und jetzt hab' ich die Jungs hier. Wir haben in dieser Saison schon ein paar Spiele gewonnen. Bevor ich gekommen bin, haben sie nicht ein einziges Spiel gewonnen. Waren wie die Wilden. Die reinsten Affen. Aber jetzt sind wir stark. Wir haben Juma. Und noch zwei, drei andere, die gut sind. Hier, schauen Sie.« Er nahm das Foto. »Der da, das ist Salim. Und der, das ist Luis. Sie sollten sie spielen sehen. Können Sie nicht an einem Samstag mal runterkommen?«

Da flog draußen die Haustür zu, und gleich darauf stand Sheila vor mir.

Sheila?

Das Mädchen, das dort stand, war eine schlaksige Halbwüchsige mit einer Baseballmütze der Cubs auf dem Kopf, unter der ziemlich langes, gekräuseltes Haar von flammendem Orangerot herausquoll.

Hätte ich diese Sheila wiedererkannt, wenn ich ihr auf der Straße begegnet wäre? Sie war stärker in die Höhe geschossen, als ich erwartet hatte. Sie war so ein unterernährtes kleines Ding gewesen, als sie bei mir in der Klasse gewesen war, daß ich sie mir immer klein vorgestellt hatte. Tatsächlich war sie bestimmt einen Meter sechzig groß, obwohl sie erst dreizehn war. Aber die Pubertät hatte sie noch nicht verändert. Sie war lang und dünn und hatte noch den unentwickelten Körper eines Kindes.

Keine Frage, daß sie mich erkannte. Als sie mich sah, blieb sie stehen wie vom Donner gerührt. Sie wurde rot. »Hallo«, sagte sie und lächelte scheu. Dieses Lächeln änderte alles. Ihre Züge wurden augenblicklich vertraut.

»Hallo.«

Wir waren alle drei schrecklich befangen. Nie hätte ich erwartet, daß es mir bei diesem Wiedersehen, auf das ich mich so lange gefreut hatte, die Sprache verschlagen würde; aber genau so war es. Sheila, die genauso sprachlos war, hielt sich an ihrem Milchkarton fest und starrte mich an. Nur Mr. Renstad faßte sich ziemlich schnell und begann wieder von seinem Baseballteam zu erzählen. Er forderte mich jedoch nicht auf, Platz zu nehmen, und so standen wir alle ziemlich linkisch im Wohnzimmer herum.

Sheilas Vater redete wie ein Wasserfall. Mehrmals versicherte er mir, er habe Drogen und Alkohol aufgegeben und mit seiner Vergangenheit abgeschlossen. Es war mir peinlich, denn es wirkte auf mich, als fasse er meinen Besuch als Kontrolle auf. Er schien zu glauben, Sheila und ich hätten in den vergangenen Jahren viel mehr Kontakt miteinander gehabt, als tatsächlich der Fall war, und spielte auf Ereignisse an, von denen ich nichts wußte. Da ich es taktlos fand nachzufragen, schwieg ich, aber soweit ich verstand, war Sheila zwischen ihrem achten und zehnten Jahr in Pflege gewesen und dann nochmals eine Zeitlang, als sie elf gewesen war. Seit er vor achtzehn Monaten das letzte Mal auf Bewährung aus dem Gefängnis entlassen worden war, lebte Sheila wieder bei ihm.

Sheila sprach überhaupt nichts. Wie ihr Vater und ich stand sie immer noch in der Mitte des Wohnzimmers, doch sie versuchte gar nicht, sich am Gespräch zu beteiligen. Ich warf ihr immer wieder verstohlene Blicke zu, musterte besonders ihr gefärbtes Haar, weil es eine so ungewöhnliche Farbe hatte, aber auch ihre Kleidung. Als sie bei mir in der Gruppe gewesen war, hatte sie nur einen einzigen Satz Kleidung gehabt – das braun gestreifte T-Shirt und den Jeans-Overall. Tagein, tagaus hatte sie diese Sachen getragen, bis ihr Vater endlich das Kleid akzeptiert hatte, das Chad ihr nach der Gerichtsverhandlung im März gekauft hatte. Es schien ihr jetzt in bezug auf die Kleidung nicht viel besser zu gehen. Sie hatte ein riesiges weißes T-Shirt an und darüber eine zerschlissene Jeansjacke ohne Ärmel. Unter dem T-Shirt meinte ich die ausgefransten Ränder einer abgeschnittenen Jeans zu sehen, aber sicher war ich nicht. Ich betrachtete dieses Outfit und kam zu dem Schluß, daß es vermutlich der letzte Schrei war und nicht ein Zeugnis von Armut.

Als ihr Vater schließlich eine Pause einlegte, sah ich sie an. »Ich bin bei der Herfahrt bei einem Dairy Queen vorbeigekommen. Hast du Lust, ein Eis mit mir zu essen?«

Auch als Sheila mit mir allein im Wagen saß, blieb sie stumm. Das Schweigen war gewiß nicht feindselig, aber es war auch nicht gerade entspannt. Meine Gedanken kehrten zum ersten Tag meiner Begegnung mit Sheila zurück. Auch damals hatte sie sich in Schweigen gehüllt, in ein trotziges Schweigen, das sie nur gebrochen hatte, um mir mit der Wildheit einer kleinen Tigerin zu erklären, daß ich sie nicht zum Sprechen zwingen könne. Immer wieder rief ich mir das kleine Mädchen mit dem eigenartigen Charisma ins Gedächtnis zurück und versuchte, es in der nervösen Halbwüchsigen neben mir wiederzuentdecken. Ich war mir nur allzusehr bewußt, daß ich dieses seltsam gekleidete Mädchen, das etwas von einem scheuen Reh hatte, überhaupt nicht kannte.

Als ich auf dem Parkplatz vor dem Dairy Queen anhielt, sah ich sie an. »Weißt du noch, wie ich mit euch allen ins Dairy Queen gegangen bin und ganze Kartons voll Schokoladenriegel gekauft habe? Und wie Peter jedesmal partout etwas anderes haben wollte? Ganz gleich, was es war, er wollte nie das, was alle anderen nahmen.«

»Wer ist Peter?«

»Ach, du weißt doch. In unserer Klasse. Er hat immer diese fürchterlichen Witze erzählt. Über die kein Mensch lachen mußte. Erinnerst du dich?«

Pause. »Ja ... ich glaube. Er war Mexikaner, nicht?«

»Nein, er war ein kleiner Schwarzer.«

Wir suchten uns jede einen Eisbecher aus und setzten uns dann draußen im Freien an einen Tisch. Sheilas Haltung, wie sie über ihrem Eisbecher hing, erinnerte mich an ihre erste Zeit in unserer Klasse, als sie ihr Tablett mit dem Mittagessen immer ganz dicht an sich herangezogen hatte, wie ein mißtrauisches kleines Tier, das Angst hatte, jemand könnte ihr etwas wegnehmen. Sie rührte in ihrem Eisbecher herum und vermanschte Eis, Schokosoße und Schlagsahne zu einer zähflüssigen Masse.

»Und – was macht die Schule?« fragte ich.

»Ach, da läuft's ganz gut.«

»Was für Fächer hast du?«

»Das Übliche.«

»Was Gutes dabei?« fragte ich.

»Nein, eigentlich nicht.«

»Fällt's dir schwer?«

»Eigentlich nicht«, sagte sie wieder und legte beim Umrühren noch einen Zahn zu. »Meistens ist es nur langweilig.«

Um ein Gespräch anzukurbeln, griff ich zu einem alten Trick, den ich oft im Unterricht benutzt hatte, um ein Kind zum Reden zu bringen. »Was magst du denn am wenigsten in der Schule?«

»Daß ich immer die Jüngste bin«, antwortete sie, ohne zu zögern. »Das geht mir irre auf den Wecker.«

Eine Anklage? Ich war dafür verantwortlich, daß sie eine Klasse übersprungen hatte, und sie wußte das. Hatten ihre Worte eine unterschwellige Bedeutung? »Was ist denn daran so schlimm?«

Sie zuckte die Achseln. »Ach, daß man eben immer die Jüngste ist. Die Kleinste. Bis zum letzten Jahr war ich immer die Kleinste in der Klasse. Das Baby. Und alle haben auf mir rumgehackt.«

»Ja, ich kann mir vorstellen, daß das nicht angenehm ist«, meinte ich, »aber weißt du, für uns war es nicht einfach, herauszufinden, was für dich das beste wäre.«

Wieder zuckte sie die Achseln. »Ach, ich wollt' mich nicht beklagen. Es ist nur, weil du gefragt hast.«

Dann Schweigen. Ich überlegte, ob ich näher auf dieses Thema eingehen und riskieren sollte, in tiefe Gewässer vorzustoßen. Ich fand das jedoch in diesem Moment nicht angebracht. Sollte ich vielleicht nach neuen Gesprächsthemen suchen? Mir war überraschend unbehaglich. Dies war überhaupt nicht die Sheila, die ich mir vorgestellt hatte.

Immer noch Schweigen. Ich aß löffelweise meinen Eisbecher und konzentrierte mich auf den Geschmack.

Plötzlich stieß Sheila geräuschvoll die Luft aus und schüttelte den Kopf. »Es ist wirklich komisch«, sagte sie. »Ich mein', du bist für mich immer jemand gewesen, den ich gut kenne.« Sie sah mich an. »Aber in Wirklichkeit kennen wir uns doch überhaupt nicht.«

Dieses Eingeständnis brach das Eis. Es stimmte, wir waren einander fremd, und wir hatten das beide nicht erwartet. Aber nachdem es einmal eingestanden war, fiel uns das Gespräch viel leichter als zuvor, als wir so getan hatten, als wären die letzten sieben Jahre nicht gewesen.

Ganz spontan begann Sheila von ihrer Schule zu erzählen. Sie machte ihr keinen Spaß. Sie beendete gerade die neunte Klasse und kam offenbar gut mit, aber ich hörte heraus, daß nichts, was sie dort lernte, sie irgendwie berührt hatte. Man hatte es wegen ihres Haares, ihrer Kleidung und ihrer allgemeinen Einstellung auf sie abgesehen, und so wie sie darüber erzählte, hatte ich den Verdacht, daß sie sich dem durch Schuleschwänzen entzog.

Verwunderlicherweise war das einzige Fach, das sie zu interessieren schien, Latein. Ich hatte gar nicht gewußt, daß es überhaupt noch unterrichtet wurde. Der alte Herr, der sie unterrichtete, war ein Lehrer von altem Schrot und Korn, sehr streng und mit einer geringen Meinung über die Intelligenz von Frauen, aber gerade diese Einstellung hatte Sheila angestachelt, sich Mühe zu geben und »es ihm zu zeigen«. Sie erzählte sehr lebhaft von der Klasse und dem Stoff, den sie durchnahmen, obwohl sie behauptete, Latein zu hassen.

Dann erzählte ich ihr, was ich in den vergangenen sieben Jahren getrieben hatte, berichtete von meinen anderen Kindergruppen, von meinen Fachkursen an der Uni und meiner neuen Stellung am Institut in der Stadt. Und von dem Buch, das ich geschrieben hatte.

»Ich hab's im Wagen«, sagte ich. »Ich möchte gern, daß du es liest.«

»Ein Buch?« sagte sie ungläubig. »Du hast ein Buch geschrieben? Ich wußte gar nicht, daß du schreiben kannst.«

Ich zuckte die Achseln.

»Und ich komm' auch darin vor? Unsere Klasse? Mann! Das ist irre.« Dann ein leichtes Lächeln. »Das ist echt mega-irre.«

»Es liest sich natürlich alles ein bißchen anders, als es in Wirklichkeit gewesen ist. Ich wollte niemandem zu nahe treten, weißt du, darum habe ich die Namen geändert und teilweise auch die zeitliche Aufeinanderfolge der Ereignisse, aber ich denke, du wirst trotzdem alles wiedererkennen.«

»Das ist echt Wahnsinn. Ein Buch? Über mich?«

»Ich möchte gern hören, wie du es findest«, fuhr ich fort. »Es ist deine Geschichte, oder deine und meine, aber du spielst die größte Rolle darin. Ich möchte nichts schreiben, was du nicht für richtig hältst.«

Sie lächelte. »Ach, das ist ziemlich egal. Ich kann mich sowieso kaum an was erinnern.«

»Das kommt schon«, sagte ich, ebenfalls lächelnd.

Sie zuckte die Achseln, immer noch mit freundlicher Miene. »Mein Gott, Torey, ich war damals ein kleines Kind! Das darfst du nicht vergessen. Inzwischen ist ein Haufen Zeit vergangen – ein halbes Leben für mich. Ich mein', ich freu' mich drauf, das zu lesen, aber ehrlich gesagt, du könntest echt schreiben, was du willst. Wirklich, ich erinnere mich an nichts.«

9 »Du lieber Gott, war das wirklich so?« fragte Sheila in einem merkwürdig erstaunten Ton. Es war der folgende Samstag. Wir waren in ihrem Zimmer, und sie lag auf dem Bett, die Seiten meines Manuskripts um sich herum ausgebreitet.

Lächelnd nickte ich.

»Mann, da warst du ja ganz schön mutig, mich zu nehmen, wenn ich so war.«

»Ja, das fanden andere Leute damals auch. Ich hab' mir sogar selbst ein bißchen imponiert.«

»Du hattest gar keine Wahl, nicht? Sie haben mich dir einfach aufgehalst.« Sie sah wieder auf den Stapel Papiere hinunter. »Ich glaube, ich kann mich jetzt wieder an Anton erinnern. Als du ihn neulich das erste Mal erwähnt hast, da im Dairy Queen, hatte ich keinen Schimmer. Aber wie ich das hier gelesen hab', ist er mir wieder ins Gedächtnis gekommen.«

»Weißt du, was er jetzt tut?« fragte ich. »Er macht gerade seinen Magister in Sonderpädagogik. Er arbeitet mit geistig behinderten Kindern und hat schon seit drei Jahren eine feste Stelle als Lehrer.«

Sheila sah auf. »Du bist richtig stolz auf ihn, nicht? Ich hör's dir an.«

»Ich finde es toll, was er erreicht hat. Es hat ihn eine Menge harte Arbeit gekostet. Er war unter Wanderarbeitern aufgewachsen und hatte eine junge Familie, die er während seines Studiums ernähren mußte.«

Sheila blickte auf die mit Maschine beschriebenen Blätter hinunter und sagte eine Weile nichts. »Das einzige, woran ich mich erinnern kann, ist so ein langer Mexikaner. Damals schien er mir mindestens zwei Meter groß. Aber ich habe keine Ahnung mehr, was er gemacht hat.«

»Erinnerst du dich an Whitney?« fragte ich.

»Nein. Aber an die Geschichte mit der Kaninchenkacke erinnere ich mich. Ich weiß noch, wie ich die kleinen Klümpchen alle angemalt habe. Puh, heute würde ich mich ekeln davor. Stell dir das doch nur mal vor. Ich habe tatsächlich Scheiße in die Hand genommen.« Sie lachte. »Mein Gott, was für ein gräßliches Kind.«

Ich lachte ebenfalls.

»Aber das Irre ist, daß man das gar nicht so sieht, wenn's passiert«, fügte Sheila hinzu. »Ich erinnere mich, daß es mir ganz wichtig war, diese Dinger anzumalen.«

»Und Chad? Mein Freund, der dich bei der Gerichtsverhandlung vertreten hat – erinnerst du dich an den?« fragte ich. Aber ehe sie antworten konnte, lachte ich. »Stell dir vor, er ist jetzt verheiratet und hat drei Kinder. Und weißt du, wie er seine älteste Tochter genannt hat?«

Verständnislosigkeit. »Nein.«

»Sheila.«

»Nach mir?« fragte sie verblüfft.

»Ja, nach dir. Er war damals ganz hingerissen von dir. Unser Abend zu dritt nach der Verhandlung war aber auch unheimlich schön.«

Es folgte eine Pause. Sheila sah wieder auf die Blätter in ihrer Hand und schien das oberste einen Moment lang zu lesen. »Mist. Mist. Das ist einfach so irre. Ich komm' da nicht mit.«

»Wie meinst du das?«

»Ich weiß auch nicht. Meinen Namen da zu sehen. Das ist eigentlich eine ganz andere Person, aber ich bin es auch.«

»Du findest, so wie ich's gemacht habe, stimmt es nicht?« fragte ich.

»Doch – nein, das ist es nicht... Vielleicht ist es einfach so verrückt, mich als Person in einem Buch zu sehen... ich meine, echt mega-irre ist das.« Wieder eine Pause. »Du wirkst ganz echt. Genauso hab' ich dich in Erinnerung. Wenn ich das lese, kommt's mir vor, als hätte ich mit dir zusammengesessen und ein nettes

Schwätzchen mit dir gehalten, aber... War die echte Klasse wirklich so?«

»Wie hast du sie denn in Erinnerung?« fragte ich.

»Zum größten Teil gar nicht. Ich hab' dir ja letzte Woche schon gesagt...«

Wieder Schweigen.

Während ich in das Schweigen hineinlauschte, kam mir in den Sinn, was für schreckliche Dinge Sheila auch in der Zeit zugestoßen waren, als sie meine Klasse besucht hatte. Und ich hatte ihr dieses Buch zur Begutachtung gebracht, ohne überhaupt daran zu denken, daß sie mit ihrer Vergangenheit vielleicht nur fertig geworden war, indem sie diese aus ihrer Erinnerung verdrängt hatte. Eine solche Reaktion erschien mir so untypisch für Sheila, daß ich gar nicht mit ihr gerechnet hatte. Jetzt aber erschrak ich über das, was ich getan hatte. Das Buch schilderte eine Geschichte mit glücklichem Ausgang, aber das war doch nur mein Blickwinkel.

Sheila drehte den Kopf und blickte aus dem Fenster neben ihrem Bett. Der Ausblick war nichts Besonderes: die Mauer des Nachbarhauses, von der die graugrüne Farbe abblätterte, eine Sonnenjalousie, die schief im Fenster hing. Sie schien die Aussicht zu studieren.

Ich meinerseits studierte sie, mit ihrem langen, strähnigen orangefarbenen Haar, ihrem mageren, unentwickelten Körper, den zerrissenen Jeans und dem sonderbaren, enganliegenden grauen Oberteil, das mich an die Unterwäsche meines Großvaters erinnerte. Dieses schlaksige Punkmädchen entsprach in nichts meinen Erwartungen, und ich mußte gegen Enttäuschung kämpfen.

»Ich erinnere mich vor allem an die Farben«, sagte sie leise und sinnend. »Als wäre mein ganzes Leben bis dahin nur schwarz-weiß gewesen. Und als ich in dieses Klassenzimmer kam – leuchtende Farben.« Sie gab einen unartikulierten Laut von sich. »Wenn ich sie mir vorstelle, fällt mir immer Fisher-Price ein, weißt du, Fisher-Price-Spielsachen, die haben solche Farben – Rot, Blau, Weiß. Diese kräftigen Grundfarben. Weißt du noch, das Schaukelpferd, auf dem man sitzen und durchs Zimmer kurven konnte, wenn man mit den Füßen angeschoben hat? Daran erinnere ich mich. An jede einzelne Farbe dieses Pferds. Wie ich am Tisch gesessen hab', wenn ich eigentlich hätte arbeiten sollen, und die Farben angestarrt hab'. Ich weiß noch heute, wo das ›Fisher-Price‹-Schild klebte.

Mann, hab' ich mir dieses Pferd gewünscht. Ich hab' sogar von ihm geträumt; daß es mir gehört, daß du mir erlaubt hättest, es mit nach Hause zu nehmen und für immer zu behalten.«

Wahrscheinlich hätte ich das getan, wenn sie mir je verraten hätte, daß es ihr soviel bedeutete. Aber sie hatte es nie erwähnt.

»Und das Parkhaus«, fuhr sie fort. »Kannst du dich daran noch erinnern? Mit den vielen kleinen Autos, die die Rampen runtergefahren sind, und den kleinen Menschen, die eigentlich nicht mal wie Menschen ausgesehen haben. In Wirklichkeit waren es doch nur Mensch-ärgere-dich-nicht-Figuren aus Plastik mit Gesichtern. Weißt du noch, wie ich die immer geklaut hab'? Ich wollt' sie unbedingt haben. Ich hab' sie auf dem Boden neben meinem Bett aufgestellt, in einer langen Reihe, den Mann mit dem schwarzen Zylinder, den mit dem Cowboyhut, den Indianerhäuptling – kannst du dich erinnern, daß ich sie immer hab' mitgehen lassen?«

Ich hatte im Lauf der Jahre so viele verschiedene Spielsachen in so vielen verschiedenen Klassenzimmern gehabt. Ich erinnerte mich an Unmengen von Parkhäusern und Autos und Schaukelpferde, aber ich hätte nicht sagen können, zu welcher Kindergruppe sie gehört hatten.

»Du hast mich niemals ausgeschimpft deswegen«, sagte sie und drehte sich herum, um mich anzusehen. Sie lächelte. »Ich hab' sie geklaut und geklaut, und du bist nie böse geworden.«

Im Tohuwabohu dieser Gruppe war mir, ehrlich gesagt, wahrscheinlich gar nicht aufgefallen, was sie tat.

»Das find' ich so verrückt an dem Buch, Torey. So wie du's geschrieben hast, klingt's, als hätten wir dauernd gestritten. Ungefähr jede zweite Seite bist du mir wegen irgendwas böse. Aber ich kann mich nicht erinnern, daß du überhaupt jemals böse mit mir warst.«

Ich sah sie erstaunt an.

Dann krauste sie die Nase und grinste mit Verschwörermiene. »Peppst du das Ganze vielleicht nur ein bißchen auf? Damit sie's auch veröffentlichen?«

Ich sah sie entgeistert an.

»Ich mein', mich stört das überhaupt nicht. Es ist eine tolle Story. Und wenn ich mir vorstelle, daß ich da drin vorkomm' – einfach irre.«

»Aber Sheila, wir hatten wirklich Krach miteinander. Wir hatten die ganze Zeit Krach miteinander. Als du zu mir in die Klasse kamst, warst du –«

Wieder wandte sie sich ab und sah zum Fenster hinaus. Wir schwiegen beide eine ganze Zeitlang.

»Woran genau erinnerst du dich überhaupt?« fragte ich schließlich.

»Wie ich schon gesagt hab'...« Aber dann sagte sie gar nichts. Sie blickte immer noch zum Fenster hinaus, und die Worte schienen einfach zu verklingen. Eine Minute oder mehr verstrich.

»Wir haben uns gestritten«, sagte ich leise. »Alle Menschen streiten, ganz gleich, was für eine Beziehung sie zueinander haben, auch wenn es eine gute Beziehung ist. Sonst wäre es ja keine Beziehung. Wenn zwei verschiedene Wesen einander näherkommen, gehört Reibung dazu.«

Keine Antwort.

»Außerdem«, sagte ich lächelnd, »war ich Lehrerin. Was soll man da anderes erwarten?«

»Hm, ja«, sagte sie. »Ich kann mich nicht richtig erinnern.«

Ich konnte es nicht fassen, daß Sheila so viel vergessen hatte. Auf der Heimfahrt am Abend dachte ich unablässig darüber nach. Wie hatte sie Anton und Whitney vergessen können? Wie hatte die ganze Erfahrung dieser Monate auf nicht mehr als eine warme Erinnerung an buntes Plastikspielzeug zusammenschrumpfen können? Mich kränkte das. Für mich war diese Zeit so bedeutsam gewesen, daß ich angenommen hatte, es müßte für sie genauso gewesen sein. Ohne mich, ohne diese Klasse, ohne diese fünf Monate wäre Sheila wahrscheinlich in irgendeiner Nervenheilanstalt gelandet und säße vielleicht immer noch dort. Ich hatte in ihrem Leben eine entscheidende Rolle gespielt. Das hatte ich mir jedenfalls eingebildet. Selbst hier, in der Abgeschiedenheit des Autos, brannten mir die Wangen, als mir klar wurde, wie unglaublich anmaßend das von mir war. Die Erkenntnis war sehr ernüchternd, daß diese fünf Monate mit Sheila mir heute vielleicht mehr bedeuteten als ihr.

Sie war damals noch sehr klein gewesen. War es unrealistisch von mir zu erwarten, daß sie sich an diese Zeit erinnerte? Sie war so unglaublich sprachgewandt gewesen, daß ihr das schon damals den Anstrich einer Reife gegeben hatte, die sie, wie ich wußte, in Wirklichkeit gar nicht besaß. Aber für mich gehörten Gewandtheit im sprachlichen Ausdruck und ein gutes Gedächtnis zusammen.

Während ich durch die Dunkelheit fuhr, versuchte ich mich an die Zeit zu erinnern, als ich selbst sechs gewesen war. Ich konnte mir die Namen einiger Kinder aus meiner ersten Klasse ins Gedächtnis rufen, aber vor allem erinnerte ich mich an einzelne Episoden, kleine Ausschnitte aus meiner Kindheit: wie wir uns zur Pause aufstellten; wie eine Klassenkameradin sich in den Papierkorb übergab; an einen Streit um die Schaukel; an meinen Stolz darüber, daß ich gut Bäume zeichnen konnte. Das waren keine vollständigen Erinnerungen, aber wenn ich mich anstrengte, konnte ich Orte und Namen benennen und das Aussehen der beteiligten Personen beschreiben. Dennoch waren diese Erinnerungen bei weitem nicht so klar wie die aus meiner Erwachsenenzeit. Es war wahrscheinlich unrealistisch, von Sheila zu erwarten, daß sie sich an mehr erinnerte.

Und doch wurde ich die Irritation nicht los. Sheila war nicht irgendein beliebiges Kind, sondern ein hochbegabtes Mädchen, das praktisch sämtliche Intelligenztests, die der Schulpsychologe damals mit ihr gemacht hatte, mit links erledigt hatte. Sheilas unglaubliches Gedächtnis hatte zu den bemerkenswertesten ihrer vielen überragenden Fähigkeiten gehört. Ihr Erinnerungsvermögen war wie eine Kristallkugel gewesen, in die sie hineingeblickt hatte, wenn sie uns so anrührend und so beredt von Liebe und Haß und Zurückweisung erzählt hatte.

Liebe und Haß und Zurückweisung. Es konnte nicht allein Arroganz sein, daß ich klarere Erinnerungen von ihr erwartet hatte. Diese Gedächtnislücke schien für sie höchst ungewöhnlich, aber es war natürlich nicht schwer, sich vorzustellen, wo die Ursache dafür zu suchen war. Zwar wußte ich nicht genau, was Sheila erlebt hatte, seit sie mein Klassenzimmer verlassen hatte, aber es war klar, daß die Jahre danach nicht leicht gewesen waren. Sie war von einer Pflegefamilie zur anderen gewandert, hatte mehrmals die Schule gewechselt und war dazwischen immer wieder von ihrem unzuverlässigen Vater abhängig gewesen. Selbst wenn diese Jahre nur halb so schlimm gewesen waren wie der Altptraum, den sie durchlebt hatte, bevor sie in meine Klasse gekommen war, war das Grund genug, vergessen zu wollen. Sie war so eine wehrhafte kleine Kämpferin gewesen. Ich wollte nicht glauben, daß sie nun doch dem Druck nachgegeben hatte, aber ganz im Inneren begann ich mich damit abzufinden. Aber warum hatte sie gerade die Zeit in unserer Klasse so vollständig vergessen? Den einen freundlichen Moment in ihrem Leben, in dem sie eine Zuflucht gefunden hatte, geliebt und anerkannt worden war? Warum hatte sie uns vergessen?

10 Zu Hause kramte ich die Dinge heraus, die ich damals aufgehoben und später beim Schreiben verwendet hatte. Ich wollte Sheila bei meinem nächsten Besuch etwas mitbringen. Größtenteils waren es Schulpapiere und anekdotische Aufzeichnungen, beides nicht das Richtige für meinen Zweck. Ich hätte mir gern die Videoaufnahmen mit ihr angesehen, aber so einen altmodischen Projektor, wie er zum Zeigen dieser alten Filme notwendig war, gab es nur im Institut; die Aufnahmen würden also warten müssen, bis Sheila mich einmal im Institut besuchte. Am Ende griff ich zu meinem Fotoalbum.

Ich hatte überraschend wenige Fotografien aus diesem Jahr. Das Klassenfoto war da, auf dem wir alle vor dem blauen Vorhang der Schulbühne standen und aussahen wie eine Gruppe Schwerverbrecher aus der Verbrecherkartei. Sheilas blasses Gesicht, das genau von vorn getroffen war, wirkte konturlos. Niemals hatte sie in jenen Tagen auf Kommando gelächelt und zeigte darum auch auf diesem Foto nur eine völlig ausdruckslose Miene. Leider waren einige der anderen genauso störrisch gewesen und daher gar nicht zu erkennen.

Insgesamt hatte ich nur drei weitere Fotos von Sheila: das Einzelschulfoto, das zur gleichen Zeit aufgenommen war wie das Gruppenbild. Ich hatte es behalten, da ihr Vater es damals nicht kaufen wollte. Es war unter den Bildern, die ich von ihr besaß, das einzige, auf dem sie lächelte. Der Fotograf hatte sie mit irgendeinem Trick dazu gebracht. Es war kurz nach ihrer Ankunft in unserer Klasse entstanden und zeigte sie in ihrer ganzen schmutzigen Pracht. Ich liebte dieses Bild.

Die anderen beiden Fotos hatte ich selbst aufgenommen, das eine zur Feier des Tages, an dem sie zum ersten Mal blitzsauber war. Da saß sie mit ernsthaftem Gesichtchen auf der Treppe vor der Schule und hielt die Hände auf ihren Knien gefaltet. Sie hatte

Rattenschwänze, ihre Kleider waren gewaschen, ihr Gesicht war sauber, und sie hatte überhaupt keine Ähnlichkeit mit Sheila. Sie war nicht halb so liebenswert wie der kleine Schmutzfink auf dem Schulfoto. Das andere Bild hatte ich am letzten Schultag beim Abschiedspicknick im Park gemacht. Ich hatte an dem Tag mehrere Fotos geschossen, aber Sheila war leider nur auf einem von ihnen zu sehen. Sie stand mit zwei anderen kleinen Mädchen aus der Gruppe am Ententeich. Ihre beiden Mitschülerinnen waren adrett und sauber und strahlten vor Vergnügen: Sheila jedoch, die in der Mitte stand, blickte abweisend, beinahe argwöhnisch in die Kamera. Sie war an dem Tag – trotz des neuen orangefarbenen Sonnenkleides, das sie für diesen Anlaß von ihrem Vater bekommen hatte – sehr verlottert zur Schule gekommen, ungekämmt und ungewaschen, und hob sich drastisch von den beiden anderen Mädchen ab. Dennoch fesselte das Foto durch die mißtrauische Vorsicht ihres Blicks, die sie finster und dennoch überraschend verletzlich erscheinen ließ.

Ich beschloß schließlich, diese Aufnahme mitzunehmen und dazu alle anderen von diesem Tag, die neben den anderen Kindern auch Anton und Whitney zeigten.

Am folgenden Samstag sahen Sheila und ich uns ein Spiel der Baseballmannschaft ihres Vaters an. Eine wenig hoffnungsvolle Truppe war das – schmutzige Zehn- und Elfjährige in kunterbunten Trikots, fast lauter Minderheitenkinder unterschiedlicher ethnischer Herkunft, die, wie ich vermutete, einzig die Armut vereinte. Aber sie waren laut und fröhlich, wie man das von Kindern erwartet, und sie begrüßten Sheilas Vater wie einen heimkehrenden Helden, als er aufs Spielfeld lief.

Soweit ich feststellen konnte, befand sich Mr. Renstad auf einem guten Weg. Er war ungeheuer stolz auf das Häuschen, das er mit seiner Tochter bewohnte. Es war nicht groß, es stand nicht in einem besonders guten Viertel, und es gehörte ihm natürlich nicht. Aber er hatte es selbst gesucht und gefunden, war nicht einfach vom Sozialamt hineingesetzt worden. Und er zahlte auch die Miete selbst, aus dem regelmäßigen Einkommen, das er als Arbeiter bei der Parkverwaltung verdiente. Er hatte mich durch das ganze Haus geführt und mir alles gezeigt, was er gekauft hatte: die Betten, das Sofa, den Fernsehapparat, den Küchentisch. Er hatte nicht vergessen, unter welchen Umständen wir uns das letzte Mal begegnet waren, und war ganz versessen darauf, mir zu zeigen, wie weit er es in der Zwischenzeit gebracht hatte. All diese Dinge waren sein Eigentum, und man spürte, daß es ihm viel bedeutete, sie mit eigenem Geld erworben zu haben.

Seine wahre Liebe jedoch galt dem Baseballteam, »seinen Jungs«. Immer wieder erklärte er mir, daß er sich nur ihretwegen entschlossen habe, in Zukunft ein ordentliches Leben zu führen. Sie seien auf ihn angewiesen, sagte er. Die Mannschaft war beinahe aufgelöst worden, weil sich kein Trainer gefunden hatte; aber dann hatte er die Sache in die Hand genommen. Man würde ihm das Team allerdings sofort wieder entziehen, gestand er, wenn er je wieder Drogen nehmen würde. Er stand noch immer unter der Aufsicht eines Bewährungshelfers.

Mir machte dieses Baseballspiel Spaß. Sie siegten nicht, aber sie spielten gut, und es war offensichtlich, daß das Siegen ihnen nicht das wichtigste war. Sie waren ein Team im wahren Sinn des Wortes, und damit konnte ich mich sofort identifizieren. Wie immer auch Mr. Renstads Vergangenheit ausgesehen hatte, die Gegenwart sah gut aus.

Nach dem Spiel wollte ich Sheila ausführen. Die letzten beiden Male hatten wir uns bei ihr zu Haus gesehen, deshalb dachte ich, es wäre nett, etwas mit ihr zu unternehmen. Sheila konnte sich jedoch nicht entscheiden, wohin sie wollte. Ich schlug deshalb vor, irgendwo in der Stadt eine Pizza zu essen. Ich dachte, es würde ihr Spaß machen, in die Stadt zu fahren. Außerdem gab es dort nettere Lokale als draußen in Broadview. Nach dem Spiel setzten wir uns also in meinen Wagen und fuhren Richtung Norden.

Auf den ersten fünf Meilen bog ich irgendwo falsch ab, was kein Wunder war, da ich die Gegend immer noch nicht sehr gut kannte. Ich bemerkte den Irrtum jedoch erst, als die Häuser sich immer mehr lichteten. Da regte sich in mir der Verdacht, daß ich in der falschen Richtung fuhr. Normalerweise habe ich einen ausgezeichneten Orientierungssinn und kann, selbst wenn ich mich einmal verfahre, im allgemeinen sagen, ob ich mich in der richtigen Richtung bewege. Diesmal jedoch war ich völlig unsicher; ich hatte zwar das Gefühl, in Richtung Stadt zu fahren, aber was ich aus meinem Fenster heraus sah, schien das Gegenteil zu beweisen. Ich erzählte Sheila von meiner Unsicherheit.

»Nein, nein, du fährst schon richtig. Ich weiß genau, wo wir sind. Fahr einfach weiter in die Richtung«, sagte sie zuversichtlich, und ich folgte ihrem Rat.

Nach weiteren fünfzehn Minuten waren wir mitten auf dem Land. Ich hatte mich eindeutig verfahren, und mir war klar, daß ich etwas Drastisches unternehmen mußte, um wieder auf den richtigen Weg zu kommen – zum Beispiel anhalten und die Straßenkarte heraussuchen. Ich fuhr an den Straßenrand.

»Was tust du?« fragte Sheila erstaunt.

Ich langte über die Rückenlehne und suchte nach meinem Straßenatlas. »Ich brauch' die Karte. Ich habe mich total verfahren.«

»Ach wo.«

»Doch, wir haben uns verfahren.«

»Stimmt ja gar nicht. Ich war hunderttausendmal hier draußen.«

Ich zog eine Augenbraue hoch.

»Wirklich«, sagte sie. »Ich war hier in der Nähe in einem Kinderheim. Gleich da drüben, die Straße runter. Ich weiß genau, wo wir sind.«

»Und wo sind wir?« fragte ich.

»Hier natürlich.«

»Aber wo ist hier?«

Sheila sah zum Fenster hinaus.

»Sag schon. Wo sind wir?«

»Werd' doch nicht gleich so ekelhaft.«

»Du weißt es auch nicht, stimmt's?« sagte ich. »Wir haben uns verirrt.«

Unerwartet lächelte Sheila. Es war ein entwaffnendes Lächeln. »Ich weiß nie, wo ich bin«, erklärte sie heiter. »Ich habe mich daran gewöhnt.«

Ich zerrte den Atlas nach vorn und schlug ihn auf. Nachdem ich auf der Karte unseren Standort gefunden hatte, war mir auch klar, wo ich mich verfahren hatte und was ich später, auf der Rückfahrt nach Broadview, beachten mußte. »Okay, jetzt bin ich zufrieden«, sagte ich und klappte das Buch zu. Ich ließ den Motor an.

»Du mußt immer die totale Kontrolle haben, hm?« sagte Sheila. »Das ist mir früher gar nicht aufgefallen.«

»Das stimmt eigentlich auch nicht. Ich fühle mich nur nicht wohl, wenn mir die Orientierung fehlt.«

»Aha, also nicht nur ein Kontrollfreak, sondern ein Kontrollfreak, der's nicht zugibt.«

Wenn sie unbedingt so weiterfahren will, sagte ich mir, gut, dann fahren wir eben. Wir nahmen also eine Landstraße, die uns in eine Gegend führte, in der ich noch nie gewesen war. Der größere Teil einer Stunde und eine Menge Landschaft flogen vorbei. Es war eine angenehme Fahrt. Sheila wurde gesprächig und hielt mir einen erstaunlichen Vortrag über Julius Cäsar. Sie hatten im Lateinunterricht sein Werk über den Gallischen Krieg gelesen, und es hatte ihr Interesse geweckt. Besonders seine Beschreibungen der in Gallien lebenden Kelten beeindruckten sie. Ich hatte im Lateinunterricht auch einmal Cäsar gelesen, aber damals war es mir mehr darauf angekommen, mit möglichst wenig Arbeit möglichst gute Noten zu bekommen, als mich ernsthaft mit der verlangten Lektüre zu befassen. Folglich war ich zwar clever, aber als kulturelle Banausin von der Schule abgegangen und hatte einen großen Teil meines Erwachsenenlebens damit zugebracht, das Versäumte nachzuholen. Bis zu Cäsar war ich allerdings noch nicht vorgedrungen, weder in Lateinisch noch in Englisch, darum hörte ich bei diesem Gespräch vor allem zu, und das war sicher ganz gut so.

Als wir durch eine kleine Ortschaft kamen, entdeckte Sheila eine Bowlingbahn. »Ach, schau mal, da! Können wir nicht ein bißchen bowlen gehen? Ich spiele unheimlich gern Bowling.«

Wir gingen hinein und spielten drei Runden. Hinterher tranken wir an der Bar ein Cola. »Was ist mit der Pizza?« fragte Sheila. »Du hast doch gesagt, wir wollten Pizza essen gehen.«

»Ich glaube, es ist besser, wir fahren jetzt langsam nach Broadview zurück. Wir sind ziemlich weit draußen und brauchen für die Rückfahrt bestimmt anderthalb Stunden. Wahrscheinlich finde ich den Weg leichter, wenn es nicht gerade stockfinster ist.«

»Mensch, Torey, passiert's dir so oft, daß du dich verfährst, oder was? Das ist ja ein richtiger Tick bei dir.«

»Ich muß schließlich fahren.«

»Na und? Deswegen brauchst du dich doch nicht gleich aufzuregen. Uns passiert schon nichts. Komm, wir essen hier irgendwo. Es ist spät, und ich bin am Verhungern.«

»Ich habe nirgends eine Pizzeria gesehen«, erwiderte ich.

»Dann fahren wir eben einfach, bis wir eine finden.«

Auch ich war hungrig und nicht gerade strahlender Laune. Der Tag hatte sich nicht so entwickelt, wie ich es mir vorgestellt hatte. Wir hatten dies und das getan, aber es war nichts Besonderes geschehen. Mir wurde bewußt, daß ich Sheila beeindrucken wollte. Ich wollte sie für mich gewinnen.

»Da! Da!« rief Sheila, mich aus meinen Gedanken reißend. »Da ist ein Pizzeria.«

Richtig, dort war eine Pizzeria. Und sie war, wie der ganze Tag, nichts Besonderes. Ich dachte an die gute alte Zeit, als Chad und ich Sheila zu ihrer ersten Pizza ausgeführt hatten. Das Lokal, das wir jetzt betraten, hatte nichts von der Atmosphäre jener Pizzeria von damals; es war eines der vielen Lokale, die zu irgendeiner anonymen Restaurantkette gehörten.

Nachdem wir am Tresen bestellt hatten, suchten wir uns einen ruhigen Tisch in der Ecke. Sheila nahm ihre Baseballmütze ab, so daß ihr krauses orangefarbenes Haar über die Schultern fiel, und setzte sich.

»Ich dachte, du würdest vielleicht ganz gerne Fotos von unserer damaligen Klasse sehen. Ich hab' ein paar ausgegraben«, sagte ich und öffnete meine Handtasche.

»Au ja, cool. Zeig her.«

»Sie sind von dem Picknick am letzten Schultag. Da waren wir im Park. Erinnerst du dich an den Park? Da war ein Ententeich und ein kleiner Bach.«

Sheila nahm die Fotos, die ich ihr reichte, und beugte sich dicht über sie, während sie die Gesichter betrachtete.

»Wer ist der Junge da?«

»Emilio.«

»Was hatte der? War der behindert?«

»Er ist blind«, antwortete ich.

»Ach ja, der Blinde. Wie hast du ihn im Buch gleich wieder genannt?«

»Guillermo.«

»Genau, jetzt weiß ich wieder, wer er ist.«

Die Zunge zwischen den leicht geöffneten Lippen vorgeschoben, studierte Sheila die Fotos weiter mit scharfer Aufmerksamkeit. »Ich glaub', ich erinnere mich an den Park«, sagte sie langsam. »Gab's da nicht irgendwelche Bäume, die geblüht haben? Sie hatten so einen süßen Duft. Daran kann ich mich erinnern.«

»Ja. Die Robinien.«

»Was sind das für Mädchen?« fragte sie und reichte mir eines der Bilder.

»Kennst du die in der Mitte nicht? Das bist du. Und das hier sind Sarah und Tyler. Aber die Kleine bist du.«

»Ehrlich? Das bin wirklich ich? Oh, Scheiße!« Sie beugte sich noch tiefer im trüben Licht. »Scheiße. Hab' ich wirklich so ausgesehen?« Sie blickte ungläubig auf. »Mein Dad hat überhaupt keine Fotos von mir, wie ich klein war ...«

Ich war bestürzt. Sie konnte sich nicht einmal an sich selbst erinnern. Während ich sie beobachtete, wie sie sich wieder über die Fotografien beugte, fühlte ich mich so einsam. Was tat ich hier mit dieser halbwüchsigen Punkerin? Das war nicht Sheila. Das war einfach irgendein pubertäres Mädchen.

Die Pizza kam gerade rechtzeitig. Wir hatten eine riesengroße bestellt, mit allem, und machten uns beide mit herzhaftem Appetit darüber her. Eine Weile galt unsere Aufmerksamkeit einzig dem Essen.

»Ich hab' heut' soviel Spaß gehabt«, sagte Sheila und schob ein Riesenstück Pizza in den Mund. »Weißt du, ich finde es klasse, daß du jetzt so nah wohnst.«

»Schön, das freut mich.«

»Es ist genau wie früher, nicht?«

»Ja«, sagte ich, wahrscheinlich nicht allzu überzeugend.

Sheilas Gesicht wurde verlegen. »Es tut mir so leid, daß ich mich nicht an mehr von damals erinnern kann.«

»Na ja, du warst noch klein.«

»Ja, aber ich merk' doch, daß ich – du bist richtig enttäuscht von mir.«

»Unsinn!« entgegnete ich ein wenig zu nachdrücklich. »Du warst damals sehr jung, und niemand hat besonders viele Erinnerungen an dieses Alter.«

»Aber du möchtest gern, daß ich mich erinnere, nicht?«

»Ja, wenn ich ehrlich bin, schon. Aber nur, weil es so ein bedeutsames Jahr für mich war und du es warst, die es bedeutsam gemacht hat.«

Das entwaffnete sie. Sie lächelte. »Wirklich?«

»Ja, wirklich.«

»Du hast gern mit kleinen Kindern gearbeitet, oder?« fragte sie.

Ich nickte. »Ja, und ich arbeite auch jetzt noch gern mit ihnen.«

»Das hat man gemerkt.«

Danach trat Schweigen ein. Wir widmeten uns wieder unserer Pizza. Dann sah Sheila auf.

»Darf ich dich was fragen, Tor? Es hat mit dem Buch zu tun.«

»Ja, klar.«

»Warum hast du eigentlich diesen Chad nicht geheiratet?«

»Ich war damals noch zu jung. Ich war für eine Ehe noch gar nicht reif«, antwortete ich. »Wenn ich ihn geheiratet hätte, wäre es sicher schiefgegangen.«

Sheila stocherte nachdenklich in ihrer Pizza herum, pickte die Oliven heraus und aß sie mit den Fingern. »Schade«, meinte sie, »es wäre doch ein geiles Ende für das Buch gewesen.«

»Wahrscheinlich, aber in Wirklichkeit war's eben anders.«

»Das wirkliche Leben richtet sich nie nach dem Manuskript, das ist das Problem«, sagte sie. »Du und er hättet heiraten und das kleine Mädchen adoptieren sollen. Jeder, der das Buch liest, wird sich das als Schluß wünschen.«

»Ja, ich weiß, aber so ist es eben nicht ausgegangen.«

»Ja.« Sie lächelte schwach. »Aber weißt du, seine älteste Tochter? Die, die Sheila heißt? Das ist ganz in Ordnung so. Ich meine, daß sie Sheila heißt. Aber von Rechts wegen hätte ich sie sein sollen.«

11

Das Sommerprogramm am Institut war meine Idee. Ich war stets der Meinung gewesen, daß ich eher Veränderungen bewirken konnte, wenn ich jeden Tag mehrere Stunden hintereinander mit einem Kind verbrachte, anstatt nur ein oder zwei Sitzungen von je einer Stunde pro Woche. Das war ursprünglich einer der Gründe gewesen, warum ich mich für die Pädagogik als Laufbahn entschlossen hatte und nicht für die Psychologie. Am Institut, wo man sich strikt an die Fünfzig-Minuten-Sitzung hielt, sah ich mich in meiner Auffassung bestätigt. Es mußte doch einen anderen Weg geben.

Mein Bürogenosse Jeff fand die Vorstellung, mit Kindern in einer anderen Umgebung als der des Therapieraums zu arbeiten, faszinierend. Wir entwickelten also gemeinsam die Idee eines Sommerschulprogramms, das im Juni und Juli stattfinden sollte – acht Wochen lang jeden Morgen. Wir planten, es in einer Schule in der Nähe durchzuführen, die im Sommer normalerweise leer stand, und gingen daran, aus der Patientenliste des Instituts mit aller Sorgfalt die Kinder herauszusuchen, von denen wir meinten, daß sie von einem solchen Programm am meisten profitieren würden. Da es sich im Grunde genommen um ein Experiment handelte, wollten wir die Teilnehmerzahl gering halten. Jeff und ich wollten das Programm zu zweit durchziehen und mußten deshalb darauf achten, daß wir nur so viele Kinder aufnahmen, wie wir gut beaufsichtigen konnten. Wir entschieden uns schließlich für eine Gruppe von acht.

Drei der Kinder, die wir ausgesucht hatten, waren schwerbehindert: Joshua, fünf, und Jessie, sechs, waren beide autistisch und konnten nicht sprechen, und bei Violet, acht, hatte man kindliche Schizophrenie diagnostiziert. Von den fünf anderen Kindern waren zwei Mädchen: Kayleigh, eine Fünfjährige, die in der Gruppe nicht zum Sprechen zu bewegen war, und Tamara, acht Jahre alt, ein auffallend schönes Mädchen mit dunklen, exotischen Zügen, das an Depressionen und Anfällen von Selbstverstümmelung litt. Die drei Jungen waren David, ein aufgeweckter, gewinnender sechsjähriger kleiner Brandstifter; Alejo, ein siebenjähriger Kolumbianer, der mit vier von einem amerikanischen Ehepaar adoptiert worden war; und ein sechsjähriger Wirbelwind namens Mikey.

Die Erfahrung hatte mich längst gelehrt, daß ein solches Programm im allgemeinen um so wirkungsvoller ist, je mehr Erwachsene sich um die Kinder kümmern. Ich wollte keine Eins-zu-eins-Situation, weil ich glaubte, daß dadurch die besonderen Vorteile der Gruppensituation aufgehoben werden würden, aber es war klar, daß genug Aufsichtspersonen dasein müßten, um zu verhindern, daß bestimmte schwierige Situationen zum Chaos ausarteten.

Jeff nahm Anstoß an der Vorstellung, daß wir nicht in der Lage sein sollten, zu zweit mit acht Kindern fertig zu werden. Er sei schließlich fertiger Arzt, erklärte er mir, stehe kurz vor seinem Examen als Kinderpsychiater und werde sich demnächst als Psychoanalytiker niederlassen. Ich entgegnete, daß in einer solchen Umgebung andere Fertigkeiten gefragt seien. In den drei Stunden, die die Kinder täglich mit uns verbringen würden, war nicht nur Therapie gefragt, sondern auch Unterhaltung, körperliche Bewegung, Trost und Zuwendung, ganz zu schweigen von Heftpflastern, Getränken, Imbissen und Gängen zur Toilette. Das war mehr, als wir zu zweit bewältigen konnten, wenn wir mehr sein wollten als ein reines Babysitter-Team.

Wir traten deshalb gemeinsam mit der Bitte an Dr. Rosenthal heran, uns zusätzliche Hilfskräfte für das Programm zu finanzieren. Er erklärte sich bereit, sein Bestes zu tun. Und so bekamen wir Miriam, eine ehemalige Lehrerin. Sie war eine ältere Frau, lebhaft und entschlußfreudig, mit grauem Haar und einer beneidenswerten Figur. Ich mochte sie auf Anhieb. Sie war sensibel und praktisch und hatte diese gewisse Klasse, die ich bewunderte, die mir selbst aber fehlte. Aber obwohl wir nun Miriam hatten, wünschte ich mir noch zusätzliche Hilfe. Bei so kleinen, behinderten Kindern brauchten wir nicht viele teure Fachkräfte. Wir brauchten vor allem Hände, die zupacken konnten.

In dieser Zeit, als Jeff und ich das Sommerschulprogramm auf die Beine stellten, war ich gerade dabei, *Sheila* zu überarbeiten. Dabei fiel mir der Unterschied zwischen der Kindergruppe von damals und den großzügigen Arbeitsbedingungen von heute so richtig auf. Auch damals waren es acht Kinder gewesen, jedes einzelne schwer behindert, und was waren wir für eine Betreuergruppe gewesen – eine junge, ziemlich unerfahrene Lehrerin, ein Ex-Wanderarbeiter ohne Schulabschluß und eine Schülerin der High-School. Schülerin! Schülerin!

Das war's. Sheila! Natürlich.

Es schien mir die ideale Lösung zu sein. Sheila, alt genug, um eine gewisse Verantwortung zu übernehmen, und jung genug, um flexibel und kooperativ zu sein, war in einem Alter, in dem sie bei einem solchen Projekt eine große Hilfe sein konnte. Und sie bekam dafür die Chance geboten, den Sommer in einer stabilen, anregenden Umgebung und in einer Gemeinschaft mit Erwachsenen, die sie förderten, zu verbringen. Aber das beste war, daß wir beide so auf eine ganz natürliche Weise viel Zeit miteinander würden verbringen können. Ich wollte Sheila wieder kennenlernen. Das Kind, das ich so sehr geliebt hatte, mußte doch irgendwo in dieser schlaksigen Halbwüchsigen stecken. Ich wollte versuchen, es zu finden.

Sheila war begeistert von dem Vorschlag. Sie hatte für den Sommer noch keinen Job, und selbst als ich ihr sagte, daß die Bezahlung sehr bescheiden sei und kaum mehr als ihre Ausgaben für Busfahrt und Mittagessen decken würde, blieb sie enthusiastisch.

Jeff hatte keine Gelegenheit, Sheila vor dem ersten Tag des Sommerprogramms kennenzulernen. Wir hatten darüber gesprochen, daß wir gut noch ein zusätzliches Paar Hände gebrauchen konnten, und er war froh gewesen, daß ich so schnell eine freiwillige Hilfskraft aufgetan hatte. Ich erzählte ihm kurz von Sheila und meiner früheren Beziehung zu ihr, aber ins Detail ging ich nicht, denn das erschien mir unangemessen. Wenn mir in den vorangegangenen Wochen etwas klargeworden war, dann war es, daß Sheila sich weiterentwickelt hatte. Und so wie ich nicht erwartete, daß ein Arbeitgeber mich danach beurteilte, was ich im Alter von sechs Jahren getan hatte, hielt ich es für unnötig, von Sheilas Kindheit zu erzählen.

Insgeheim freute ich mich darauf, Sheila mit Jeff bekannt zu machen. In diesem Sommerschulprogramm würde sich Sheila von Erwachsenen umgeben finden, die alle intellektuell einiges zu bieten hatten, aber Jeff war wahrscheinlich der einzige, der Sheila das Wasser reichen konnte. Ich bezweifelte, daß sie zuvor schon einmal einem Menschen begegnet war, der eine so hohe Begabung besaß wie sie, und gerade deshalb konnte ich es kaum erwarten, die beiden miteinander bekannt zu machen. Ich fand, daß sie sich in ihrem Wesen ähnelten. Sie neigten beide zu eigenwilligem, etwas unberechenbarem Verhalten und waren beide von dieser Aura innerer Isoliertheit umgeben, die man bei hochbegabten Menschen so häufig antrifft. Ich war gespannt auf ihre erste Begegnung.

Am ersten Tag kam Sheila fünfundvierzig Minuten zu früh. Sie erschien in einem erstaunlichen Outfit: eine Hose aus dünnem Stoff, die aussah wie eine lange weiße Unterhose, und darüber ein Hänger mit pastellfarbenem Blumenmuster. Das Tüpfelchen auf dem i bildeten schwere schwarze Arbeitsstiefel, die zu einem Holzfäller gepaßt hätten. Und auf dem Kopf hatte sie natürlich die unvermeidliche Baseballmütze.

Ich sperrte den Mund auf. Es fällt mir schwer, es zuzugeben: Obwohl ich die Fähigkeit kultiviert hatte, auch die bizarrsten Verhaltensweisen unbeachtet zu lassen, fiel mir angesichts dieses Aufzugs die Kinnlade herunter.

»Gefällt's dir?« fragte sie unschuldig.

Lieber Gott, wurde ich etwa schon alt? Waren solche Sachen bei den Teenagern heutzutage in, ohne daß es mir bisher aufgefallen war? Ich trug eine Cordhose und ein Arbeitshemd und fand mich am Institut damit schon avantgardistisch. »Na«, stammelte ich, »es ist jedenfalls ungewöhnlich.«

»Mein Dad erlaubt mir nicht, daß ich mich so anziehe, wie's mir gefällt.«

»Woher hast du die Sachen?«

»Ach, das Kleid hab' ich bei einem Räumungsverkauf gekauft und die« – sie wies auf die lange Unterhose – »bei Goodwill. Sie hat nicht viel gekostet. Am teuersten waren die Stiefel.«

Ich kam über meine Verblüffung nicht hinweg. Immer noch spukte mir der Geist der zarten Sechsjährigen in ihrem mausbraunen T-Shirt und dem zu kleinen Overall im Kopf herum. Auf diese modebewußte Halbwüchsige war ich nicht gefaßt gewesen.

»Es stört dich doch nicht, oder?« fragte sie, und das zeigte mir, daß sie meine Überraschung wahrgenommen haben mußte.

Ich schüttelte den Kopf. »Nein, es stört mich nicht.« Ich denke, es störte mich wirklich nicht. Denn sie sah in ihrer langen Unterhose und dem geblümten Kleidchen erstaunlich gut aus. Etwas merkwürdig, ja, aber dennoch attraktiv, wenn man bei der Betrachtung einmal den persönlichen Geschmack hintanstellte. Und selbstsicher. Das war es, was mir am meisten auffiel. Im Augenblick zumindest war Sheila unverkennbar zufrieden mit sich, so wie sie war.

Jeff kam wenig später. Er trug einen Riesenkarton Pampers. »Da, fang, Hayden!« rief er mir zu und schleuderte das Paket in meine Richtung. Sheila sprang erschrocken zurück. Ich fing den Karton auf und stellte ihn zu Boden.

»Wozu brauchen wir die?« fragte sie.

»Hilfe! Hilfe! Laßt mich raus!« ertönte eine kleine Piepsstimme aus Richtung des Kartons.

Sheila machte ein bestürztes Gesicht, und ich gab Jeff einen Knuff. »Das ist Dr. Tomlinsons Humor.«

»Jeff für dich, Schatz«, sagte er und faßte ihr liebevoll unters Kinn. »Dein Outfit gefällt mir.«

Sheila wich zurück. Ich nahm die Windeln und stellte sie in die kleine Bücherkammer am Ende des Zimmers. Sheila folgte mir.

»Ist das der Typ, mit dem du dein Büro teilst und von dem du immer erzählst? Das ist Jeff?«

Ich nickte, während ich den Karton auf ein Bord hievte.

»Ätzend!«

»Oh, er ist okay. Sein Humor ist ein bißchen seltsam, aber er ist ein netter Kerl. Er wird dir gefallen.«

»Darauf würde ich nicht zählen.« Sie lehnte sich an die Wand. »Wofür brauchen wir die Windeln?«

»Einer der kleinen Jungen ist noch nicht sauber«, antwortete ich.

»Das gibt's doch nicht! Du meinst, der macht noch in die Hose?«

Ich lächelte.

»Ja eklig! Davon hast du mir keinen Ton gesagt. Aber den muß ich doch nicht wickeln, oder?«

»Wir werden sehen.«

»Wir werden gar nichts sehen«, entgegnete sie. »Wir schließen nämlich die Augen!«

Ich lachte.

Das erste Kind kam an. Violet war stämmig für ihr Alter, wenn man sie auch nicht als dick bezeichnen konnte. Sie hatte blasse Haut und helles, wirres Haar. Kindliche Schizophrenie lautete die Diagnose, die man ihr gestellt hatte. Die Krankheit äußerte sich in einem obsessiven Interesse an Geistern und Vampiren. Sie war überzeugt, alle Menschen um sie herum seien entweder Vampire oder die Opfer von Vampiren, also Geister, und sie hatte immer wieder große Probleme mit den unsichtbaren Geistern, die mit ihr sprachen, sie hänselten und ihr schreckliche Dinge sagten.

»Pscht«, sagte sie zu mir, als ihre Mutter sie brachte. »Ich hab' ihn im Flur gesehen, den mit den Regenbogenhaaren. Und seine Geisterkatze hatte er auch dabei.«

»Sheila, würdest du Violet zeigen, wo sie sitzt?« fragte ich.

»Mit der geh' ich nicht!« kreischte Violet sofort. »Die hat Vampirzähne.«

Sheila starrte sie mit aufgerissenen Augen an.

»Komm, ich nehme sie«, sagte Jeff. Sie war seine Patientin, und sobald sie sein vertrautes Gesicht sah, beruhigte sie sich merklich.

Dann wirbelte Mikey herein. Er war sechs Jahre alt, klein und pummelig und bewegte sich wieselflink auf seinen kurzen, stämmigen Beinchen. Er wirkte wie ein kleiner Gummiball in den Flipperautomaten – Peng! Pum! Wusch! Er sauste wie aufgezogen durch das Klassenzimmer, und wir konnten nur dastehen und staunen. Seine Mutter schien nur zu erleichtert, ihn für eine Weile loszuwerden.

Als nächstes kam Kayleigh, das Mädchen, das nicht sprechen wollte. Im Gegensatz zu Violet war sie klein und zart für ihr Alter, und ihr kleines Gesichtchen war unter dem dicken Haar und dem langen, dichten Pony kaum zu sehen. Ich dachte mir, daß Sheila vielleicht gerade mit diesem kleinen Mädchen gut zurechtkommen würde, da sie selbst, als sie mit sechs Jahren in unsere Klasse gekommen war, auch nicht gesprochen hatte. Außerdem war Kayleigh ein zärtliches und liebevolles Kind, das es einem nicht schwermachte, es gern zu haben und sich mit ihm zu beschäftigen. Ich wünschte mir sehr, daß Sheila an dieser Arbeit mit uns, die für sie eine große Herausforderung war, Freude finden und meine Zuneigung zu den Kindern verstehen lernen würde. Gerade darum schien Kayleigh mir das richtige Kind für sie zu sein.

»Sheila, kannst du Kayleigh zum Tisch führen und ihr unsere Spielsachen zeigen?«

Sheila starrte das kleine Mädchen nur an.

»Besonders gern macht Kayleigh Puzzles. Vielleicht könntest du mit ihr zusammen eines machen, während wir auf die anderen Kinder warten.«

Unsicher bot Sheila dem kleinen Mädchen die Hand. Kayleigh legte die ihre mit einem freudigen Lächeln hinein.

Joshua und David kamen zusammen, Joshuas Vater hatte sie gebracht. Von unseren Kindern war Joshua am schwersten behindert. Für ihn brauchten wir die Windeln. Im Alter von achtzehn Monaten war er als autistisch diagnostiziert worden. Er sprach nicht und nahm auch auf keine andere Weise Kontakt zu anderen auf.

David war das genaue Gegenteil von Joshua. Immer lächelnd, immer vergnügt, schaffte er es, auch das kälteste Herz zu erobern. Er war ein richtiger kleiner Lady-Killer mit seinen großen blauen Augen und dem lockigen blonden Haar. Ich glaube, er war eines der ansprechendsten Kinder, mit denen ich je zu tun gehabt hatte. Er war aber auch eines der am schwersten gestörten.

Dann kam Alejo. Er war neu im Institut, hatte erst Anfang April eine Therapie bei Dr. Freeman angefangen, ich kannte ihn daher noch nicht persönlich. Seine Adoptiveltern, wohlhabende Akademiker, hatten nach sechzehn Jahren kinderloser Ehe beschlossen, eine Waise aus der Dritten Welt zu adoptieren. Auf einer Reise nach Kolumbien fanden sie Alejo, damals vier Jahre alt, in einem Waisenhaus, das von einer Gruppe einheimischer Nonnen geführt wurde. Sie adoptieren ihn und nahmen ihn mit in die Vereinigten Staaten. Er lebte nun seit beinahe drei Jahren bei diesem Paar, hatte sich aber in seine neue städtische Umgebung nie richtig eingelebt. Er war ruhelos und aggressiv, und obwohl er Englisch gelernt hatte, sprach er kaum. Er ließ lieber seine Fäuste sprechen. In der Schule waren seine Leistungen auf allen Gebieten gleich schlecht, und es war jetzt die Frage, ob sein früheres entbehrungsreiches Leben einen dauernden Gehirnschaden verursacht hatte. Alejo war ein kleiner, wenig attraktiver Junge mit einer schwarzen Brille mit dicken Gläsern. Er hatte die abgeplatteten Gesichtszüge der südamerikanischen Indianer und dichtes schwarzes Haar, das ihm widerspenstig ins Gesicht fiel. Die vielen fremden Gesichter schienen ihn einzuschüchtern, und er klammerte sich fest an die Hand seines Vaters, bis Jeff kam und neben ihm niederkniete.

Nach Alejo traf Jessie ein, ein kleines schwarzes Mädchen mit sauber gescheiteltem, in viele Zöpfchen geflochtenem Haar. Sie war wie Joshua autistisch, allerdings war bei ihr die Störung nicht ganz so schlimm; auf ihre eigene Art konnte sie kommunizieren. Sobald sie den Raum als Schulzimmer erkannt hatte, rannte sie an uns allen vorbei zum Tisch, setzte sich auf einen der Stühle und begann mit beiden Händen kräftig zu trommeln und dazu lauthals das Lied vom ABC zu singen.

Als letzte kam Tamara, ein kleines Mädchen, deren Familie aus dem Mittelmeergebiet stammte. Mit ihrem langen schwarzen Haar und den großen samtschwarzen Augen erinnerte sie mich so sehr an die Opernsängerin Maria Callas, daß ich die ganzen acht Wochen Mühe hatte, sie beim richtigen Namen zu nennen. Tamara, die mittlerweile acht Jahre alt war, kam seit zwei Jahren regelmäßig ins Institut. Damals waren ihren Eltern zum ersten Mal die zahlreichen kleinen Schnittwunden an ihren beiden Armen aufgefallen, die sie sich selbst beigebracht hatte. Trotz intensiver Therapie hatten Tamaras Selbstverstümmelungstendenzen jedoch bisher noch nicht nachgelassen. Sie erschien selbst an diesem warmen Sommermorgen in einem langärmeligen T-Shirt und einer Jogginghose, die die Wunden und Narben an ihren Armen und Beinen verdecken und sie daran hindern sollten, sich neue Verletzungen zuzufügen.

Wir fingen an. Es ging, wie immer an einem ersten Tag, ein bißchen chaotisch zu, aber wir hatten uns genau überlegt, wie wir die Kinder beschäftigen konnten, ohne sie übermäßig zu erregen, und so gab es wenigstens keine größeren Katastrophen.

Sheila freundete sich mit Kayleigh an, oder vielleicht war es auch Kayleigh, die sich mit Sheila anfreundete. Wie auch immer, Sheila beschäftigte sich den größten Teil des Morgens mit der Kleinen, half ihr bei allem, was sie tat, führte sie zur Toilette, suchte mit ihr in der Pause die besten Kekse heraus. Im Rahmen meiner laufenden Therapie mit Kayleigh hatte ich darauf bestanden, daß sie mit Sheila von Anfang an sprach, und sie tat das auch, ohne übermäßig gedrängt werden zu müssen.

Das ist gut so, dachte ich, während ich die beiden beobachtete, die nebeneinander am Tisch saßen – die Köpfe über ein Spiel oder eine Aufgabe gebeugt. Sheila sprach mit Kayleigh und machte ab und zu eine Pause, um die Kleine anzusehen. Vor sieben Jahren war sie selbst das kleine Mädchen gewesen. Für mich war es tief befriedigend zu sehen, wie weit sie gekommen war.

Als ich da stand und mir die Gruppe ansah, wurde mir bewußt, wie glücklich ich in diesem Moment war. Der Morgen verlief gut; das Programm hatte einen guten Anfang genommen. Die Kinder verlangten viel Aufmerksamkeit und Einfühlung, aber die Arbeit war reizvoll. Jeff war der Kollege, mit dem ich am allerliebsten zusammenarbeitete. Wir verstanden uns oft wortlos, forderten uns gegenseitig heraus und ergänzten uns gerade in der Unterschiedlichkeit unserer Ansichten so gut, daß ich überzeugt war, alles sei möglich. Miriam, die ich vorher nicht gekannt hatte, war eine energische Frau mit Initiative und verfügte über weit mehr Organisationstalent als Jeff und ich. Dadurch gab es bei den kleinen Alltäglichkeiten – wenn es zum Beispiel darum ging, für die Pause Pappbecher zu besorgen – keine Pannen. Aber das schönste war, daß ich Sheila wieder bei mir hatte und dies erst der erste Tag war. So lag noch eine lange Spanne des Zusammenseins vor uns. Ich betrachtete sie. Ja, das war wirklich Sheila. Zum ersten Mal, seit wir einander wiedergefunden hatten, war ich dessen gewiß.

12 Als der erste Morgen um war und alle Kinder nach Hause gefahren waren, gingen wir vier zusammen zum Mittagessen. Miriam, die ganz in der Nähe wohnte, schlug ein Naturkost-Restaurant am See vor, und dort versammelten wir uns im kühlen Inneren des Lokals um einen geschrubbten Holztisch.

Wir besprachen den Ablauf des Morgens, diskutierten darüber, wie die von uns angeregten Aktivitäten angekommen waren, und planten die notwendigen Änderungen. Sheila sprach nicht viel, auch dann nicht, als wir unsere Beobachtungen über Kayleighs Verhalten in der Gruppe austauschten. Sie schien in die Betrachtung einer Tradescantia vertieft zu sein, die im Fenster neben unserem Tisch hing und deren lange Blätter so tief herabreichten, daß sie mit ihnen spielen konnte.

Nach dem Essen bot ich ihr an, sie die fünf Meilen bis zum Fenton Boulevard mitzunehmen. Von dort gab es einen direkten Bus nach Broadview.

»Na, wie fandest du's?« fragte ich, als wir allein zusammen im Auto saßen.

Sheila antwortete nicht gleich. Dann sagte sie: »Deinen Partner mag ich nicht besonders. Was soll der ganze Quatsch von Regression, Neurose, Motivation und so Zeug?«

»Jeff ist Freudianer. Du mußt ihm das nachsehen.«

»Das ist doch Mist. Warum redet er nicht ganz normales Englisch?« fragte Sheila.

»Freuds Ideen haben sehr weite Verbreitung gefunden, und wenn auch viele heute nicht mehr allem, was er gesagt hat, zustimmen, haben sie doch viel dazu beigetragen, uns einen gewissen Einblick in die menschliche Seele zu verschaffen. Und Leute wie Jeff, die Freuds Theorien wirklich gründlich studiert haben, scheinen mit ihrer Anwendung auch viel zu erreichen.«

Sheila zog nur geringschätzig die Oberlippe hoch.

Ein paar Minuten schwiegen wir beide, dann sah ich sie an und sagte: »Aber Jeff jetzt mal ausgenommen – hat's dir gefallen? Hat es dir Spaß gemacht, dich mit Kayleigh zu beschäftigen?«

»Ja, eigentlich schon. Warum spricht sie nicht?« fragte sie, das Gesicht von mir abgewandt, um zum Fenster hinauszusehen. »Und erklär's mir jetzt bitte nicht auf Jeffs Art. Sag nicht, weil sie eine ›Analfixierung‹ hat oder so was.«

»Ich weiß es nicht.«

»Ich hab' ihr erzählt, daß ich auch nicht geredet hab', als ich so alt war wie sie«, sagte Sheila.

»Hat sie darauf reagiert?« fragte ich.

»Weiß nicht. Sie hat nur weiter in ihrem Malbuch gemalt.«

Eine kleine Pause trat ein. »Was ist eigentlich mit diesem kleinen Jungen – der mit dem spanischen Namen?«

»Alejo?«

»Ja. Was hat er?«

»Er macht große Schwierigkeiten in der Schule. Er prügelt sich dauernd mit den anderen Kindern, ein richtig schlimmer kleiner Junge, und außerdem sind seine Noten unwahrscheinlich schlecht. Im Institut versuchen wir herauszubekommen, ob das die Folge eines psychischen Problems ist oder einer geistigen Behinderung.«

»Jeff hat gesagt, daß er adoptiert ist.«

»Ja. Er kommt aus Kolumbien.«

»Und wo sind seine richtigen Eltern?« fragte Sheila.

»Keine Ahnung. Ich glaube, das weiß keiner. Er wurde ausgesetzt. In dem Bericht, den ich gelesen habe, stand, er sei in einer Mülltonne gefunden worden. Er wurde dann in ein Waisenhaus gebracht, das von Nonnen geführt wurde.«

Mit gerunzelter Stirn sah Sheila mich an. »Wirklich?«

»Es gibt anscheinend viele solcher Straßenkinder in manchen südamerikanischen Großstädten. Es ist ein ernstes Problem.«

»Seine Eltern haben ihn in einer Mülltonne ausgesetzt?«

»Vielleicht hat er dort nur Zuflucht gesucht. Ich weiß es nicht. Der Bericht ist ziemlich dürftig und wahrscheinlich aus fünfter Hand.«

Lange saß Sheila nachdenklich da, ehe sie sich mir wieder zuwandte. »Habt ihr nicht gesagt, daß die Eltern, bei denen er jetzt ist, ihn wieder zurückschicken wollen?«

»Das weiß ich wirklich nicht. Es war die Rede davon, ja. Die beiden sind schon älter, Akademiker, an den Umgang mit Kindern im Grunde nicht gewöhnt, und der Kleine ist wirklich schwierig.«

»Dürfen die denn so was tun?« fragte Sheila. »Ihn einfach wieder nach Kolumbien zurückschicken wie eine fehlerhafte Ware oder so was?«

»Anscheinend, ja.«

Danach trat Schweigen ein. Durch rote Ampeln und Straßenbauarbeiten zog sich die Fahrt zum Fenton Boulevard in die Länge. Sheila lehnte ihren Kopf ans Fenster und sah hinaus. Sie sah müde aus. Waren die Strapazen dieses Morgens daran schuld? Oder war sie schon müde angekommen? Ich wurde mir plötzlich bewußt, daß ich bisher überhaupt nicht daran gezweifelt hatte, daß Sheila ein stabiles Zuhause hatte. Verstohlen musterte ich sie. Guter Gott, dieses orangerote Haar!

»Ich glaube – ich meine, ich kann jetzt ungefähr verstehen, warum du dir diese Arbeit ausgesucht hast«, sagte sie. Ihre Stimme war leise und klang, als käme sie aus weiter Ferne. »Wenn man hört, was manchen Menschen angetan wird, und wie ungerecht das ist, muß man einfach was tun. So geht's mir jedenfalls.« Sie schwieg einen Moment. »Einerseits.«

»Und andererseits?« fragte ich.

»Andererseits möchte ich mir am liebsten Augen und Ohren zuhalten, damit ich nichs davon mitbekomme. Ich meine, ich weiß ja schon, wie schlimm das Leben ist. Ich weiß nicht, ob ich's aushalte, wenn ich erfahre, daß es noch viel schlimmer ist.«

Der erste »Zwischenfall« ereignete sich am folgenden Morgen. Der Schule gegenüber war ein kleiner Park, nichts Aufregendes, aber es gab dort Schaukeln und ein großes Klettergerüst aus Holz und viel Platz zum Herumtollen. An einem heißen Sommermorgen war der Aufenthalt dort vor allem dank der Bäume angenehm: Ein Dutzend alter Bäume mit dicken Stämmen ließ die Zweige tief hinunterhängen. Irgendein fortschrittlicher Mensch in der Parkverwaltung hatte außerdem noch die Idee gehabt, die drei Bäume, die dem Spielplatz am nächsten standen, mit Bänken zu umschließen.

Wir beschlossen, die Pause mit Saft und Keksen im Freien zu halten und die Kinder in dieser Zeit auf den Schaukeln und dem Klettergerüst spielen zu lassen. David und Mikey waren hellauf begeistert und flitzten in einem solchen Tempo davon, daß Jeff ihnen hinterherlaufen mußte, um sie aufzuhalten, ehe sie auf die Straße hinausrennen konnten.

Ich hatte zwar Jeffs Vorschlag, in der Pause mit den Kindern in den Park zu gehen, sofort zugestimmt. Aber in dem Moment, als David und Mikey davonstürmten, war mir klar, daß es ein Fehler gewesen war. Wir waren einander alle noch zu fremd für dieses Wagnis. Aber als mir diese Gedanken durch den Kopf gingen, waren wir schon unterwegs.

Gleich von Anfang an ging es drunter und drüber, wie es für Kinder eine Wonne ist und für Erwachsene ein Greuel. Joshua hockte sich auf die Schaukel und steigerte sich in eine kleine Raserei hinein. Jessie stellte sich mitten ins Gras, breitete die Arme aus und drehte sich, bis ihr schwindlig wurde. David, Mikey und Alejo begannen sofort schreiend und grölend Krieg zu spielen, wobei sie wie die Wilden herumrasten und das Geknatter von Maschinengewehren nachahmten. Violet schien das sehr aufregend zu finden. Ich konnte nicht erkennen, ob sie einfach mitmachen wollte und nicht wußte, wie sie es den Jungen klarmachen sollte, oder ob sie das alles tatsächlich sexuell erregend fand. Wie auch immer, sie begann ganz offen zu onanieren, während sie den vorbeitobenden Jungen zujubelte und »Peng! Peng! Peng!« nachrief.

Unsere Pause wurde sehr schnell zum ohrenbetäubenden Tohuwabohu. Nur Kayleigh und Tamara beteiligten sich nicht an dem allgemeinen Durcheinander. Kayleigh klammerte sich an Miriams Hand und beobachtete furchtsam die anderen Kinder. Tamara andererseits schien das Getöse nicht sonderlich beängstigend zu finden, doch sie zog sich von uns allen zurück. Mit ihrem Becher Saft und ihren Keksen kroch sie in eine kleine Höhle, die man mit alten Autoreifen unter dem Klettergerüst gebaut hatte.

Nach einer Viertelstunde machten Jeff und ich uns auf, die Kinder wieder einzusammeln. Miriam setzte sich auf eine Bank und bemühte sich, die festzuhalten, die wir eingefangen hatten. Sheila war keine große Hilfe. Ob es an dem Lärm oder der plötzlichen Hyperaktivität rund um sie herum lag, weiß ich nicht, aber sie war wie erstarrt, und je drängender ich ihr zurief, sie solle dieses oder jenes Kind holen, desto mehr schien sie Wurzeln zu schlagen, wo sie stand.

Dennoch gelang es uns, ein Kind nach dem anderen einzufangen, bis schließlich nur noch David, Mikey und Tamara übrig waren. Ich hatte gerade David erwischt, als ich Jeff entsetzt ausrufen hörte: »Oh, mein Gott!«

Wir drehten uns alle nach ihm um. Er war dabei, Tamara aus ihrer Reifenhöhle herauszuziehen, und als ich sie aufrichtete, sah ich, daß sie voller Blut war. Während wir anderweitig beschäftigt gewesen waren, hatte sich Tamara in aller Stille mit einem kleinen, spitzen Stöckchen, das sie im Laub gefunden hatte, lange Kratzwunden am ganzen Unterkiefer beigebracht. Sie waren nicht besonders tief, aber sie bluteten stark.

Da fing in der Gruppe um Miriam plötzlich eines der Kinder laut zu schreien an. Ich glaubte, es sei Violet, aber als ich herumfuhr, sah ich, daß es Alejo war. Kaum hatte er die blutende Tamara gesehen, drückte er beide Hände gegen seinen Kopf und fing gellend zu schreien an. Ich lief zu ihm hin, aber das machte es nur noch schlimmer. Immer noch schreiend, floh er über die Wiese zu einem Baum und kletterte flink wie ein Äffchen hinauf ins Geäst.

Wir standen alle wie vom Donner gerührt. Selbst Tamara, Jeffs Taschentuch aufs Gesicht gepreßt, starrte mit aufgerissenen Augen in den Baum hinauf. Alejo kletterte weiter und weiter, bis er bestimmt zehn bis fünfzehn Meter weit oben war.

»Heiliger Strohsack«, murmelte Jeff. »Was machen wir jetzt?«

Ich sah mich unter den Kindern um und blickte dann wieder in den Baum hinauf. »Alejo? Geht es dir gut?«

Er schrie jetzt nicht mehr. Er tat eigentlich gar nichts. Er stand nur oben auf einem Ast und sah zu uns hinunter.

»Komm wieder runter. Hier unten ist alles in Ordnung. Tamara fehlt nichts. Sie hat sich nur gekratzt. Es ist nicht schlimm. Komm doch jetzt wieder runter«, rief ich.

»Alejo?« rief Jeff. »Es wird Zeit, daß du runterkommst.«

Er rührte sich nicht.

»Meinst du, ich kann da raufklettern?« fragte ich Jeff.

»Du spinnst wohl, Hayden.«

Miriam hatte sich zu uns gesellt. Sie hatte Kayleigh auf dem Arm. »Vielleicht sollten wir die Feuerwehr anrufen. Die helfen doch in solchen Fällen.«

Ich sah mich nach den anderen um, gerade noch rechtzeitig, um zu bemerken, daß Joshua auf dem Weg zur Straße war. »Ach, du lieber Gott! Josh? Komm hierher, Josh!« Ich lief ihm nach, packte ihn beim T-Shirt und bugsierte ihn zurück zu den anderen. Und da sah ich Sheila, die auf dem Boden saß und dabei war, ihre Stiefel aufzuschnüren.

»Ich kann ihn runterholen«, sagte sie, und ehe einer von uns protestieren konnte, war sie schon zu den Ästen hinaufgesprungen und begann, sich hochzuziehen.

»Das hat gerade noch gefehlt«, rief Jeff. »Jetzt sind sie gleich zu zweit da oben. Warum hast du ihr das erlaubt, Hayden?«

»Na, wenigstens haben wir einen Arzt hier.«

Dann Stille, während wir alle in den Baum hinaufstarrten.

Sheila kletterte mühelos nach oben, zog sich so geschmeidig wie Alejo an den Ästen hoch, bis sie den Ast unmittelbar unter seinem erreichte. Ich hörte, daß sie mit ihm sprach, aber ich verstand nicht, was sie sagte.

Minuten verstrichen. Ich zermarterte mir das Hirn nach einer Lösung, und zweifellos dachte Jeff auch darüber nach. Sollten wir nicht doch die Feuerwehr anrufen? Oder die Polizei? Dr. Rosenthal alarmieren? Alejos Eltern? Oder konnten wir es riskieren, zu warten, bis er sich von selbst entschloß, wieder herunterzukommen? Was sollte inzwischen mit den anderen Kindern geschehen? Es war erst Viertel vor elf, und wir hatten noch eine und drei Viertel Stunden vor uns. Sollten Miriam und ich mit den anderen zurückgehen und so tun, als wäre alles ganz normal?

Aber da, gerade als ich vorschlagen wollte, Hilfe zu holen, sah ich Sheila heruntersteigen. Und einen Augenblick später folgte Alejo ihr. Jeff, Miriam und ich atmeten erleichtert auf.

»Hey, du bist eine Heldin«, sagte Jeff zu Sheila, als wir endlich auf dem Rückweg zur Schule waren. Er legte ihr den Arm um die Schulter. »Das hast du wirklich prima gemacht. Du kannst stolz auf dich sein.«

Sheila nickte und duckte sich, um sich seiner Berührung zu entwinden.

»Hoffentlich bist du jetzt stolz auf dich«, sagte ich zu Sheila, als ich sie mittags zum Fenton Boulevard fuhr. »Was du getan hast, war sehr mutig.«

Sie zuckte die Achseln. »Kann schon sein.« Sie schob ihre Hände unter ihr Haar und lupfte es von den Schultern. »Ich hab's ganz automatisch getan.«

»Was hast du da oben zu ihm gesagt? Wie hast du ihn überredet, wieder herunterzukommen?« fragte ich.

»Ich hab' Spanisch mit ihm gesprochen. Ich hab' gar nichts Besonderes gesagt, nur daß ich wüßte, daß er Angst hat und ich ihm helfen würde, wieder runterzukommen. Aber ich hab' Spanisch gesprochen.«

»Ich wußte gar nicht, daß du Spanisch sprichst.«

»Du weißt eben nicht alles über mich.«

»Nein.«

»Ich mein', du warst ja ein paar Jahre weg, Torey.«

»Ja, da hast du recht.«

Ein paar Minuten lang war es still im Auto. Sheila sah zum Fenster hinaus. Dann sagte sie: »Wenn man so lange unter den Wanderarbeitern lebt, lernt man Spanisch. Ich hätte ja sonst keinen Menschen zum Reden gehabt.«

Ich antwortete nicht. Sheilas Stimme hatte einen herausfordernden Unterton, den ich häufiger von ihr hörte, als mir lieb war. So gerne sie einerseits mit mir zusammensein wollte, so leicht schien sie sich durch mich gereizt zu fühlen. Wahrscheinlich lag es an ihrem Alter. Ich war leider im Umgang mit Halbwüchsigen nicht besonders begabt, was auch nicht gerade eine Hilfe war. Wie dem auch sei, mich beunruhigte dieser Ton ein wenig.

Sheila schien das zu spüren und schlug eine versöhnliche Saite an. »Ich dachte mir, wenn ich Spanisch mit ihm rede, fühlt er sich vielleicht ein bißchen wohler. Sicherer, mein' ich. Es war nur so eine Idee.«

»Es war eine gute Idee. Und hat er dich verstanden?«

»Ich kann fließend Spanisch.«

»Nein, ich meinte, daß es wahrscheinlich lange her ist, daß mit Alejo jemand Spanisch gesprochen hat, und es kann damals ja auch ein Dialekt gewesen sein.«

»Er hat mich schon verstanden, sonst wär' er ja nicht runtergekommen.«

Schweigen. Wir näherten uns einer großen Kreuzung, vor der sich wegen Bauarbeiten der Verkehr staute. Ich konzentrierte mich also zunächst einmal ganz auf das Fahren. Als ich die Gefahrenzone hinter mir hatte, konnte ich entspannen und das Schweigen auf mich wirken lassen.

»Sheila«, sagte ich nach einer Weile, »irgendwie habe ich andauernd das Gefühl, daß du mir böse bist.«

»Ich?« fragte sie ungläubig.

»Ja, ich habe den Eindruck, wenn ich etwas mag, dann mußt du mir extra zeigen, daß du es nicht magst. Und wenn ich etwas sage, mußt du mir beweisen, daß ich unrecht habe. Es ist auch der Ton, in dem du oft mit mir sprichst.«

»Ach, Mist, du horchst wohl auf jede Kleinigkeit, wenn ich was sage?« entgegnete sie. »Und bewertest sie auch noch.«

»Ich bemühe mich, es nicht zu tun.«

»Ich kann dir nur sagen, ich find' dich auch nicht so toll«, erklärte sie. »In dem Buch, das du geschrieben hast, stehst du immer so da, als wärst du so geduldig. Aber das bist du in Wirklichkeit gar nicht.«

Ich sah sie an. »Wie meinst du das?«

»Du wirst doch bei jedem Dreck wütend. Die Autofahrer hier zum Beispiel, die verfluchst du doch in einer Tour.«

»Ich fluche nicht.«

»Na ja, aber so gut wie«, behauptete Sheila. »Jeder zweite Satz, den du sagst, heißt: ›Na komm schon, Lady!‹ oder ›Los, Mister, beeil dich und schau, daß du rüberkommst!‹ Und vorhin warst du auf mich wütend, weil ich beim Einsteigen den Türgriff festgehalten hab' und du nicht aufsperren konntest.«

»Ich war doch nicht wütend auf dich!«

»Doch, eben schon! Wie du gesagt hast ›Laß los‹, das war so richtig ekelhaft. Überhaupt nicht so, wie du in dem Buch immer redest. Da bist du immer so geduldig und liebevoll. Dauernd wartest du in deinem Buch, und nie sagst du auch nur ein böses Wort, aber jetzt erleb' ich dich, wie du wirklich bist, und du wirst jede zweite Sekunde wütend.«

»Bestimmt nicht jede zweite Sekunde.«

»Mir kommt's so vor«, versetzte sie.

»Ich bin auch nur ein Mensch, Sheila. Ich bin manchmal gereizt. Und reizbar.«

»Aber in *Sheila* bist du nicht so.«

»Nein, vielleicht nicht. Aber das ist auch eine Figur in einem Buch. Die Menschen sind zu komplex, als daß man sie in allen ihren Facetten porträtieren könnte. Und in mancher Hinsicht auch zu langweilig.«

Sheila prustete verächtlich. »Mit anderen Worten, das bist du gar nicht.«

»Im Kern bin ich das, doch; aber ich bin es nicht in meiner Gänze, nein. Ich bin ich. Hier. Jetzt.«

Sheila prustete wieder. »Alles heiße Luft!«

13

Nachdem ich Sheila an der Bushaltestelle am Fenton Boulevard abgesetzt hatte, kehrte ich zum Institut zurück. Das Gespräch im Auto hatte mich aufgewühlt, da es mir bestätigte, was ich schon geahnt hatte. Sie war mir böse. Aber warum? Weil ich so verdammt menschlich war, wo sie doch eine Figur aus einem Buch erwartet hatte? Ich konnte mir nicht vorstellen, daß dies so heftige Gefühle auslösen würde, wie ich sie jetzt bei ihr spürte.

An der Wand über meinem Schreibtisch im Büro hatte ich das Gedicht aufgehängt, das sie mir mit zwölf Jahren geschrieben hatte. Als ich mich jetzt setzte, sah ich hinauf.

»... dann kamst du
mit deiner komischen Art
nicht richtig menschlich ...«

Was immer sie sich auch von mir wünschte, es war nicht das, was sie bekam.

Jeff kam herein. Er hatte gerade eine Therapiesitzung hinter sich, die offensichtlich recht handgreiflich verlaufen war; sein Haar war zerzaust, und er hatte blaue Farbe auf einer Wange.

»Du siehst so aus, wie ich mich fühle«, sagte ich.

Er legte seinen Block auf den Schreibtisch. »Also, Kinderpsychiatrie mache ich nie, das kann ich dir sagen«, brummelte er ziemlich übellaunig. »Das überlasse ich Rosenthal mit Vergnügen. Ich beschränke mich lieber auf die, die keine Fingerfarben brauchen.«

»Und ich lass' die Hände lieber von den Jugendlichen«, versetzte ich.

Jeff zog eine Augenbraue hoch. »Was setzt dir denn so zu? Dein kleiner Orang-Utan?«

Ich nickte und berichtete ihm von dem Gespräch im Auto.

Ich hatte Jeff zwar von Sheila erzählt, aber nur oberflächlich – so zum Beispiel, daß sie meine Schülerin gewesen war. Ich war nicht ins Detail gegangen und hatte nicht erwähnt, daß sie die Hauptperson meines Buchs war. *Sheila* sollte erst in einigen Monaten herauskommen, und da ich mir nicht sicher war, wie mein Ausflug in das Reich der populärwissenschaftlichen Sachliteratur in Fachkreisen aufgenommen werden würde, hatte ich mit meinen Kollegen nicht viel darüber gesprochen. Jetzt war es mir plötzlich ein Bedürfnis, Jeff von Sheilas schlimmer Vergangenheit zu berichten und unsere komplizierte Beziehung zu erläutern.

»Mann o Mann«, sagte er, als ich schwieg. »Du bringst dich echt in die schönsten Bredouillen, Hayden.«

»Und was meinst du dazu?« fragte ich. »Was habe ich bei dem Mädchen falsch gemacht? Ich habe, ohne es zu wollen, etwas aufgerührt.«

Er lächelte nachsichtig. »Weißt du, wo hier meiner Ansicht nach das echte Problem liegt? Du und Sheila, ihr leidet beide an derselben Krankheit. Sie erinnert sich nur an die wunderbare Lehrerin, die niemals böse geworden ist, und jetzt entdeckt sie enttäuscht, daß du ein ganz normaler Mensch bist. Und du, meine Liebe, du tust genau das gleiche. Dein Verhalten ihr gegenüber wird davon beeinflußt, daß die wirkliche Sheila nicht so ist wie das Kind, an das du dich erinnerst und das du zu deiner Figur in einem Buch gemacht hast.«

»Nein, so ist das bei mir nicht.«

»So ist das bei uns allen«, entgegnete Jeff. »Mehr ist doch die Erinnerung nicht: unsere Interpretation dessen, was wir erlebt haben. Der einzige Unterschied ist hier, daß die meisten von uns das Buch niemals niederschreiben.«

»Was weißt du von deiner Mutter?« fragte ich Sheila am folgenden Nachmittag, als ich sie zum Bus brachte.

»Wie meinst du das?« fragte sie mit gerunzelter Stirn.

»Genauso, wie ich es gefragt habe. Woran erinnerst du dich noch?«

Sheila antwortete nicht. Sie wandte sich wieder einmal ab und sah zum Fenster hinaus.

In der Stille versuchte ich zu erfassen, was für Gefühle sie bewegten. Der Morgen war recht gut verlaufen. Nach den dramatischen Ereignissen des Vortags schien es allen recht zu sein, wenn es etwas ruhiger zuging. Jeder von uns drei Erwachsenen, Jeff, Miriam, ich, bekam langsam ein Gefühl für die Arbeitsweise der anderen, und dadurch ging alles etwas reibungsloser. Sheila blieb weiterhin eine Außenseiterin unter uns. Sie gab weder den Kindern noch uns irgendwelche Anstöße und nahm wenig Anteil, sondern zog es vor, außerhalb zu bleiben. Ich fand das ganz in Ordnung so, schließlich war diese Arbeit ihr nicht vertraut, und wir standen noch ziemlich am Anfang. Kurz und gut, es war ein für alle recht erfreulicher Tag gewesen, und wir vier Betreuer waren gutgelaunt zum Mittagessen gegangen.

»Hast du deine Mutter je wiedergesehen?« fragte ich. »Ich meine seit damals, als du bei mir in der Klasse warst?«

Sie schüttelte den Kopf.

»Weißt du, wo sie ist?«

»Nein«, antwortete sie ruhig.

Schweigen.

»Erinnerst du dich an sie?«

Wieder antwortete Sheila mir nicht. Das Schweigen zog sich in die Länge.

Ich warf ihr einen Blick zu.

»Nein«, antwortete sie endlich. »Ich erinnere mich nicht.«

»Erinnerst du dich an Jimmie?«

»Jimmie...? Meinen Bruder, meinst du?« Nachdenkliches Schweigen. »Ich glaube, ja. Vielleicht. Ich hab' so ein Bild – von einem kleinen Jungen mit braunem Haar. Es ist eine Erinnerung von ganz, ganz früher, weißt du, und wenn ich sie festmachen will... ich glaube, es könnte Jimmie sein.« Sie sah mich an. »Warum? Warum fragst du?«

»Es interessiert mich einfach. Vermißt du deine Mutter?«

Sheila zog überrascht die Augenbrauen hoch. »Was gibt's da zu vermissen? Ich kenne sie nicht. Ich erinnere mich nicht einmal an sie. Wie kann ich sie da vermissen?«

»Es hätte mich nur interessiert.«

»Dich interessiert eine Menge.«

Wir hatten wieder die Baustelle erreicht, und der Verkehr kam zum Stehen. Ich erinnerte mich mit Verlegenheit daran, was Sheila am Vortag über meine Reaktion auf die anderen Autofahrer gesagt hatte, und bewahrte Schweigen.

»Es gibt für mich überhaupt keinen Grund, meine Mutter zu vermissen«, sagte Sheila leise. »Sie war eine Rabenmutter. Mein Vater ist derjenige, der für mich gesorgt hat.«

»Na ja, ich habe mir meine Gedanken darüber gemacht. Als wir damals zusammen waren, war der Verlust deiner Mutter ein großes Problem für dich.«

»Da war ich auch noch ein kleines Kind. Da war es für mich wahrscheinlich wichtiger.«

Am folgenden Morgen teilten wir die Kinder in drei kleine Gruppen auf. Ursprünglich hatten wir eine Gruppe aus Jessie und Joshua bilden wollen, die die meiste individuelle Aufmerksamkeit brauchten. Die anderen sollten nach Alter aufgeteilt werden: Kayleigh, David und Mikey und in der dritten Gruppe Alejo, Tamara und Violet, die drei älteren. Doch nach Alejos extremer Reaktion auf Tamaras Verhalten hielten wir es für besser, die beiden zu trennen, und tauschten Tamara gegen David aus.

Ich übernahm diese Gruppe mit David, Alejo und Violet und wollte mit ihnen nach einer Methode malen, die ich »geführtes Malen« nannte. Dabei ging es darum, nach kurzem Visualisieren die Bilder, die einem gekommen waren, zu Papier zu bringen. Ich hatte die Erfahrung gemacht, daß dies eine sehr brauchbare Methode war, um die Emotionen der Kinder aufzudecken, und sie funktionierte gerade in kleinen Gruppen gut. Wir setzten uns also alle vier an einen der Tische. Ich verteilte große weiße Blätter und legte in die Mitte des Tisches verschiedene Materialien, unter denen die Kinder wählen konnten – dünne Filzstifte, dicke Filzstifte, Wachsmalstifte, Buntstifte, Bleistifte und Pastellkreiden.

Sheila setzte sich zu uns. Ich hatte gehofft, sie würde Miriam mit Joshua und Jessie helfen, die praktisch eine Eins-zu-eins-Betreuung brauchten, aber sie schien sich mit diesen Kindern nicht wohl zu fühlen. Da ich es für das Gescheiteste hielt, ihr Zeit zu lassen, um sich zu akklimatisieren, machte ich keine Bemerkung, als sie sich den Stuhl am Ende des Tisches herauszog.

»Also«, sagte ich und sah erwartungsvoll die drei Kinder an, die mir gegenübersaßen, »wißt ihr, was wir heute tun? Wir machen eine Reise in den Weltraum.«

»Hey, cool!« rief David.

»Nein, leg den Stift weg, David. Wir brauchen jetzt noch keine Stifte. Ich möchte, daß ihr erst einmal alle die Augen zumacht. Fertig? Alejo? Mach deine Augen zu. Ja, gut so.« Ich schloß selbst die Augen, um die Kinder zu animieren. »Und jetzt geht's los.

Laßt die Augen geschlossen, damit ihr das Raumschiff sehen könnt. Könnt ihr es sehen? Macht euch im Geist ein Bild davon. Das ist euer Raumschiff, das euch gleich in den Weltraum tragen wird. Könnt ihr alle euer Raumschiff sehen?« Ich blickte mich um. Die Kinder nickten alle.

»Gut. Ihr seid an eurem Platz im Raumschiff angeschnallt. Die Motoren heulen auf. Spürt ihr, wie sie sich drehen? So kraftvoll, daß euer Sitz richtig ein bißchen zittert davon.«

David hatte sich schon ganz in seine Phantasiewelt eingelebt. Ich sah seinen kleinen Körper mit den Bewegungen seines imaginären Raumschiffs vibrieren. Und ich sah, daß Sheila die Ellbogen auf den Tisch gestützt und die Hände vor ihrem Gesicht gefaltet hatte, so daß ich ihre Augen nicht sehen konnte. Ich vermutete, daß sie mitmachte, aber nicht wollte, daß ich es merkte.

»Jetzt hebt das Raumschiff ab. Höher und höher steigt es in die Lüfte. Ihr fliegt durch den blauen Himmel, der immer heller wird. Seht ihr ihn? Schaut zum Fenster hinaus und seht zu, wie die Erde immer kleiner wird, während ihr in den Weltraum hinausfliegt. Oh, und jetzt seid ihr da, weit draußen im Weltall.

Jetzt könnt ihr die Sicherheitsgurte abnehmen und herumgehen. Aber hoppla! Was ist denn das?«

»Man ist schwerelos«, sagte Sheila, ohne zu zögern.

»Richtig. Ihr seid schwerelos. Ihr schwebt. Was ist das für ein Gefühl? Ist es angenehm? Wohin bewegt ihr euch? Seht euch um. Wie sieht euer Raumschiff aus? Ist es groß? Ist es klein? Was für Farben seht ihr dort oben im Weltraum? Habt ihr viel Platz, euch zu bewegen? Und wohin wollt ihr mit eurem Raumschiff? Schaut aus dem Fenster. Was seht ihr? Sterne? Planeten? Seht ihr die Erde noch, oder seid ihr schon zu weit weg? Ist es da draußen ganz leer, oder fliegen da alle möglichen Sachen herum? Andere Raumschiffe vielleicht? Seht euch noch einmal in eurem Raumschiff um. Seid ihr allein darin? Oder reist jemand mit euch? Ist es jemand, den ihr mögt? Was tut ihr jetzt gerade in eurem Raumschiff?«

Ich machte eine Pause und beobachtete die Kinder, die alle tief in ihrer Phantasiewelt versunken waren. »Okay, wenn ihr soweit seid, könnt ihr jetzt die Augen aufmachen, und dann malt ihr euer Raumschiff.«

Wie beinahe immer bei dieser Übung kehrten die Kinder voller Freude in die Realität zurück und griffen mit Feuereifer nach den Malutensilien.

»Ich hab' Dracula gesehen, Torey«, erzählte Violet strahlend. »Und er hatte einen Riesenblutklumpen an einem Zahn hängen.«

»Du bist verrückt«, sagte David und griff an ihr vorbei zu den Filzstiften.

Violet malte ein Kreuz. Sie machte, wie ich bald erfuhr, immer ein Kreuz, wenn man von ihr verlangte, etwas herzustellen. Dieses Symbol sollte sie vor Vampiren schützen. Diesmal malte sie ein großes schwarzes Kreuz, darin mehrere kleine Kreuze und rundherum lauter kleine, runde Gesichter, freundlich lächelnd und mit Riesenvampirzähnen.

David arbeitete emsig. Er zeichnete ein großes rot-weiß gestreiftes Raumschiff mit einem grellen gelben Licht an der Schnauze und war jetzt dabei, das Ganze mit einem Himmel voller Sterne zu umgeben, die in allen Farben leuchteten.

Alejo hatte sich schnell einen Filzstift genommen, aber dann hielt er ihn lange Zeit nur in der Hand und blickte auf das leere Blatt. Schließlich malte er ein Raumschiff, das nicht mehr war als ein winziges Staubkörnchen in einem unendlichen schwarzen Weltall.

Er merkte bald, daß er mit dem kleinen Filzstift, den er gewählt hatte, ewig brauchen würde, um das ganze große Blatt schwarz auszumalen. Er legte daher den Stift nieder und prüfte, was sonst noch an Malsachen auf dem Tisch lag. Als er einen dicken schwarzen Marker entdeckte, stand er auf und langte an David vorbei, um ihn sich zu holen. Dabei stieß er aus Versehen Davids Hand an.

»Du Spasti!« schrie David und wedelte zornig mit dem Arm.

In Sekundenschnelle hatte Alejo ihn beim Hemd gepackt. Es geschah so plötzlich, daß ich überhaupt nicht darauf vorbereitet war. Mit Schrecken sah ich, daß Alejo David vom Stuhl gerissen und zu Boden geworfen hatte, noch ehe ich aufgesprungen war. Alejo griff David in die Haare und haute seinen Kopf auf den Linoleumboden.

Ich rannte wie eine Wahnsinnige um den Tisch herum, aber ehe ich Alejo zu fassen bekommen konnte, war er schon auf und davon. Er rannte wie in blinder Panik. Wir hatten uns ein besonders geräumiges Schulzimmer für unsere Gruppensitzungen ausgesucht und Platz geschaffen, indem wir das große Lehrerpult zusammen mit den Bänken und Stühlen, die wir nicht brauchten, in eine Ecke geschoben und dort gestapelt hatten. Dorthin flüchtete sich Alejo jetzt. Er kroch unter Tischen und Stühlen hindurch bis ganz nach hinten, unter das Lehrerpult. Dort war er praktisch unerreichbar, es sei denn, wir bauten das ganze Möbellager ab.

Meine erste Sorge galt David. Er hatte ziemlich viel abbekommen und weinte laut. Ich kniete neben ihm nieder, um ihn zu trösten. Jeff und Miriam waren mir sofort zu Hilfe gekommen, und nun standen wir alle drei da und spähten zu Alejo hinunter, der uns wiederum aus seinem Versteck mit großen dunklen Augen beobachtete.

»Und was tun wir jetzt?« fragte Jeff.

Ich war mir nicht sicher, ob es richtig wäre, ihn irgendwie da unten herauszubugsieren und auf unseren »Auszeit-Stuhl« zu setzen. Er war vielleicht so verängstigt, daß das gar nichts bringen würde.

»Kann ich mal mit ihm reden?« fragte Sheila. »Ich könnte mit ihm reden wie neulich. Vielleicht kommt er dann raus.«

»Ja, das ist ein guter Gedanke«, meinte Jeff. »Du kümmerst dich um Alejo, Sheila. Du sprichst mit ihm, und wenn du es schaffst, ihn da herauszulotsen, dann beschäftigst du dich allein mit ihm.«

Sheila schien überrascht. »Was soll ich denn mit ihm tun?«

Jeff lächelte sie zuversichtlich an. »Was du für richtig hältst. Das weißt du schon, wenn der Moment da ist.«

Der Moment kam nie. Alejo blieb den ganzen Morgen unter dem Möbelverhau.

Auf der Fahrt zum Fenton Boulevard hüllte sich Sheila in gedankenvolles Schweigen. »Was war eigentlich der Sinn von dieser Übung mit dem Raumschiff?« fragte sie nach einer langen Zeit.

»Den Kindern zu helfen, sich selbst zu erfahren, würde ich mal sagen. Denn darum geht's ja im Grunde bei jeder Art von Kreativität.«

»Es war also eine Kreativitätsübung?«

»Eine Ausdrucksübung. Den meisten Kindern in dieser Gruppe

fällt es schwer, ihren tieferen Gefühlen Ausdruck zu geben, und ich habe die Erfahrung gemacht, daß diese Übungen für den Anfang oft ein gutes Hilfsmittel sind.«

Wieder schwieg Sheila. Fünf oder sechs Minuten verstrichen, ohne daß einer von uns etwas sagte.

»Torey?«

»Ja?«

»Ich erinnere mich, wie du das gemacht hast.«

»Was denn?«

»In unserer Klasse. Ich erinnere mich, wie du mit uns so eine Phantasiereise gemacht hast. Wir sind damals unter Wasser gereist.« Ihr Gesicht leuchtete plötzlich auf. »Wir saßen alle im Kreis auf dem Boden. Nein, auf den Knien. Ich hab' gekniet. Du hast uns Bilder von tropischen Fischen aus einer Zeitschrift gezeigt. Dann hast du gesagt, wir sollen alle die Augen zumachen, wir würden jetzt eine Unterwasserreise machen. In die Tiefen des Meeres, um die Fische zu beobachten. Und ich kann mich auch noch an die vielen Fische erinnern, die da rumgeschwommen sind – gelb gestreift und türkis, alle Farben.« Sheila lächelte.

Ich nickte und lächelte ebenfalls.

»Auf einmal kann ich mich daran erinnern. Ganz genau. Als ob's gestern gewesen wäre. Ich seh' uns, wie wir da im Kreis auf dem Boden sitzen. Ich kann sogar die Tafel hinter dir sehen.«

»Ja, wir haben das ziemlich oft gemacht. Fast alle machten da gern mit.«

Sie lachte. »Und jetzt kann ich mich daran erinnern. Ich kann mich wirklich daran erinnern.«

14 Offenbar fühlte Alejo sich von unserer Gruppe bedroht: Als er am folgenden Morgen gebracht wurde, wollte er partout nicht aus dem Taxi steigen. Jeff ging hinaus und versuchte, ihn zum Aussteigen zu überreden, aber es war nichts zu machen. Er blieb zusammengekauert hinten auf dem Boden des Taxis hocken. Jeff kannte es von seinen Patienten nicht, daß sie sich so vehement weigerten, ihn zu sehen. Daher war er geneigt, Alejo wieder nach Hause fahren zu lassen. Er meinte, der Junge brauche mehr Zeit, um sich innerlich mit der Gruppe auseinanderzusetzen, und es könne sich nur positiv auswirken, wenn man ihm diese Zeit gäbe.

Ich war anderer Meinung. Ich war überzeugt, wenn wir Alejo jetzt gehen ließen, würde er nie wiederkommen. Und da ich ahnte, daß er nur dann eine Zukunft bei seinen Adoptiveltern haben würde, wenn er im Lauf dieses Sommers angemessenere Verhaltensweisen erlernte, war ich der Meinung, daß wir uns einen derartigen therapeutischen Luxus nicht leisten konnten. Trotz Jeffs Bedenken und der lauten Proteste des Jungen zog ich ihn deshalb aus dem Taxi und trug ihn ins Haus.

Er war wirklich ein Fall für sich. Die meisten Kinder wehrten sich, wenn ich handgreiflich werden mußte, auf ziemlich voraussehbare, »faire« Weise, und ich konnte sie festhalten und sie tragen, ohne ihnen oder mir weh tun zu müssen. Ich bekam ab und zu mal eins vors Schienbein, aber das war so ziemlich alles. Alejo war ganz anders. Wenn er kämpfte, dann tat er das mit einer Art wilder Verzweiflung, die keinerlei Rücksicht kannte. Er biß und kratzte und strampelte so heftig, daß ich ihn kaum festhalten konnte.

Jeff und Miriam wollten mir helfen, den Jungen die Treppe hinauf in unser Klassenzimmer zu bringen, aber sobald Alejo das merkte, schlug er nur noch wütender um sich. Schließlich bat ich die beiden, es mich allein versuchen zu lassen und nur dafür zu sorgen, daß alle Ausgänge bewacht waren – für den Fall, daß er sich losriß, bevor wir das Klassenzimmer erreicht hatten.

Als wir die Tür erreichten, ließ ich Alejo los. Sofort rannte er wie der Blitz wieder in die Ecke, in der er schon am Tag zuvor Zuflucht gesucht hatte. Er ließ sich auf die Knie fallen und kroch durch das Gewirr von Tisch- und Stuhlbeinen wieder ganz nach hinten unter das Lehrerpult.

»Na wunderbar«, brummte Jeff und wandte sich mir zu. »Du bist die Expertin in diesen Dingen. Was tun wir jetzt?«

Mir fiel meine erste Begegnung mit einem schwergestörten Kind ein. Ich war damals achtzehn und Praktikantin in einem Vorschulprogramm. In der Gruppe war ein kleines Mädchen, das Tag für Tag unter das Klavier zu kriechen und sich dort den ganzen Morgen zu verstecken pflegte. Der Leiter des Programms, ein wundervoller, allem Neuen aufgeschlossener Mann, später mehrere Jahre mein Mentor, stellte mir die Aufgabe, mich mit dem kleinen Mädchen zu beschäftigen und zu versuchen, es zum Herauskommen zu bewegen. Er sagte mir nicht, wie ich das machen oder was ich anstellen sollte, um es zu erreichen; er sagte mir nur, das sei meine Aufgabe und er vertraue mir vollkommen. Ganz gleich, was ich täte, sagte er, ich würde dem Kind damit das Leben auf jeden Fall leichter machen, als es im Augenblick war. Ich weiß nicht, ob er ahnte, daß die folgenden Monate mein Leben für immer verändern würden, aber das ist auch unwichtig. Fest steht, daß diese Begegnung mit dem kleinen Mädchen zum Ausgangspunkt meiner beruflichen Laufbahn geworden ist.

Was damals bei mir einen so bleibenden Eindruck hinterlassen hat, war die Zuversicht des Leiters, daß ich, ein ziemlich ungeschickter und schüchterner Teenager, imstande war, selbständig zu denken, zu erkennen, was getan werden mußte, und es zu tun. Ich sah Sheila an und dachte, wie gern ich ihr das gleiche Geschenk machen würde.

»Geh du zu ihm hin«, sagte ich zu ihr.

Sie sah mich bestürzt an. »Und was soll ich tun?«

»Er hat wahrscheinlich schreckliche Angst. Rede mit ihm. Wenn er herauskommen möchte, gut; sonst tu einfach, was du für richtig hältst.«

Sheila betrachtete mich eine Weile mit einem Ausdruck, der zwischen Verwunderung und Unsicherheit schwankte, dann jedoch sah sie zu Alejo hinüber.

»Weißt du noch, wie dir zumute war, als du in meine Klasse kamst?« fragte ich sie. »Sprich so mit ihm, als wäre er du – so wie du damals warst.«

»Das weiß ich nicht mehr«, sagte sie. »Ich glaube nicht, daß ich das kann.«

»Doch, ich bin sicher, du kannst es.«

Sie legte sich flach auf den Bauch, so daß sie ihn in seinem Versteck sehen konnte, und sprach den ganzen Morgen leise auf spanisch mit ihm. Da ich selbst die Sprache nicht fließend beherrsche, verstand ich nur wenig von dem, was sie sagte, doch ihr Ton war liebevoll und aufmunternd.

Alejo kam nicht heraus. Sicher und geborgen hinter seinem Schutzwall aus Metallbeinen, widerstand er Sheilas Lockungen. Ja, ich glaube, an diesem ersten Tag sprach er nicht einmal mit ihr. Sheila jedoch erwies sich als ebenso beharrlich wie er. Zweimal stand sie auf und kam zu mir, um mit mir und den Kindern zu arbeiten, die an diesem Morgen zu meiner Gruppe gehörten, aber jedesmal kehrte sie schon bald wieder zu Alejos Höhle zurück. Ich war beeindruckt von ihrer Konzentration. Ich glaube, es war das erste Mal, daß es uns gelungen war, sie ganz zu fordern.

In den folgenden zwei Wochen blieb Alejo unter dem Lehrerpult verschanzt. Jeden Morgen sauste er sofort in seine Ecke und kroch unter die Tische. Dort blieb er in Lauerstellung hocken, bis wir ihn mittags herauszogen, damit er nach Hause gehen konnte. Jeff und ich überlegten, ob es Sinn hatte, ihn festzuhalten, sobald er zur Tür hereinkam, um ihn nicht wieder in sein Versteck zu lassen, aber wir stimmten schließlich darin überein, ihm diese Form der Sicherheit zu erlauben. So verging ein Tag nach dem anderen.

Sheila ließ sich in ihrem Bemühen, Alejo aus seinem Versteck zu locken, nicht entmutigen. Geduldig lag sie vor seiner Höhle auf dem Boden und sprach mit ihm, manchmal auf spanisch, manchmal auf englisch. Es war erstaunlich, wie gut sie mit diesen einseitigen Gesprächen zurechtkam. Ich hatte sie nie als besonders redselig erlebt und hätte nicht erwartet, daß sie die Situation auf diese Weise angehen würde. Aber sie tat es, hielt ein freundliches Geplauder in Gang, bei dem sie ihm alle möglichen Fragen darüber stellte, was er gern aß, welchen Sport oder welche anderen Beschäftigungen er bevorzugte, was er am liebsten tat, wenn er nicht in der Schule war, welches seine Lieblingstiere waren, was für ein Lieblingsfach er in der Schule hatte und vieles, vieles mehr.

Ab und zu ließ Alejo sich zu einer Antwort verführen, aber viel sagte er nie. Ihre Bemühungen, Spanisch mit ihm zu sprechen, nahm er dankbar auf; oft hörten wir ihn da erwidern. Und so ging es jeden Tag dreieinhalb Stunden lang.

Je länger sich Sheila mit Alejo beschäftigte, desto intensiver wurde ihr Interesse an ihm und seinem Leben. Über seine leibliche Familie wußte man nichts, nicht einmal ihren Namen oder ob überhaupt noch jemand von seinen nächsten Angehörigen am Leben war. Wiederholt wollte Sheila wissen, ob es nicht eine Möglichkeit gäbe, dies herauszufinden. Ich bemühte mich, ihr zu erklären, daß solche Versuche wenig Sinn hätten und wahrscheinlich zu nichts führen würden, doch Sheilas Neugier blieb.

Die Geschichte von Alejos Entdeckung in einer Mülltonne interessierte Sheila ganz besonders. Über alles, was damit zu tun hatte, stellte sie Mutmaßungen an: wie sehr er gefroren haben mußte; wie hungrig er gewesen sein mußte; wie er es überhaupt geschafft hatte, unter diesen Umständen zu überleben. Ich hatte natürlich den Verdacht, daß Sheila Alejos Geschichte, ohne sich dessen bewußt zu sein, mit ihrer eigenen Geschichte in Beziehung setzte. Ich erinnerte mich genau, wie sie mir mit sechs Jahren immer und immer wieder erzählt hatte, wie ihre Mutter von zu Hause fortgegangen war und zunächst sie und ihren jüngeren Bruder Jimmie mitgenommen hatte; wie sie dann das Auto angehalten und Sheila auf den Freeway hinausgeworfen hatte, ehe sie davongefahren war, um nie wieder gesehen zu werden. Sheilas offenkundiges Bedürfnis, über Alejos Schicksal zu sprechen, brachte mir die vielen langen Gespräche mit ihr von damals wieder in Erinnerung.

Aber ganz gleich, was da psychologisch gesehen vorging, Sheilas Bindung an Alejo wurde immer stärker. Sie wollte unbedingt Zugang zu ihm finden, ihn davon überzeugen, daß er ihr vertrauen konnte. Dieser Wunsch war es, der sie bei ihrer Arbeit mit ihm stark in Anspruch nahm.

Aber auch wenn Sheila sich ihrer Aufgabe mit großer Hingabe widmete, gab es immer noch genug brenzlige Momente mit ihr. Gefährlich wurde es unweigerlich, wenn es um ihr Aussehen ging.

Ich hatte, da ich Sheila schon als Kind gekannt hatte, bestimmte Vorstellungen davon gehabt, wie sie später einmal aussehen würde. Aber dieser Teenager entsprach überhaupt nicht meinen Erwartungen. Sie war ein sehr hübsches kleines Mädchen gewesen, das hatte man damals trotz allen Schmutzes und aller Verwahrlosung erkennen können. Ihr langes honigblondes Haar war sehr glatt und fein gewesen und glitt einem wie schwere Seide über die Finger. Sie hatte sehr ausgeprägte Gesichtszüge, ein freches kleines Grübchen im Kinn, einen besonders hübsch gezeichneten Mund.

Das Kinn, der Mund, die ausgeprägten Züge – das alles war natürlich auch jetzt noch vorhanden, aber der Eindruck wurde durch das grelle dauergewellte Haar geschmälert und durch Sheilas Kleidung überschattet. Woher sie ihren modischen Geschmack hatte, war mir schleierhaft. Er war so ausgefallen, daß er schon fast wieder in war.

Wir hatten uns bereits der verschiedensten Kombinationen von langen weißen Unterhosen und diversen Kleidern und T-Shirts erfreuen dürfen. Besonders gern trug sie über der langen Unterhose lediglich ein sehr weites Hemd, so eine Art Bauernkittel, in dem sie aussah wie eine Statistin aus *Anatevka.* Ferner besaß sie eine große Auswahl an spitzenbesetzten weißen Gewändern, die wie viktorianische Nachthemden aussahen. Im allgemeinen trug sie diese über langärmeligen, gestreiften T-Shirts in grellen Farben. Und stets vollendeten die schweren schwarzen Schnürstiefel das Ensemble.

Sie hatte sich Ohrlöcher stechen lassen; fünf im linken Ohr, zwei im rechten. Zum Glück hatte sie keinen anderen Teil ihres Körpers ähnlicher Mißhandlung ausgesetzt. Sie trug immer nur dünne goldene Ringe in den Ohren, aber die Menge wog die Schlichtheit auf.

Zugegeben, ich brauchte etwas Zeit, um mich an diese Besonderheiten zu gewöhnen, aber sie störten mich nicht. Ja, mit der Zeit konnte ich einige dieser kühnen Zusammenstellungen sogar attraktiv finden, wenn auch vielleicht ein wenig bizarr. Sie besaß tatsächlich viel modisches Stilgefühl und hatte die richtige Figur für diese Kreationen, gertenschlank und zart. Hätte sich Sheila unter modisch aufgeweckteren Leuten befunden, so hätte man ihre Phantasie wahrscheinlich bewundert.

Sheilas Vater jedoch schien für die modischen Extravaganzen seiner Tochter überhaupt nichts übrig zu haben, und nach allem, was ich hörte, gab es darüber immer wieder Streit. Auch in der Schule reagierte man wenig liberal, und Sheila war mehr als einmal mit der Aufforderung, sich umzuziehen, nach Hause geschickt worden. Dies, vermutete ich, war mit schuld daran, daß Sheila in bezug auf ihr Äußeres so empfindlich reagierte; vom ersten Tag an war klar, daß sie sich so kleiden und so aussehen wollte, wie sie sich uns präsentierte, und es haßte, wenn man auch nur andeutete, daß sie vielleicht eine Spur wunderlich wirkte.

Jeff trat dauernd ins Fettnäpfchen. Er hatte ihr wegen ihres orangefarbenen Haars und ihrer kühnen Baumbesteigung am zweiten Tag den Spitznamen Orang-Utan gegeben, und er brauchte ihn nur auszusprechen, schon war sie fuchsteufelswild. Schlimmer war noch, daß er es sich nie verkneifen konnte, ihre Kleidung zu kommentieren. Er sagte dann etwa: »Sollen wir die Klimaanlage für dich runterdrehen, damit du nicht mit dem Nachthemd über den Kleidern kommen mußt?« Oder: »Vermißt Opa seine Unterhose immer noch nicht?«

Sheila reagierte auf diese Kommentare, wie auf die meisten seiner ironischen Bemerkungen, wie eine fauchende Wildkatze, und ich war sicher, daß die Wut echt war. Meine Hoffnung, diese beiden hochbegabten Menschen einander näherzubringen, hatte ich längst begraben. Sheila schien für Jeff nichts als Haß zu empfinden, und Jeff tat wenig, um daran etwas zu ändern. Ich versuchte, ihn dazu zu bewegen, sein loses Mundwerk besser in Zaum zu halten, aber das half überhaupt nichts. Es machte ihm Spaß, sie auf die Palme zu bringen.

Nachdem ich mich einmal an ihre persönliche Note gewöhnt hatte, fiel es mir nicht allzu schwer, den Mund zu halten. Ich bin nicht so leicht zu schockieren und kann unerwünschte sensorische Wahrnehmungen gut ausblenden. Ich bemühte mich zwar, bei diesen Differenzen zwischen ihr und Jeff zu vermitteln, aber ich konnte mich ganz gut heraushalten. Und das war gut so; die wenigen Male nämlich, als ich mich unbedacht zu einem Kommentar hinreißen ließ, schoß Sheila gleich aus allen Rohren. Ich habe sogar den Verdacht, daß Sheila mit ihrem Aussehen auch provozieren wollte, und wenn ich nicht reagierte, wartete sie manchmal nur auf eine Gelegenheit, um mich zu attackieren.

Um ein Beispiel zu geben: Eines Tages waren wir im Anschluß an die Sitzung hinten im Zimmer. Einige der Kinder hatten gemalt, und Sheila half mir beim Auswaschen der Farbtöpfe. Das Becken war voll Seifenwasser, und Sheila hatte die Arme fast bis zu den Ellbogen darin.

»Könntest du mir bitte die Haare zurückbinden?« fragte sie, als ich mit weiteren Farbtöpfen anrückte. »In meiner linken Tasche ist eine Spange. Kannst du mir damit die Haare nach hinten machen?«

Ich griff in ihre Tasche, nahm die Spange heraus und strich ihr Haar nach hinten, um es zusammenzunehmen. Erinnerungen an früher wurden wach, als ich das Haar der kleinen Sheila frisiert hatte. Sie hatte wunderschönes Haar, so seidenweich, daß es ein Genuß war, es durch die Finger gleiten zu lassen. Es war mir immer ein Vergnügen gewesen, es ihr morgens vor Schulbeginn zu bürsten. Jetzt fühlte sich ihr Haar ganz anders an: kraus und spröde von Dauerwelle und Färbung.

»Ich glaub', ich färb' mir die Haare dieses Wochenende mal gelb«, sagte Sheila. »Ich hab' so ein Mittel im Drugstore gesehen, und es kostet nur zwei Dollar neunundneunzig.«

»Hast du schon mal daran gedacht, die Farbe und die Krause herauswaschen zu lassen und es ganz natürlich zu tragen – so wie früher?«

Wie der Blitz wirbelte Sheila herum und schlug meine Hand so heftig weg, daß Seifenschaum nach allen Richtungen flog. »Hör auf! Hör bloß auf!« schrie sie mich wütend an.

Ich sprang bestürzt zurück.

»Ich weiß genau, was du willst. Du willst mich beherrschen. Du willst mich wieder zu deinem kleinen Püppchen machen. Aber das bin ich nicht. Ich bin ich! Und du kannst mir nicht mehr vorschreiben, was ich zu tun habe.«

Sie war so schnell so zornig geworden, daß ich dastand wie vom Donner gerührt. Jeff und Miriam, die mit uns im Zimmer waren, starrten uns an.

»Ich bin nicht mehr dein Eigentum. Ich gehöre dir nicht. Du hast mich nicht erschaffen.«

15

Am folgenden Morgen spielte ich mit David, Tamara und Violet ein Spiel, das ich »der leere Stuhl« getauft hatte und das von einer therapeutischen Technik abgeleitet war, die der bekannte Psychotherapeut Fritz Perls entwickelt hatte. Man stellt mitten in die Gruppe einen Stuhl, und eines der Gruppenmitglieder richtet das Wort an ihn, ganz so, als säße eine bestimmte Person darauf. Wir sprachen an diesem Tag über Wut und Traurigkeit und darüber, wie diese beiden Gefühle sich manchmal vermischen. Ich hatte den Kindern gesagt, sie sollten überlegen, wann eine andere Person einmal solche Gefühle bei ihnen ausgelöst hatte, sich dann vorstellen, die betreffende Person säße auf dem Stuhl, und mit ihm oder ihr sprechen, um ihre Gefühle mitzuteilen. Wir brauchten eine Weile, ehe wir in Fahrt kamen. Ich gab ihnen ein Beispiel, indem ich einen Nachbarn auf den leeren Stuhl setzte, der meine Katze nicht mochte. Dann erklärte ich dem Stuhl, wie ärgerlich es mich machte, wenn ich zusehen mußte, wie er meine Katze mißhandelte. Danach kamen die Kinder an die Reihe. Aber erst als wir die zweite Runde starteten, lösten sich ihre Hemmungen.

Tamara war das zweite Mal dran. »Ich setz' jetzt meine Mama auf den Stuhl«, sagte sie.

»Okay«, antwortete ich. »Was möchtest du denn deiner Mama sagen?«

»Daß mich das Baby nervt.«

»Gut.«

Tamara sah mich an. »Ich möchte ihr sagen, daß ich nicht mehr auf das Baby aufpassen will. Warum hat sie denn so viele Kinder bekommen, daß sie gar nicht mehr allein mit ihnen fertig wird?«

»Kannst du ihr das selbst sagen?« fragte ich. »Stell dir vor, sie sitzt vor dir, und du sagst ihr, wie dir zumute ist.«

»Ich hab' keine Lust mehr, immer den Babysitter zu spielen«, sagte Tamara. »Ich hab' genug von ihm. Es ist doch nicht mein Baby. Es ist ungerecht. Nur weil ich die Älteste bin. Warum muß immer ich für den Kleinen sorgen?«

Ihr schossen die Tränen in die Augen, und sie brach ab. Den Blick auf mich gerichtet, sagte sie: »Ich bin doch viel zu klein, um auf ihn aufzupassen.«

Ich wies auf den Stuhl. »Warum sagst du ihr das nicht selbst? Sag ihr, was du fühlst; daß du für soviel Verantwortung noch zu klein bist.«

Tamara nickte weinend. »Ich bin doch selber noch so klein, Mama. Ich brauch' dich. Du mußt für mich sorgen.«

Sie setzte sich, und eine ganze Weile herrschte nachdenkliches Schweigen in der Gruppe.

»Okay, Violet«, sagte ich schließlich behutsam. »Wie steht's mit dir?«

Violet stand schwerfällig auf. Sie näherte sich dem Stuhl und ging, den Blick auf die leere Sitzfläche gerichtet, um ihn herum. In der ersten Runde hatte sie ein Mädchen aus ihrer Schule auf den Stuhl gesetzt und erklärt, sie wolle das Mädchen fragen, warum es immer so gemein zu ihr war. Aber als ich ihr vorschlug, sich vorzustellen, dieses Mädchen säße auf dem Stuhl, und ihre Worte direkt an es zu richten, hatte sie nur wildes Zeug von Geistern und Gespenstern geplappert. Ich hatte auch bei diesem neuerlichen Versuch keine große Hoffnung auf Erfolg. Sie war so durchdrungen von ihrer Gespensterfurcht, daß sie mir zu einem solchen direkten Ansatz gar nicht fähig schien.

»Ich setze Alejo auf den Stuhl«, sagte Violet zu meiner Überraschung.

Alejo war nicht weit von uns. Wir saßen nur ein paar Schritte von der Stelle entfernt, wo Sheila bis vor kurzem auf dem Boden gelegen und mit ihm gesprochen hatte. Unser Spiel mit dem leeren Stuhl hatte jedoch ihr Interesse geweckt, und nun hockte sie im Schneidersitz am Rande unseres Kreises. Sie beugte ein wenig den

Kopf nach unten, als Alejos Name fiel, um unter dem Möbelstapel nach ihm zu sehen.

»Gut«, meinte ich. »Was möchtest du Alejo sagen?«

»Warum kommst du nicht zu uns, Alejo«, sagte sie, sich dem leeren Stuhl nähernd. Sie neigte den Kopf und betrachtete den Stuhl so aufmerksam, als säße der kleine Junge wirklich darauf. »Warum versteckst du dich vor uns? Hier brauchst du doch keine Angst zu haben, und du fehlst mir. Es wäre schön, wenn du rauskämst.«

Sie ging um den Stuhl herum und blieb auf seiner anderen Seite stehen. »Ich krieg' immer eine Wut auf dich, wenn du dich wieder versteckst, weil ich dann denke, du magst mich nicht. Und ich bin traurig, weil ich gern mit dir befreundet sein möchte. Warum kommst du nicht raus? Ich möchte so gern, daß du mit uns spielst.«

»Also gut.«

Verblüfft drehten wir alle die Köpfe. Da stand Alejo.

»Er ist rausgekommen!« schrie David so laut, daß ich fürchtete, Alejo würde sich sofort wieder verkriechen. Aber er tat es nicht.

»Willst du dich nicht zu uns setzen?« fragte ich und zog einen Stuhl für ihn heran.

Alejo blieb, wo er war.

»Möchtest du mitspielen? Möchtest du mit jemandem auf dem Stuhl sprechen?« fragte ich.

Er schüttelte den Kopf.

Sheila, die immer noch auf dem Boden hockte, streckte ihre Hand aus. »Komm, Alejo. Setz dich neben mich.«

Ohne zu zögern, ging er zu ihr und setzte sich.

»Machen wir das Spiel ein bißchen anders. Bisher habt ihr mit dem leeren Stuhl gesprochen, ohne eine Antwort zu bekommen. Jetzt wollen wir uns vorstellen, daß der Stuhl antworten kann«, sagte ich. »Tamara, du hast eben mit deiner Mama gesprochen. Jetzt setz dich mal auf den Stuhl.«

Zögernd stand sie von ihrem Platz auf, ging durch den Kreis und setzte sich auf den leeren Stuhl in der Mitte.

»Jetzt bist du deine Mama. Du hast gehört, was Tamara eben gesagt hat. Jetzt antwortest du ihr.«

Eine ganze Weile saß Tamara schweigend da. »Ich wollte doch gar nicht, daß du so viel arbeiten mußt«, begann sie dann leise. »Aber ich habe einfach zu viele Kinder.« Sie machte eine Pause. »Heirate nie, Tamara. Bekomm keine Kinder.« Dann stand sie auf und ging an ihren Platz zurück.

»Jetzt komm' ich«, sagte Violet. »Jetzt darf ich Alejo sein.« Sie strahlte ihn an. Sie ging zu dem leeren Stuhl und setzte sich. »Ich bin froh, daß du gesagt hast, ich soll rauskommen, Violet. Ich hatte keine Lust mehr, da unten zu sitzen. Du warst nett zu mir. Jetzt bin ich dein Freund.«

Ich lächelte Violet zu, dann sah ich Alejo an. »Kannst du uns sagen, wie das für dich war, als Violet sagte, wie sehr sie sich wünscht, daß du wieder zu uns kommst?«

»Gut«, antwortete er.

Sheila und ich aßen nicht wie sonst mit Miriam und Jeff zu Mittag. Ich hatte am frühen Nachmittag ganz in der Nähe der Schule einen Termin, deshalb hatte ich mir etwas zu essen mitgebracht und wollte mich in der Pause in den Park gegenüber der Schule setzen. Sheila, die nun niemand hatte, der sie zu ihrem Bus fuhr, würde die öffentlichen Verkehrsmittel zum Fenton Boulevard nehmen müssen. Sie ging gleich nach der Sitzung, und ich nahm an, sie wollte zur Bushaltestelle; doch sie kehrte mit einer McDonald's-Tüte zurück, um mit mir im Park zu picknicken.

»Ich muß nicht gleich nach Hause«, erklärte sie. »Es ist sowieso niemand da.«

»Ich freue mich immer über Gesellschaft«, sagte ich, während ich meine Brote auspackte.

Ein Weilchen aßen wir schweigend.

»Was tust du normalerweise, wenn du nachmittags nach Hause kommst?« fragte ich.

Sheila zuckte die Achseln. »Kommt drauf an.«

»Triffst du dich mit Freunden?«

Sie zögerte, zuckte dann erneut die Achseln. »Im allgemeinen nicht.«

»Du erzählst selten von Freunden«, bemerkte ich.

»Das heißt noch lang nicht, daß ich keine hab', falls du das meinen solltest«, versetzte sie ein Spur gereizt. »Ich bin nur nicht viel mit ihnen zusammen.« Sie biß von ihrem Hamburger ab. »Meine Schule ist doof. Da ist eigentlicher keiner, mit dem ich befreundet sein möchte, wenn du's genau wissen willst.«

»Was tust du dann?«

»Hab' ich doch schon gesagt, kommt drauf an. Ich hab' immer einen Haufen Hausarbeit. Mein Dad würde die nämlich nie machen. Wenn's nach dem ginge, würden wir in einem Schweinestall leben. Und ich muß einkaufen. Und kochen.«

Ich nickte.

»Der hat echt Glück, daß er eine Tochter hat, das kannst du mir glauben. Jemand, der die ganze Arbeit für ihn macht. Der würde ganz schön alt aussehen, wenn ich ein Junge wäre.«

»Und wie läuft das so? Gibt er dir Haushaltsgeld, und du entscheidest, was es zu essen gibt?«

»Das Geld muß ich ihm abnehmen.« Sie aß ihren Hamburger mit zwei Bissen fertig. »Das hab' ich schon vor einer Ewigkeit gelernt. Ich muß ihm das Geld ruckzuck aus der Nase ziehen, sonst ist nichts mehr da.«

Ich sah sie an.

»Meistens gibt er's mir, wenn ich frage. Er ist es jetzt schon gewöhnt. Aber wenn er's mir nicht gibt, hab' ich meine Tricks. Ich sag' einfach, ich muß rüber zum Waschsalon und brauch' sofort die Hose, die er anhat. Er soll sie mir geben. Dann nimmt er seine Brieftasche raus. Oder manchmal warte ich auch, bis er schläft.«

»Ich dachte, mit Alkohol und Drogen wäre es vorbei. Ich dachte, das gehört alles der Vergangenheit an.«

Sie lachte spöttisch. »Mach dir doch nichts vor.«

»Er trinkt immer noch?« fragte ich bestürzt. »Ich dachte, das Baseballteam . . .«

»Die Menschen ändern sich nicht. Hast du das noch nicht gewußt? Die Verhältnisse ändern sich, aber die Menschen nie.«

Da Alejo nun endlich aus freien Stücken sein Versteck verlassen hatte, beschlossen Jeff und ich, dafür zu sorgen, daß er nicht wieder dorthin verschwand. Wir kamen deshalb am folgenden Morgen schon ein wenig früher und verfrachteten die Tische und Stühle, die wir nicht brauchten, in ein anderes Zimmer. Das hatte den zusätzlichen Vorteil, daß wir nun viel mehr Platz hatten.

Als das Taxi kam, wollte Alejo wieder nicht aussteigen, doch Sheila kletterte hinein und setzte sich einen Moment zu ihm, um ihn zum Herauskommen zu überreden. Zum ersten Mal seit drei Wochen mußte er nicht ins Klassenzimmer geschleift werden, sondern ging an Sheilas Hand freiwillig hinein.

»Darf ich mit ihm allein was machen?« fragte Sheila.

»Wenn du willst. Hast du dir schon etwas überlegt?« erwiderte ich.

»Wenn ich da unten auf dem Boden gelegen und mit ihm geredet hab', sind mir immer alle möglichen Sachen eingefallen. Ich hab' mir gedacht, mit mir allein würde es für ihn am Anfang vielleicht leichter sein als in der großen Gruppe.«

Sie gingen zum anderen Ende des Zimmers und setzten sich vor einem kleinen, niedrigen Bücherregal auf dem Boden. Ich sah, wie Sheila einen Kasten mit Legosteinen ausleerte und sie dann beide konzentriert zu bauen begannen.

Ich mußte an diesem Tag Joshua und Jessie betreuen, unsere beiden autistischen Kinder, und die beiden nahmen mich so in Anspruch, daß ich keine Möglichkeit hatte, mich darum zu kümmern, was Sheila und Alejo trieben. Sie beschäftigten sich bis zur Pause sehr intensiv mit ihren Legobausteinen.

Als die Kinder alle draußen waren, sah ich mir an, was die beiden gebaut hatten. Überwältigend war es nicht gerade. Es gab ein paar rechteckige Bauten, die wie halbfertige Häuser aussahen, und einige lange Reihen ineinandergesteckter Steine.

»Wollen wir sie weitermachen lassen?«

Ich fuhr zusammen, als mich Jeffs Stimme aus meinen Betrachtungen riß. Er kam zu mir, bückte sich und hob eine der rechteckigen Konstruktionen auf. »Ich vermute, sie werden nach der Pause weitermachen wollen. Sollen wir sie einfach lassen?«

»Was meinst du?« fragte ich.

»Ich habe vorhin ein wenig gelauscht. Das Gespräch war recht interessant. Anscheinend haben sie Gefängnisse gebaut und kleine Legopuppen hineingesteckt. Wenn ich richtig verstanden habe, hat Alejo seine Mutter ins Gefängnis geworfen. Er sagte: ›Sie schreit: ›Nein! nein! nein! Wenn du das noch einmal tust, sperr' ich dich in deinem Zimmer ein. Und rede zwei Tage lang kein Wort mehr mit dir. Du bist ein böser Junge, wenn du so etwas tust. Du hast Fernsehverbot.‹ Und Sheila sagte: ›Sperr sie ins Gefängnis. Das ist das Gefängnis für böse Mamas, sperr sie da ein, und dann bestrafen wir sie. Was wollen wir mit ihr machen?‹ Worauf Alejo sagte: ›Wir schneiden ihr die Kehle durch. Daß sie blutet. Wir werfen Bomben auf sie, bis sie tot ist.‹ Und das haben sie dann getan. Sie haben einen Haufen Legosteine herunterfallen lassen.« Jeff sah mich an. »Schwer zu sagen, wer da wen angestiftet hat.«

»Ja, so scheint es«, antwortete ich.

»Ich finde, wir sollten sie weitermachen lassen, wenn sie es möchten«, sagte Jeff. »Er spricht mehr, als ich das je bei ihm erlebt habe... aber ich werde weiterhin die Ohren spitzen.«

Mir war das, was Jeff da erzählt hatte, nicht geheuer. Natürlich wollte ich Sheila hier bei uns eine positive Erfahrung vermitteln, aber sie war nun einmal ein einfacher Teenager und keine ausgebildete Therapeutin. Außerdem schleppte sie immer noch genug eigenes emotionales Gepäck mit sich herum. Hatte sie Alejos Spiel gefördert, weil sie Jeff und mich in unserem therapeutischen Umgang mit den Kindern nachahmen wollte? Oder war sie einfach ihren eigenen Bedürfnissen gefolgt? Oder spielte vielleicht beides mit?

Wir bekamen keine Gelegenheit, es herauszufinden. Als Miriam und Sheila nach der Pause mit den Kindern zurückkamen, setzte sich Alejo ganz vergnügt zu den anderen Kindern an den Maltisch, und Sheila ging nach hinten, um die Sachen von der Pause wegzuräumen und die übriggebliebenen Kekse wegzuputzen.

Nach dem Ende der Sitzung, als ich beim Aufräumen war, kam Sheila zu mir. »Laß uns nicht mit den anderen zum Mittagessen gehen«, sagte sie, als sie mir die Malsachen reichte, damit ich sie aufs Bord stellen konnte.

»Du hast keine Lust?«

»Ich würde gern wieder im Park essen wie gestern. Das hat mir Spaß gemacht. Draußen ist es so schön, und wir hocken statt dessen in diesem muffigen Lokal«, antwortete sie.

»Das Problem ist nur«, sagte ich, »daß ich mir heute nichts zu essen mitgenommen habe. Außerdem habe ich um zwei einen Termin am Institut. Wenn ich nicht gleich zum Essen gehe, kann ich dich nachher nicht mehr zum Fenton Boulevard fahren.«

»Das macht mir nichts aus. Ich kann auch von hier aus den Bus nehmen.« Sie bückte sich und schnürte einen ihrer Stiefel auf; zog ihn aus, drehte ihn herum, und eine Fünfdollarnote fiel heraus. »Wenn du nicht zu großen Hunger hast, kann ich dir von McDonald's was mitbringen.«

»Gut. Du holst was bei McDonald's, aber ich bezahle«, sagte ich. »Du übernimmst den Lieferservice, sobald wir hier fertig sind.«

Es gab allerhand sauberzumachen, da wir mit Fingerfarben, Kreiden und Wasser gearbeitet hatten. Dazu kam das übliche

Durcheinander. Jeff war hinten am Spülbecken und wusch die Farbtöpfe aus, während Miriam die Bücher einsammelte und ins Regal stellte.

»Hast du's ihnen schon gesagt?« fragte Sheila, als ich gerade einen Tisch abwischte.

»Was denn?«

»Na ja, daß wir nicht mit ihnen zum Mittagessen gehen«, antwortete sie etwas ungeduldig.

»Nein, aber ich sage es ihnen schon noch. Machen wir hier erst fertig. Heute haben wir ganz schön geferkelt.«

»Wir können doch allein saubermachen«, meinte sie. »Sag doch Jeff und Miriam, daß sie jetzt gehen können. Dann können wir zwei aufräumen.« Als ich nicht gleich antwortete, fügte Sheila hinzu: »Das ist der einzige Nachteil bei dieser Arbeit: Wir zwei sind nie allein miteinander. Ich hab' mir das anders vorgestellt. Immer sind die anderen dabei. Manchmal möchte ich einfach mit dir allein sein.«

Ich lächelte. »Na schön, dann geh und sag ihnen, daß wir den Rest allein machen.«

Ich hoffte, Sheilas Wunsch, mit mir allein zu sein, bedeutete, daß sie mit mir sprechen wollte. Das Gespräch zwischen ihr und Alejo, von dem Jeff mir erzählt hatte, hatte mich doch ein wenig beunruhigt, und ich dachte, sie würde vielleicht mit mir darüber sprechen wollen. Aber das schien doch nicht der Fall zu sein. Als wir allein waren, räumten wir weiter auf, aber sie sagte nichts.

Sheila holte sich einen frischen Schwamm aus dem Schrank und wischte die Tafel, während ich die Fingerfarben-Bilder ans Schwarze Brett heftete. Als ich das nächste Mal zu ihr hinübersah, hielt sie einen Kasten bunter Kreiden in der Hand und malte auf die Tafel. Ich sagte nichts, aber Sheila merkte schnell, daß ich sie beobachtete.

»Der einzige andere Nachteil hier ist, daß ich nie wie die anderen spielen kann«, sagte sie mit einem leicht verlegenen Lächeln. »Oft wünsche ich mir, ich wär' eins von den Kindern und nicht eine von euch. Die Kinder dürfen so schöne Sachen machen. Wie in einer Märchenschule.«

Ich erwiderte ihr Lächeln.

»Darf ich mit denen ein Bild malen?« fragte sie zaghaft und hielt den Kasten mit den Kreiden hoch. »Nur so zur Dekoration. Für morgen früh, wenn sie kommen. Das sieht doch viel schöner aus als die leere Tafel, findest du nicht?«

»Aber ja, klar doch. Mach nur.«

Sheila ging mit Feuereifer daran, ein riesiges Bild zu malen, das einen ganzen Teil der Tafel einnahm. Diese Intensität und Konzentration überraschten mich. Es wirkte beinahe so, als könnte sie endlich etwas loswerden, was die ganze Zeit schon aus ihr herausgewollt hatte. Als ich mit meiner Arbeit fertig war und es Zeit wurde, essen zu gehen, brachte ich es nicht über mich, sie zu stören, so vertieft war sie in ihre Malerei.

»Soll ich die Hamburger holen?« fragte ich.

»Würdest du das tun?« versetzte sie. »Ach, das wär' toll.«

Als ich ungefähr zwanzig Minuten später zurückkam, legte Sheila gerade letzte Hand an ihr Gemälde. Es war ein faszinierendes Bild: eine gewaltige goldene Sandwüste, die fast die ganze Tafelfläche bedeckte, so daß kaum noch Platz für einen Himmel war. In der Wüste stand nur ein einsamer Kaktus und zwei kahle, vielverzweigte Büsche. Doch im Sand verborgen waren zahllose kleine Höhlen, in denen es von Schlangen, Mäusen, Skorpionen, Kaninchen und Käfern nur so wimmelte. Und in weiter Ferne sah man eine weibliche Figur in Wanderstiefeln und Shorts mit einem Rucksack und einem roten Tuch auf dem Kopf.

»Hey, das ist gut. Ich wußte gar nicht, daß du so gut malen kannst«, sagte ich.

»Es gibt vieles, was du nicht von mir weißt, Torey.«

»Es ist wirklich gut. Der Ausdruck der Frau ist sehr realistisch. Aber besonders gut gefallen mir die vielen Tiere im Sand. Die

Kaninchenbauten. Ein richtiges Labyrinth mit lauter verschiedenen Höhlen für die Kaninchen. Ich könnte nie im Leben einen Skorpion aus dem Kopf zeichnen.«

Sheila lachte. »Es macht mir Spaß, dich zu überraschen.«

Ich betrachtete immer noch das Bild. »Aber sie sieht einsam aus, diese Wanderin, vor der sich alles versteckt.«

»Fang jetzt bloß nicht mit dem Psychokram an. Es ist doch nur ein Bild.«

»Na gut«, sagte ich, »dann erzähl du mir was darüber.«

»Es ist nur ein Bild. Sie wandert durch die Wüste. Es ist die kalifornische Wüste. Ich kenn' sie von Bildern. Da gibt es solche Büsche.«

Kalifornien. Dorthin war Sheilas Mutter geflohen. Aber ich sagte nichts. »Trotzdem wirkt es einsam aus der Perspektive der Wanderin.«

»Ja, klar, in der Wüste ist es immer einsam. Man hat das Gefühl, als läge da ein riesiges Stück Leere vor einem«, antwortete sie.

»Und alles, was lebt, versteckt sich vor einem?« meinte ich.

»Hm, ja, vielleicht. Oder ...« Sie drehte sich um und sah mich mit einem wissenden Lächeln an. »Oder es liegt einfach alles unter der Oberfläche und wartet darauf, entdeckt zu werden. Na, hab' ich dich erwischt? Ich kann auch Bilder interpretieren.«

Ich zuckte die Achseln.

»Du möchtest mich doch zu gern in deine Finger bekommen, hm? Am liebsten wär's dir, ich würde sagen, daß ich diese Frau bin und diese Wüste mein Leben ist, stimmt's?«

»Nur wenn es wahr ist.«

»Oh, es ist wahr. Und du müßtest das eigentlich wissen.«

16

Anfang Juli hatte Sheila ihren vierzehnten Geburtstag, unmittelbar vor der dreitägigen Pause, die wir wegen des Nationalfeiertags am vierten Juli einlegen wollten. Ich erzählte es Jeff und sagte, da es der einzige Geburtstag während der Laufzeit unseres Programmes sei, wäre es doch nett, eine kleine Feier steigen zu lassen. Ich hatte als Lehrerin immer besonderen Wert darauf gelegt, ab und zu ein kleines Klassenfest zu veranstalten; einmal weil so ein Fest eine erfreuliche Abwechslung vom Schulalltag ist, vor allem aber, weil die körperlichen und seelischen Behinderungen und/oder die finanziellen Verhältnisse ihrer Familien diesen Kindern nicht erlaubten, an den Festen anderer teilzunehmen oder selbst welche auszurichten. Es gab in meinen Klassen immer viele Jungen und Mädchen, die noch nie in ihrem Leben zu einer Geburtstagsfeier eingeladen worden oder Mittelpunkt eines für sie veranstalteten Fests gewesen waren.

Ich backte also eine prachtvolle Schokoladentorte, auf die ich Sheilas Namen spritzte, Miriam sorgte für Süßigkeiten, Chips und dergleichen, und Jeff lieferte die bunten Hüte und die Tröten.

Nicht einen Moment lang versuchte Sheila, die Blasierte zu spielen, als sie die Luftschlangen und Ballons, die Pappteller und Hüte mit dem Rosaroten Panther und die Torte sah. Vielmehr nahm sie entzückt jedes einzelne Stück in die Hand, um es genau zu inspizieren.

»Das habt ihr nur für mich hergerichtet? Wahnsinn«, sagte sie, während sie ein Hütchen aufsetzte. »Ich hab' noch nie so einen gehabt. Wie sieht er aus? Wo ist ein Spiegel? Ich muß mich sehen.« Sie ging hinüber in die Ecke, wo die Sachen zum Verkleiden aufgehoben wurden, und nahm einen kleinen Handspiegel. »Seh' ich nicht toll aus?«

Die Kinder waren genauso begeistert wie sie und jubelten vor Wonne, als sie die bunten Dekorationen und die vielen Leckerbissen sahen. Ich hatte bereits Dutzende von Klassenfeiern erlebt und wußte, wie leicht sie zu Katastrophen und allgemeinem Chaos führten. Jeder war ein klein wenig überdreht; der Lärm war meist ohrenbetäubend, und die Arbeit blieb auf der Strecke. Doch für mich hatte diese Art von Chaos einen besonderen Zauber, und ich genoß dieses fröhliche Durcheinander.

Wir fingen mit Gesellschaftsspielen an und schlossen mit einem regelrechten Festschmaus, dessen Krönung die Torte war. Die Kinder waren höchst erstaunt über die Anzahl von Kerzen, die auf Sheilas Torte brannten, und noch erstaunter darüber, daß sie es schaffte, sie alle auf einen Streich auszublasen. Nachdem alle ein Stück bekommen hatten, verkündete Jeff: »Jetzt wär' doch eigentlich der richtige Moment für die Geschenke.«

Von mir bekam Sheila einen Gutschein für ein Kaufhaus in der Stadt, wo sie sich in Ruhe aussuchen konnte, was ihr gefiel. Miriam, die im Handarbeiten ganz groß war, hatte ihr einen sehr hübschen Gürtel gewebt. Jeff schließlich überreichte ihr ein kleines, liebevoll verpacktes Päckchen. Seine Form verriet, daß es sich um ein Buch handelte. Sheila hielt das Geschenk einen Moment in den Händen und betrachtete es. Ich hatte noch nie solches Geschenkpapier gesehen: Es sah aus wie schimmerndes Gold. Ich war verblüfft, daß Jeff sich für solche Dinge wie das Verpacken von Geburtstagsgeschenken Zeit nahm.

Vorsichtig zog Sheila das Klebeband ab. Unter dem Papier kam die Taschenbuchausgabe von Shakespeares *Antonius und Kleopatra* zum Vorschein. Sheila hob das Buch näher zu ihrem Gesicht und betrachtete den Umschlag. Sie schien nicht zu wissen, was sie sagen sollte.

»Torey hat mir erzählt, daß du Cäsar magst«, bemerkte Jeff. »Das Stück spielt in derselben Zeit.« Er musterte Sheilas Gesicht. »Hast du es schon gelesen?«

Sie sah ihn ungläubig an und schüttelte den Kopf. »Das ist Shakespeare!«

»Ja, nimm's ihm nicht übel. Zwischen diesen beiden Buchdekkeln findest du eine der aufregendsten Geschichten der Welt, und du wirst einer Seelenverwandten begegnen.«

Sheila sah überrascht auf. »Ich? Wem denn?«

»Lies es, dann erfährst du es.«

Sheila sprudelte vor Überschwang, als wir nach dem Mittagessen zum Fenton Boulevard fuhren.

»Vielen Dank für die Überraschung, Torey. Das war so nett von euch allen«, sagte sie.

»Wir dachten, daß es uns allen Spaß machen würde, und ich bin froh, daß es dir gefallen hat«, antwortete ich.

Sie lächelte. »Das hat mich immer daran geärgert, daß ich mitten im Sommer Geburtstag habe, weißt du. Bei den anderen Kindern in der Schule wurde immer was gemacht: Sie haben alle *Happy Birthday* gesungen oder so, aber bei mir war nie was. Dabei habe ich mir das so gewünscht. Nur einmal. Weißt du, nur einmal wollte ich auch gefeiert werden und der Mittelpunkt sein.« Sie schwieg einen Moment. »Komisch, wie wichtig einem so was Nebensächliches sein kann, wenn man klein ist.«

Ich nickte.

»Soll ich mal ganz ehrlich sein? Das war die erste Geburtstagsfeier meines Lebens.«

Ich nickte wieder. Ich hatte es schon vermutet.

»Einmal, als ich in der einen Pflegefamilie war – ich war acht, glaub' ich, und wurde neun –, da haben sie gesagt, sie würden mir erlauben, ein Fest zu machen, und sie ist mit mir in einen Laden gegangen, wo wir uns Pappteller und solches Zeug angeschaut haben. Aber ...« Sie wandte den Kopf ab und blickte zum Fenster hinaus. »Aber dann wurde wieder nichts aus dem Fest. Ich hab' irgendwas angestellt, ich weiß nicht mehr, was es war, und sie sagte, jetzt gäbe es eben keine Geburtstagsparty. Aber weißt du, ich glaube, sie hätte sowieso keine Party gemacht, denn sie hat die

Pappteller nämlich gar nicht gekauft. Ich glaube, sie wollte mir nur den Mund wäßrig machen.«

»Das muß eine große Enttäuschung gewesen sein«, sagte ich.

»Ja, aber das ist ja nichts Neues.«

Schweigen.

Sheila sah zu den Geschenken auf ihrem Schoß hinunter. Sie zog den Gutschein heraus, den ich ihr geschenkt hatte, betrachtete ihn aufmerksam und steckte ihn wieder in seinen Umschlag. Dann befühlte sie das Muster von Miriams Gürtel. Schließlich begann sie in dem Buch zu blättern, das Jeff ihr geschenkt hatte.

»Was glaubst du, warum er mir das geschenkt hat?« fragte sie. »Das ist doch ein komisches Geschenk.«

Ich antwortete nicht.

»Hast du's mal gelesen?«

»Ja, vor langer Zeit. Ich mußte in der Schule einen Aufsatz darüber schreiben.« Ich schwieg und begann dann zu lachen. »Wenn ich ehrlich sein soll: Ich hab's gar nicht gelesen. Ich war damals ungefähr in deinem Alter und hatte nur das eine Ziel, mit möglichst wenig Arbeit möglichst gute Noten zu bekommen. Ich war Weltmeister im Durchblättern von Büchern. Ich glaube, bevor ich zweiundzwanzig war, habe ich kein einziges Buch von Anfang bis Ende gelesen.«

»Torey!« sagte sie ehrlich entsetzt.

Ich drehte mich nach ihr um und grinste.

»Und ich hab' immer gedacht, du wärst absolut perfekt«, sagte Sheila.

Pause.

»Dann weißt du also auch nicht, was drinsteht?« fragte sie.

»Nicht mehr, als daß es sich um die Geschichte von Antonius und Kleopatra handelt. Du weißt doch, wer Kleopatra war, oder?«

»Ungefähr. Irgendeine alte ägyptische Königin. Aber das ist auch schon alles«, antwortete Sheila. »Ich versteh' nicht, wieso Jeff glaubt, ich würde so was lesen wollen. Meine Güte, Shakespeare!«

»Tja, um das herauszufinden, wirst du es wohl lesen müssen.«

Wir kamen wieder einmal zu der Baustelle, und ich bremste ab.

»An das andere Buch kann ich mich noch gut erinnern«, sagte Sheila. »Das wir damals bei dir gelesen haben. *Der kleine Prinz.* Weißt du noch, wie du mir immer daraus vorgelesen hast? Das war jahrelang mein Lieblingsbuch. Ich kriegte überhaupt nicht genug davon.«

»Ja, ich erinnere mich genau«, sagte ich.

»Meine Lieblingsstellen kann ich immer noch auswendig.« Sie sah lächelnd zu mir herüber. »Weißt du, wen ich in dem ganzen Buch am liebsten hatte?«

»Den kleinen Prinzen?« riet ich.

Sie schüttelte den Kopf.

»Den Fuchs?«

»Nein, die Rose. Diese Rose hab' ich echt geliebt. Sie war so eingebildet, so von sich überzeugt ... Weißt du noch, ihre Dornen? Sie hatte vier Dornen und glaubte, sie sei so tapfer und mutig. Erinnerst du dich an die Stelle? Die Rose sagt zum kleinen Prinzen: ›Sie sollen nur kommen, die Tiger, mit ihren Krallen‹«, dröhnte Sheila mit tiefer Theaterstimme. »Und der kleine Prinz sagt: ›Es gibt keine Tiger auf meinem Planeten, und die Tiger fressen auch kein Gras.‹ ›Ich bin kein Gras.‹« Wieder rezitierte sie mit großer Dramatik, und bei dem Wort »Gras« überschlug sich ihre Stimme fast. »Sie war sehr ärgerlich. Und dann sagte sie einfach wieder: ›Ich fürchte mich nicht vor den Tigern.‹ « Sheila lächelte. »Ich kann mir diese mutige kleine Rose richtig vorstellen.«

»Ich kann verstehen, warum sie dir gefiel«, sagte ich. »Du warst damals selbst so etwas wie eine kleine Rose.«

Sie rümpfte die Nase. »Ach, aber Torey, das war ich doch gar nicht. Das ist kein Kompliment. Eine Blume? Nein, ich habe mich mit den Tigern identifiziert. Grrr!« machte sie und schlug mit einer Hand, die zur Klaue gekrümmt war, spielerisch nach meinen Fingern. »Ich war das Tigerkind.«

17 Kurz vor unseren Ferien fragte ich Sheila, ob sie Lust hätte, über das verlängerte Wochenende des vierten Juli mit mir auf eine Stippvisite nach Marysville zu fahren, die Kleinstadt, in der sie gewohnt hatte, als sie zu mir in die Klasse gekommen war. Es war eine Fahrt von zweihundert Meilen, und ich fand, diese Kurzferien eigneten sich gut für den Ausflug.

Sheila nahm mein Angebot begeistert an. Sie war nur einmal wieder in Marysville gewesen: Fünf Jahre zuvor waren ihre Pflegeeltern mit ihr dorthin gefahren, um ihren Vater im Zuchthaus zu besuchen. Ich war beinahe genauso lange nicht mehr dort gewesen. Ein- oder zweimal war ich auf Reisen durchgefahren, aber ich hatte nie angehalten. Mit Ausnahme von Chad hatte ich dort keine Freunde mehr.

Wir vereinbarten, daß ich sie am Donnerstag morgen in aller Frühe abholen würde und wir dann gemütlich quer durch den Staat in Richtung Marysville fahren würden. Freitag und Samstag wollten wir uns in der Stadt und ihrer Umgebung umsehen, Samstag abend waren wir bei Chad und seiner Frau eingeladen, um den vierten Juli zu feiern, und am Sonntag wollten wir zurückfahren.

Sheila wartete schon vor dem Haus, als ich ankam. Es war noch sehr früh, kurz nach sechs erst, und die Sonne stand noch nicht hoch genug, um alle Schatten zu vertreiben. Dennoch kniff ich die Augen zusammen, als ich die Gestalt an der Tür sah. Sheila?

»Ich habe das extra dir zu Ehren gemacht«, sagte sie emphatisch, als sie ihre Reisetasche auf den Rücksitz warf und sich dann neben mich setzte. Sie schnallte sich an. »Ich hoffe, du weißt das zu würdigen.«

Was konnte ich da sagen? Statt orangerot war ihr Haar nun leuchtend gelb und stand nach allen Seiten von ihrem Kopf ab. Es war eine Mischung zwischen Marilyn Monroe und Frankensteins Braut.

»Du hast gesagt, ich hätte mit blonden Haaren besser ausgesehen«, antwortete sie auf mein verdutztes Schweigen. »Ich dachte, ich tu's dir zuliebe dafür, daß du mich auf die Reise mitnimmst.«

Bester Stimmung fuhr ich los. Ich fahre gern Auto, und die Bedingungen an diesem frühen Sommermorgen waren ideal. Zwar befanden wir uns mitten in einer Hitzewelle, aber noch war die Luft kühl und die Luftfeuchtigkeit niedrig, so daß der ferne Horizont sich gestochen scharf von der Landschaft abhob.

»Ich bin gespannt, wie es wird«, sagte Sheila. »Fahren wir auch zu der alten Schule?«

»Sie wird geschlossen sein, aber den Hof können wir uns auf jeden Fall ansehen.«

Während ich den Wagen durch das Gewirr der Autobahnen aus der Stadt hinauslenkte, amüsierte Sheila sich damit, einen Rocksender auf dem Radio zu suchen. Aber ich hatte kein sehr gutes Radio, und so gab sie schließlich auf.

»Wo hast du eigentlich überall gelebt, seitdem wir uns nicht mehr gesehen haben?« fragte ich.

Sie zuckte die Achseln. »Immer woanders. Ich war in drei Pflegefamilien. Oder vier? Ich weiß nicht mehr genau. Wir sind ja von Marysville aus nach Broadview gezogen, und da ist mein Vater gleich wieder in Schwierigkeiten geraten. Daraufhin bin ich in Pflege gekommen, erst zu der einen Familie, dann zu einer anderen und dann zu noch einer. Danach war ich eine Weile in einem Kinderheim.«

»Wieso das alles?« fragte ich.

Wieder ein Achselzucken. »So läuft das eben.«

»Warum seid ihr überhaupt von Marysville weggezogen?« fragte ich.

»Keine Ahnung. Ich weiß nicht mehr.«

»Erinnerst du dich daran, daß du, nachdem du bei mir gewesen warst, in Sandra McGuires Klasse kamst?« fragte ich. »Du warst damals sieben.«

»Dunkel, ja.« Sie schwieg nachdenklich. »Eigentlich hab' ich nur eine einzige Erinnerung. Ich saß an einem Tisch, und wir bekamen die Garderobenschränke zugeteilt. Immer zwei Kinder bekamen einen. Ich mußte meinen mit dem Mädchen teilen, das mir am Tisch gegenübersaß. An das Mädchen erinnere ich mich genau. Sie war die Gescheiteste in der ganzen Klasse, weißt du, sie hatte die besten Noten, und ich war ganz aufgeregt, weil ich mir dachte, jetzt würde ich endlich einen Grund haben, mit ihr zu reden, und sie würde mit mir reden müssen; aber andererseits hatte ich auch Angst, weil ich wußte, daß sie mich nicht besonders leiden konnte.«

»Die Gescheiteste in der ganzen Klasse warst du, Sheila.«

»Nein, das stimmt nicht. Sie hatte die guten Noten. Ich hab' mich bemüht, aber sie hat sie bekommen.«

»Du warst die Gescheiteste, ganz gleich, wer die guten Noten bekommen hat.«

»Ja, ja, ich hab' das gelesen, was du in deinem Buch über meinen IQ schreibst. Ich hab's gelesen und mir gedacht, daß du geschwindelt hast. Das bin nicht ich«, erklärte sie.

»Doch.«

»Nein.«

»Hat dir denn in dieser ganzen Zeit nie jemand gesagt, daß du begabt bist?«

Sheila schüttelte den Kopf.

Bestürzt sah ich sie an. »Das ist doch nicht dein Ernst.«

»Doch. Ich bin nicht besonders begabt, Torey. Ich weiß es.«

»Wieso sagst du das?«

»Eben so. Ich meine, ich bin ich. Ich weiß es. Ich bin nicht gescheit. Ich bin dumm.«

»Das bist du nicht.«

Sie antwortete nicht, aber ich sah ihr an, daß ich sie nicht überzeugt hatte.

»Erklär mir, warum du dich für dumm hältst.«

»Also, in der Schule zum Beispiel, da kapieren alle das, was der

Lehrer sagt, aufs erste Mal. Nur ich nicht. Ich hör's und glaub', ich versteh's, und dann kommt mir auf einmal ein Haufen Fragen. Ich denke, und wie ist es damit? Oder oft denke ich, ja, okay, das ist in dem Fall richtig, aber ist es auch in einem anderen Fall richtig? Und jedesmal finde ich einen Fall, wo's nicht richtig ist, obwohl es manchmal eben doch richtig ist. Dann merk' ich immer, daß es einen ganzen Haufen Zeug gibt, das ich überhaupt nicht verstehe. Aber die anderen sitzen alle da und schreiben wie die Verrückten. Sie verstehen es und ich nicht. Und wenn ich meine Fragen stelle, dann sagt der Lehrer ziemlich bald: ›Wir müssen vorwärtsgehen. Du hältst uns nur auf.‹ Da weiß ich dann mit Sicherheit, daß ich oberblöd bin, weil ich alles nur zur Hälfte verstehe.«

Ihre Wangen hatten sich gerötet. Es zeigte mir, wie nahe ihr dieses Thema ging. Sie schob sich das zottige gelbe Haar aus dem Gesicht und drückte eine Hand an ihre Wange. »Und die anderen Kinder ... Ich brauch' nur zu versuchen, was zu sagen, da fangen sie schon an zu stöhnen. ›O Gott, doch nicht wieder die‹, sagen sie. Oder: ›Halt endlich die Klappe!‹ Der eine Junge, der in Mathe vor mir saß, der hat sich nach mir umgedreht und gesagt: ›Scheiße, kannst du's nicht ausnahmsweise mal einfach machen?‹ Ich wär' am liebsten im Boden versunken, so hab' ich mich geniert. Ich hab' nie wieder eine Frage gestellt.«

Das Schweigen zwischen uns war bedrückend.

Nach einer Weile wandte sich Sheila mir zu. »Es kommt nur daher, daß ich die Jüngste in der Klasse bin. Ich bin nicht so lang zur Schule gegangen wie die anderen, und das ist ungerecht.« Ihr Ton war anklagend. »Wie können sie da von mir erwarten, daß ich genausoviel weiß?«

»Du bist die Jüngste in der Klasse, Sheila, weil du mehr weißt als die anderen, nicht weniger. Die anderen stellen keine Fragen, weil ihr Verstand nicht so schnell und so klar arbeitet wie deiner. Sie wissen nicht einmal, daß es Fragen gibt.«

Einen Moment lang kaute sie auf ihrer Unterlippe. Dann seufzte sie verdrossen. »Wenn ich so gescheit bin, wieso fühl' ich mich dann so dumm? Was ist denn das für eine Begabung, die die Welt auf den Kopf stellt, so daß weniger mehr und mehr weniger ist?«

Am späten Nachmittag, nach einer gemächlichen Fahrt quer durch den Staat, trafen wir in Marysville ein. Der Tag war sehr heiß geworden, der Himmel gleißend weiß von der Hitze, so daß es eine Wohltat war, unter schattenspendenden Bäumen dahinzufahren. Ich nahm ein Zimmer für uns in einem Motel in der Main Street, das zu Sheilas Freude ein Schwimmbad hatte. Nur besaß sie unglücklicherweise keinen Badeanzug. Als erstes unternahmen wir deshalb einen Ausflug in das nächste Einkaufszentrum. Sheila liebte es, in Geschäften und Kaufhäusern zu stöbern, und so wanderten wir fast zwei Stunden umher. Danach waren wir hungrig und setzten uns in das kleine Restaurant im Einkaufszentrum, ehe wir ins Motel zurückkehrten. Wehmut und Nostalgie überkamen mich, als ich durch die mir bekannten Straßen fuhr, und ich hätte mich am liebsten gleich aufgemacht, um einige der vertrauten alten Plätze aufzusuchen. Aber Sheila wollte unbedingt schwimmen, und so verbrachten wir den Abend im Schwimmbad.

Am folgenden Morgen regnete es.

»Das gibt's doch nicht!« rief Sheila bestürzt, als sie den Vorhang am Fenster aufzog. »Im Juli? Im Juli regnet es doch nie.«

Aber an diesem Julitag regnete es in der Tat ohne Unterlaß, und nach den tiefhängenden Wolken zu urteilen, würde es auch so bald nicht aufhören.

»Komm«, sagte ich. »Das macht nichts. Fahren wir los.«

Sheila wollte ins Wanderarbeiterlager. Ich meinte, mich an den Weg erinnern zu können, aber meine Erinnerung trog, und wir verfuhren uns. Verärgert kurvte ich durch die Straßen, kein guter Tagesbeginn.

Aber schließlich fanden wir das Lager doch. Es war voller Menschen. Jetzt, zur Erntezeit, hatten sich alle Lager in der Gegend mit

Saisonarbeitern gefüllt, infolge des Regens konnte an diesem Tag jedoch nicht überall gearbeitet werden. Viele Arbeiter hielten sich deshalb im Lager auf.

Das Lager selbst erkannte ich kaum wieder. Man hatte zwei neue Unterkünfte errichtet, große, grüngestrichene Aluminiumbauten, die mich an die Kuhställe in Montana erinnerten. Sie gaben dem Lager ein neues Gesicht. Viele der alten Hütten aus Teerpappe, die ich noch gekannt hatte, waren abgerissen worden, und der Verlauf der Straßen war durch die neuen Gebäude verändert worden.

Was Sheila durch den Kopf ging, während wir auf den gefurchten Wegen um die Baracken herumfuhren, weiß ich nicht. Sie war immer stiller geworden, je näher wir dem Lager gekommen waren. Mit abgewandtem Gesicht sah sie zum Fenster hinaus.

Die Atmosphäre war anders als früher, als ich öfters hierhergekommen war, um Anton zu besuchen. Ich hatte den Eindruck, daß es für zwei junge weiße Frauen allein nicht ungefährlich war, sich hier sehen zu lassen. Sogar im Auto erregten wir Aufmerksamkeit. Ich schlug daher gar nicht erst vor auszusteigen und war froh, als ich durch das Tor wieder auf die Hauptstraße hinausfuhr. Sheila sagte immer noch nichts.

Wieder in der Stadt, lenkte ich das Auto langsam durch altvertraute Straßen. Ich zeigte Sheila, wo ich meine Wohnung gehabt hatte. Die Pizzeria, in die Chad und ich sie nach der Gerichtsverhandlung mitgenommen hatten, gab es nicht mehr. An ihrer Stelle war eine Bar. Aber ich konnte Sheila wenigstens den Ort zeigen, wo sie gewesen war.

Am Ende einer stillen, von Bäumen gesäumten Vorortstraße fand ich unsere alte Schule wieder, einen ebenerdigen Backsteinbau mit weißen Fenster- und Türrahmen, der sich gut mit den Bungalows dieser Gegend vertrug. Wir befanden uns hier keinesfalls in einem Nobelviertel, vielmehr in einem Wohngebiet der Mittelklasse, der den »American dream« der fünfziger und sechziger Jahre wie nichts anderes verkörperte. Ich hatte nach meiner

Zeit hier meistens in zugigen, alten Kästen der Jahrhundertwende in weniger wohlhabenden Stadtvierteln unterrichtet und hatte vergessen, was für eine hübsche kleine Schule das hier gewesen war. Der Kontrast zum Wanderarbeiterlager!

Ich fuhr den Wagen an den Bordstein und schaltete den Motor aus. »Erkennst du das Haus?«

Sheila nickte schwach.

»Siehst du das Fenster dort, das dritte auf der linken Seite? Das war unser Zimmer«, sagte ich.

Versunkenes Schweigen.

»Kennst du hier noch irgendwas?«

»Ich weiß nicht«, antwortete sie leise.

Ich jedenfalls erinnerte mich mit aller Lebhaftigkeit. Die Bilder überfluteten mich förmlich. Dort war die Tür, an der ich die Kinder mit der militärischen Präzision, auf die der Schulleiter solchen Wert gelegt hatte, in Reih und Glied aufzustellen pflegte. Dort waren die Wippen, um die sich die Kinder immer gestritten hatten. Dort war der große Asphaltplatz, auf dem Anton und ich uns abgemüht hatten, ihnen Prellball und andere Ballspiele beizubringen...

»Ist das immer noch ein Klassenzimmer für behinderte Kinder?« fragte Sheila.

»Nein, es ist kein Unterrichtsraum mehr. Sie haben eine Beratungsstelle daraus gemacht«, antwortete ich. »Wenn du Lust hast, können wir aussteigen und ein bißchen herumlaufen.«

»Nein.«

Ich ließ den Motor an, aber dann hielt ich inne und wartete – ich weiß nicht, worauf. Schließlich jedoch fuhr ich an, weg von der Schule.

Nachdem wir eine weitere halbe Stunde herumgegondelt waren, dachte ich daran, noch einmal ins Einkaufszentrum zu gehen. Es regnete immer noch stark, und meine Stimmung sackte allmählich von Wehmut zu etwas weniger Angenehmem ab. Für heute hatte ich lange genug in Nostalgie geschwelgt.

»Hast du Lust, etwas zu unternehmen?« fragte ich Sheila. »Ich glaube, drüben im Einkaufszentrum gibt es ein paar Kinos. Wollen wir mal schauen, was gerade läuft?«

Sheila schüttelte den Kopf. »Gehen wir doch lieber in den Park«, meinte sie. »In den, wo du am letzten Schultag die Fotos gemacht hast.«

»Wär's nicht besser, wir warten damit, bis es zu regnen aufhört? Vielleicht können wir morgen hingehen, bevor wir zu Chad fahren.«

»Nein, gehen wir doch jetzt.«

Der Park war so schön, wie ich ihn ein Erinnerung hatte. Der breite Weg, der in ihn hineinführte, war wie damals mit Robinien und Blumenbeeten gesäumt. Ich stellte den Wagen auf der Straße ab, und wir gingen langsam zwischen blühenden Blumen die Allee hinunter. Die Beete waren eine Pracht, und ich mit meiner Liebe zu Gärten blieb immer wieder stehen, um zu sehen, was für Pflanzen man verwendet hatte. Sheila jedoch hatte das Hier und Jetzt hinter sich gelassen. Sie bewegte sich wie verzaubert.

Die Allee endete am Ententeich. Als wir an die Stelle kamen, wo sie sich mit dem Weg traf, der den Teich umrundete, blieb Sheila wie gebannt stehen. Mit gekrauster Stirn beobachtete sie die Enten und Gänse, die uns laut quakend empfingen. Eine nach der anderen stiegen sie aus dem Wasser und watschelten zu uns herüber, bis wir ganz von ihnen umgeben waren. Sheila stand die ganze Zeit da, ohne sich zu rühren. Mit einem Blick, der ganz nach innen gekehrt war, blickte sie auf das Wasser. Ich vermute, sie hat das Federvieh überhaupt nicht gesehen.

Auch vor mir stand die Vergangenheit wieder auf, mit einer Intensität, wie ich sie nie vorher erlebt hatte. Der Regen war verschwunden, helle Kinderstimmen schallten durch die Luft. »Schau her, Torey! Schau, was ich kann. Wie hoch die Bäume hier sind. Hast du schon die Häschen gesehen, die es hier gibt? Komm, komm, ich zeig' sie dir. Darf ich die Enten füttern? Darf ich mal ins

Wasser gehen? Komm, lassen wir uns den Berg runterrollen. Torey? Torey, schau doch mal!«

Und dort auf dem Weg am Ententeich war Sheila, die kleine Sheila in ihrem leuchtendorangeroten Sonnenkleidchen. Lachend sprang sie durch den Sonnenschein, breitete weit ihre Arme aus und drehte sich im Kreis, ihren Kopf in den Nacken gelegt, so daß das lange Haar wie ein Strahlenkranz aus Sonnenlicht um ihren Kopf wirbelte. Sie drehte sich immer weiter, die Spaziergänger auf dem Weg, die anderen Kinder, wir, alles war vergessen. Mit geschlossenen Augen und einem leichten Lächeln um die halb geöffneten Lippen gab sie sich einem Traum von Tanz und Freude hin.

Erinnerte sie sich an diesen Moment? Ich warf einen Blick auf die schlaksige Halbwüchsige an meiner Seite und spürte, daß auch sie in Erinnerung versunken war. Ich hätte gern gewußt, was sie in diesem Moment dachte, aber ich wagte nicht zu fragen.

»Hier war ich glücklich«, sagte sie nach langem Schweigen leise; so leise, daß ich die Emotion in ihrer Stimme nicht erkennen konnte. Schließlich wandte sie sich vom Ententeich ab. Wir gingen durch das Gras zur Allee zurück und machten uns auf den Weg zum Auto.

Wir waren völlig durchnäßt. Es war ein warmer Sommerregen, und mir war nicht kalt, aber wir tropften beide von Kopf bis Fuß. Sheila bückte sich, um eine lange braune Robinienschote aufzuheben, die zu Boden gefallen war.

»Wenn ich an Marysville denke, denke ich immer an Robinien«, sagte ich. »Dann steigt mir der Duft ihrer Blüten in die Nase. Ich weiß noch, wie ich das erste Mal hierherkam. Ich war den Highway gefahren und hatte das Autofenster offen. Schon als ich den Hang hinunter ins Tal fuhr, roch ich Marysville. Und wenn die Blüten fallen, dann ist es, als hätte es geschneit. Morgens, wenn ich aus dem Haus kam, war mein Auto immer ganz bedeckt von ihnen.«

Sheila blieb stehen, drehte sich um und blickte die Allee entlang zum Ententeich, der jetzt nicht mehr sichtbar war. Mit dem Fingernagel schlitzte sie die Robinienschote auf und holte die Samenkörner heraus. Sie ließ sie auf das regennasse Pflaster fallen. »Die sind giftig, wußtest du das?« fragte sie und warf die leere Schote auf die Straße. »Man kann sogar daran sterben.«

Sheila wurde immer bedrückter. Um den Tag zu retten, schlug ich ihr vor, ein paar Runden Bowling zu spielen, da ich wußte, daß ihr dieser Sport Spaß machte. Aber sie wollte nicht. Dann ein Eis bei Baskin & Robbins? Nein. Wirklich nicht? Ich versuchte, sie mit einem Bananensplit mit einer Extraportion Sahne zu locken. Nein. Ob sie Lust hätte, ein Weilchen in einer Buchhandlung herumzustöbern? Nein. Sie wollte nur eines – weiter herumfahren.

Da wir die Stadt bereits kreuz und quer abgegrast hatten, fuhr ich auf kleinen Landstraßen in nördlicher Richtung ins umliegende Land hinaus. Bald waren weit und breit nur noch Mais- und Weizenfelder zu sehen. Marysville war hinter Hügeln verschwunden, und vor uns dehnten sich, so weit das Auge reichte, wellige Felder.

Ich versuchte mehrmals ein Gespräch in Gang zu bringen, aber es war zwecklos. Sheila sprach kein Wort. Die Arme auf der Brust verschränkt, saß sie reglos neben mir und starrte zum Fenster hinaus.

Der Regen wurde dünner und hörte schließlich ganz auf. Ganz langsam riß die Wolkendecke auf. Es war früher Abend geworden, und als die ersten Fleckchen blauen Himmels sichtbar wurden, fiel die Sonne aus Westen schräg über das hügelige Land.

»Halt!« schrie Sheila plötzlich. Es war das erste Wort, das sie seit gut anderthalb Stunden gesprochen hatte, schon deshalb fuhr ich zusammen. Überdies jedoch schrie sie es so laut heraus, daß ich vor lauter Schreck mit solcher Kraft auf die Bremse trat, daß wir beide nach vorn geschleudert wurden. Da drehte sie kurz den Kopf und lächelte mich an, ehe sie nach Osten deutete. »Schau dir das an.«

Einen kurzen, leuchtenden Moment lang war alles Farbe. Der nasse Asphalt der Straße glänzte tiefschwarz vor dem goldenen

Hintergrund sonnenüberfluteter Weizenfelder. Und hinter den vom leichten Wind gekräuselten Ähren türmten sich die letzten dunklen Schlechtwetterwolken, in denen ein Regenbogen schimmerte. Nur ein sehr kurzes Stück des Regenbogens war sichtbar, so kurz, daß nicht einmal seine Krümmung erkennbar war; doch dieser kleine Teil leuchtete strahlend über dem wogenden Weizen.

»Ach, Gott«, murmelte Sheila leise, den Blick auf das Bild gerichtet, »warum machen mich schöne Dinge immer so traurig?«

18

Wieder im Motel, aßen wir zu Abend und gingen dann hinaus an den Pool. Die Regenwolken hatten sich verzogen, die Nacht war klar, der Glanz der Sterne nur getrübt von den Lichtern der Stadt.

Sheila blieb gedämpfter Stimmung. Ihre Schweigsamkeit hatte etwas Bedrücktes, beinahe Depressives. Zum ersten Mal war von dem schwelenden Groll, der bisher immer unter der Oberfläche gelauert hatte, nichts zu spüren. Eine große Leere war an seiner Stelle zurückgeblieben.

Die Bewegung tat mir gut. Das Wasser im Becken war kühl genug, um kraftvolles Schwimmen zu erlauben. Ich stürzte mich hinein und blendete alles aus bis auf die Empfindung, die das an mir entlang strömende Wasser auf meiner Haut hervorrief. Als ich schließlich aus dem Becken stieg, war ich angenehm müde und entspannt. Sheila war keine besonders gute Schwimmerin. Ich vermute, sie hatte das Schwimmen nie richtig gelernt, es sich vielmehr im Lauf der Jahre durch Zusehen selbst beigebracht, doch sie hielt beinahe so lange durch wie ich. Zum Abschluß setzten wir uns beide in die warme Jacuzzi.

Als wir wieder in unserem Zimmer waren, trocknete sie sich vor dem Spiegel ihr Haar und musterte dabei ihr Gesicht.

»Magst du mich vielleicht?« fragte sie.

Ich hatte schon geduscht und lag im Nachthemd, mit der Fernsehzeitschrift in der Hand, auf dem Bett. Ihre Frage traf mich unerwartet. »Aber ja, natürlich.«

»Ich weiß, daß ich blöd aussehe«, sagte sie zu ihrem Spiegelbild. »Ich weiß auch, daß du findest, daß ich blöd aussehe.«

»Nein, das stimmt nicht.«

»Doch«, widersprach sie. »Alle finden, daß ich blöd aussehe. Ich auch.« Sie fuhr sich mit den Fingern durch ihr Haar, um es glattzustreichen. »Aber verstehst du, ich möchte einfach nicht wie ich aussehen. Darum tu' ich das. Ich kann's aushalten, daß ich blöd aussehe, wenn ich dadurch vielleicht jemand anders werden kann.«

Sobald sie im Bett war, knipste ich das Licht aus. Es war noch nicht besonders spät, erst kurz nach elf, aber das Schwimmen und die emotionalen Strapazen dieses Tages hatten mich erschöpft. Ich wollte schlafen, und mir fielen fast die Augen zu.

Sheila wälzte sich unruhig in ihrem Bett. Es war sehr dunkel im Zimmer, darum konnte ich sie nur hören, nicht sehen, aber die Geräusche drangen immer wieder an mein Ohr.

»Torey? Schläfst du schon?«

»Nein, noch nicht ganz.«

Schweigen.

»Wolltest du mir etwas sagen?« fragte ich.

Stille. Sie drehte sich auf die andere Seite. »Es ist alles so anders«, sagte sie leise.

»Inwiefern?«

»Das Lager zum Beispiel. Es ist ganz anders, als ich es in Erinnerung habe.«

Ich antwortete nicht.

»Ich erinnere mich wirklich. Ich habe nicht alles vergessen.« Pause. »Meine Erinnerung ist wie Schweizer Käse. Voller Löcher. Aber manches ... Als ich heute das Lager gesehen habe, da war es – es war, als wär' ich nie weg gewesen. So gut kann ich mich erinnern.«

Sie schwieg wieder, so lange, daß ich wieder schläfrig wurde.

»Weißt du, was ich abends immer getan habe, als wir noch im Lager gewohnt haben?« fragte Sheila in die Dunkelheit.

»Was denn?«

»Mein Pa war ja immer in der Kneipe.« Zum ersten Mal, seit wir wieder zusammen waren, nannte sie ihren Vater so wie früher. »Er hat mich immer allein gelassen. Fast jeden Abend. Er hat mir einen Beutel Chips gegeben oder so was und gesagt, ich soll ins Bett gehen, und dann ist er weggegangen. Aber wenn er weg war, bin ich wieder aufgestanden. Und dann bin ich ins Lager rausgegangen und rumgelaufen. Es war dunkel. Es war immer schon spät, und ich hab' nach Fenstern geschaut, in denen noch Licht gebrannt hat. Wir hatten damals noch keinen elektrischen Strom, nur eine Petroleumlampe und eine Taschenlampe. Da hab' ich dann die Häuser gesucht, in denen Licht war, und hab' durch die Fenster geschaut. Jeden Abend.«

»Warum? Weil du so allein warst? Oder wegen des Lichts?« fragte ich.

»Ja. Ich wollte Licht, das weiß ich noch. Aber hauptsächlich wollte ich sehen, wie es bei den anderen war. Bei vielen war es nicht viel anders als bei uns, aber ich wollte es eben sehen.«

Wieder folgte eine Pause.

»Ich hab' Ärger deswegen gekriegt. Mein Pa tut mich erwischen und mich grün und blau schlagen.«

Tut mich erwischen. Das war das alte Sprachmuster aus der Kindheit, das da bei ihr durchkam. Wir hatten nie herausbekommen, warum sie so sprach, und seit wir uns wiedergefunden hatten, hatte ich sie immer für einen Teenager erstaunlich korrekte grammatikalische Konstruktionen verwenden hören. Es war gespenstisch, da im Dunkeln zu liegen und zu hören, wie die alten Muster wiederaufzutauchen begannen.

»Einmal hat mich die Polizei erwischt. Mehr als einmal, glaub' ich. Die Leute dachten, ich wollte stehlen, aber ich hab' nichts gestohlen. Ich wollte nur schauen.«

»Das kann ich verstehen«, sagte ich leise. »Es muß schlimm gewesen sein, so viel allein gelassen zu werden, so klein, wie du damals warst.«

»Ja.« Ihre Stimme schwebte leise und körperlos durch die Dunkelheit. »Ja, es war schlimm.«

Langes Schweigen folgte. Ich war inzwischen wieder ganz wach geworden und starrte zur Zimmerdecke hinauf. Die schweren Vorhänge ließen das Licht der Außenbeleuchtung des Motels nicht durch, aber wenn dann und wann ein Auto auf den Parkplatz fuhr, schoß jedesmal ein flüchtiger Lichtstrahl durch die Ritze über den Vorhängen ins Zimmer und hob die Stuckdecke in scharfem Relief aus der Dunkelheit.

»Kann ich dir erzählen, was manchmal passiert ist?« fragte sie.

»Hier? Als du klein warst?«

»Ja. Als wir noch im Lager gewohnt haben. Als ich in deiner Klasse war.«

»Aber ja, natürlich«, sagte ich.

»Ich hatte eine Matratze auf dem Boden. Da hab' ich geschlafen. Mein Pa hat auf der Couch geschlafen. Aber er ist immer in die Kneipe gegangen, und wenn er heimkam – er hat immer Leute mitgebracht. Meistens Frauen. Und dann haben sie auf der Couch gebumst.«

»Ja, ich erinnere mich, daß du mir das einmal erzählt hast.«

»Aber manchmal –« Sie brach ab.

Ich lauschte in die Dunkelheit. Sie atmete hastig und flach in dem Bett neben mir.

»Er hat auch Drogen genommen. Das hast du auch gewußt, nicht?«

»Ja.«

»Hauptsächlich Heroin. Das haben ihm zwei Männer besorgt. Manchmal hat er sie mit nach Hause gebracht. Manchmal nur den einen oder den anderen, manchmal auch beide. Aber er hatte nie genug Geld, um sie zu bezahlen. Ich weiß noch, wie ich dagelegen und zugehört habe, wie er gebettelt hat. Er hat sie angebettelt, sie sollten ihm doch den Stoff geben, und er würde ihnen das Geld ganz bestimmt bringen. Manchmal hat er auch geweint; ich kann mich erinnern, daß ich das gehört habe.«

Ich starrte stumm zur Zimmerdecke hinauf und beobachtete die schwarz-scheinwerfergelben Muster.

»Und der eine von den Männern, der hat es meinem Dad billig

gelassen, wenn ... Er hat's gemocht, wenn ich mich zu ihm gelegt habe ... Er hat nicht mit mir gebumst oder so was; er hatte nur gern kleine Mädchen. Hat sie gern angefaßt. Und wenn ich ihm einen geblasen hab', dann hat mein Pa den Stoff billig gekriegt.«

Mir war plötzlich eiskalt. »Warum hast du mir das nie erzählt?«

»Wie erzählt man das, wenn man sechs Jahre alt ist? Außerdem war es mein Leben. Ich war es gewöhnt.«

Ich lag noch lange wach, nachdem Sheila eingeschlafen war. Erinnerungen an damals kehrten wieder. Sie hatte ein so schlimmes Leben gehabt. Sie war ein Kind gewesen, das weder Liebe noch Zuwendung erfahren hatte, und es hatte keine Möglichkeit gegeben, all das zu tun, was erforderlich gewesen wäre, um die Schäden wiedergutzumachen. Das hatte ich damals schon gewußt und darum versucht, in kleinen Schritten Veränderungen zum Guten herbeizuführen, soweit mir das möglich war. Und in der Zeit, die seit damals vergangen war, hatte ich mich allmählich dem Glauben hingegeben, sie vor dem Schlimmsten bewahrt zu haben. Die Erkenntnis, daß sie weiter gelitten hatte, auch als sie unter meiner Obhut gewesen war, schmerzte tief; und daß ich es noch nicht einmal wahrgenommen hatte, schmerzte mich noch mehr. Ich zerbrach mir den Kopf, was ich sonst noch hätte tun können.

Am nächsten Tag zeigte sich Sheila wieder in gewohnt extravaganter Pracht. Sie verbrachte Ewigkeiten im Bad, um ihr Haar zu »stylen«, und als sie herauskam, sah es nicht viel anders aus als gleich nach dem Aufstehen. Ihre Kostümierung, eine besonders ausgefranste abgeschnittene Jeans zu einem grünen Glitzeroberteil, das sich in einem Nachtclub in Las Vegas besser gemacht hätte, war sehenswert.

Es war der vierte Juli, und auf unserem Tagesprogramm stand zum Abschluß das Picknick bei Chad und seiner Familie. Darauf freute ich mich sehr. Chad und ich hatten auch nach unserer Trennung weiterhin Kontakt gehalten, und aus der einstigen Liebesbeziehung war eine gute Freundschaft geworden. In den letzten Jahren waren wir uns noch näher gekommen. Wir schrieben uns wunderbare Briefe und telefonierten viel miteinander, und dennoch hatte ich seine Frau nie kennengelernt, seine drei kleinen Töchter nie gesehen. Für mich machte die Tatsache, daß ich Sheila mitnehmen konnte, die Aussicht auf das Wiedersehen noch schöner.

Um drei Uhr fuhren wir los. Chad wohnte am Stadtrand in einer ruhigen, ungeteerten kleinen Straße in einem sehr schönen neuerbauten Haus von beeindruckender Größe. Er hatte eine Garage für drei Autos und sogar einen privaten Tennisplatz. Ich muß gestehen, daß ich eine Spur von Bedauern empfand – oder vielleicht war es auch Neid –, als ich dies sah und daran dachte, daß ich all das hätte haben können. Nicht, daß mir an Häusern dieser Art oder einem solchen Lebensstil besonders viel gelegen hätte, ich spielte ja nicht einmal Tennis, aber das alles zeigte doch, was für ein erfolgreicher Mann Chad geworden war.

»Wow!« murmelte Sheila, als wir vorfuhren, und faßte damit alles in einem Wort zusammen.

Noch ehe wir ausgestiegen waren, kam Chad aus dem Haus. »Willkommen!« rief er uns zu, während rechts und links von ihm drei kleine Mädchen herausdrängten.

Dann erschien auch Lisa, seine Frau. Sie war lateinamerikanischer Herkunft und hatte sehr schöne, funkelnde Augen. Hübsch auf eine fast süßliche Art und sehr zierlich, sah sie aus wie eine Heldin aus einem Märchen. Sie war ebenfalls Anwältin, und ich hatte so viel von ihrer tödlichen Schärfe im Gerichtssaal gehört, daß ich mir ein ganz anderes Bild von ihr gemacht hatte.

»Und hier«, sagte Chad und zog ein kleines Mädchen zu sich heran, »ist meine Sheila.«

Seine Sheila und meine Sheila musterten einander. Chads Tochter war hübsch und mädchenhaft wie ihre Mutter. Das Grün ihres Spielanzugs, der offensichtlich in einem Designergeschäft gekauft war, brachte die satte Farbe ihres dunklen, lockigen Haars sehr schön zur Geltung.

»Sheila ist fünf«, sagte Chad und drückte sie liebevoll an sich. Sie sah lächelnd zu ihm hinauf. »Und das hier sind – kommt her, meine Töchter. Steht mal einen Moment still. Das ist Bridget, sie ist vier. Und das ist Maggie. Wie alt bist du, Maggie?«

Maggie streckte zwei Finger in die Höhe.

»Richtig. Kluges Mädchen. Maggie hat gerade letzten Samstag Geburtstag gehabt.«

Bridget und Maggie hatten die gleichen dunklen, lockigen Haare und lachenden Augen wie ihre ältere Schwester. Beide waren hübsch gekleidet, praktisch, aber unverkennbar teuer. Alle drei Mädchen waren offene, umgängliche Kinder, die ohne Scheu mit Sheila und mir schwatzten und uns sogleich in den Garten führten, um uns dort den gedeckten Tisch und den Kasten mit den Feuerwerkskörpern zu zeigen.

Hinter dem Haus war eine riesige, genial angelegte Holzterrasse mit einem Sandkasten in der Nähe der Terrassentür. Auf der einen Seite waren Schaukeln aus Holz und ein Klettergerüst zu sehen, und auf der anderen fiel der Blick auf einen großen, gepflegten Garten, hinter dem sich weite Felder dehnten.

»Komm, ich zeig' euch unsere Pferde«, rief Chads Sheila fröhlich und rannte uns voraus über das Gras. »Reitest du gern, Sheila? Möchtest du mal auf meinem Pferd reiten? Ich bring' dich hin.«

»Danke«, antwortete Sheila, ein Zögern in der Stimme. »Das ist nett, aber nicht jetzt gleich, okay? Später vielleicht.«

»Dann komm wenigstens mit und schau sie dir an. Mama? Mami, gibst du uns ein paar Äpfel?« Sie kam wieder auf die Terrasse gelaufen und nahm Sheila bei der Hand. »Komm. Wir holen uns ein paar Äpfel, dann zeig' ich sie dir.«

Chad und ich saßen auf der Terrasse und beobachteten die beiden Mädchen, die durch das Gras zu dem Zaun am Ende des Gartens liefen.

»Ich hätte nie geglaubt, daß ich sie noch einmal wiedersehen würde«, sagte er sinnend.

»Ja.«

Eine kleine Pause trat ein. »Sie hat sich verändert, nicht wahr?« fuhr er dann fort.

Ich wußte nicht recht, was ich antworten sollte. Mein erster Eindruck war der gleiche gewesen, aber mittlerweile begann ich immer klarer zu erkennen, daß Sheila sich gar nicht so sehr verändert hatte.

»Ich meine, die Haare«, fuhr er fort, als ich nichts sagte. »Und dieses Outfit! Hoffentlich scheuen da die Pferde nicht.« Er lachte. »Das ist wahrscheinlich die Pubertät, aber ich muß zugeben, ich habe so was von ihr nicht erwartet. Sie schien mir immer so ein praktisches kleines Ding zu sein.«

»Sie hatte damals gar keine Wahl.«

»Wie geht es ihr heute?« fragte Chad.

Ich blickte nach hinten in den Garten, wo sie mit der kleinen Sheila zusammen die zwei Pferde fütterte. »Ich weiß es nicht«, antwortete ich. »Ich bin noch nicht ganz dahintergekommen.«

Ich merkte schon ziemlich bald, daß Ärger in der Luft lag. Fast von Anfang an hielt sich Sheila mürrisch abseits. Die kleinen Mädchen bemühten sich, sie zu allen möglichen Aktivitäten, vom Reiten bis zum Würstchenbraten, zu animieren, aber Sheila ging nicht auf ihre Bemühungen ein. Anfangs war sie in ihrer Ablehnung nicht unfreundlich, nur distanziert. Doch während der Nachmittag langsam in den Abend überging, zog sie sich immer mehr von der Gruppe zurück und vertrieb sich die Zeit damit, irgendwo im Garten herumzutrotten oder lustlos auf einer der Schaukeln hin- und herzuschwingen.

Da ich mich für sie verantwortlich fühlte, versuchte ich, ihr Benehmen zu bagatellisieren, besonders Lisa gegenüber, die unablässig bemüht war, Sheila mit einzubeziehen. Ich denke, der Abend wäre vielleicht glücklicher verlaufen, wenn Lisa es geschafft hätte, sie in Ruhe zu lassen und ihr zu erlauben, sich in ihrem eigenen Tempo anzunähern. Aber das war offensichtlich unvereinbar mit Lisas Art. Lisa war, wie sich schnell zeigte, eine Macherin. Um ihren drei kleinen Mädchen nur ja ausreichend Anregung und soziale Kontakte zu bieten, hatte sie ihnen so viele Kurse und außerhäusliche Aktivitäten verschrieben, daß es mich nicht gewundert hätte, wenn jedes der Kinder einen eigenen Zeitplaner gehabt hätte. Auch das Picknick hatte sie bis ins letzte Detail geplant, um sicherzustellen, daß sich auch jeder gut amüsierte. Wenn Sheila nun die Teilnahme verweigerte, so hieß das, daß sie sich nicht gut amüsierte, und das konnte Lisa kaum aushalten.

Als Sheila merkte, daß Lisa so leicht aus der Fassung zu bringen war, setzte sie es sich zum Ziel, genau das zu erreichen. Sie machte überhaupt keinen Hehl mehr aus ihrer Verdrossenheit. Die kleinen Mädchen gingen ihr auf die Nerven, und sie sah ihnen mit finsterem Stirnrunzeln entgegen, wenn sie sich ihr näherten. Nicht einmal das Feuerwerk interessierte sie. Während Chad eine Rakete zündete und alle oooh und aaah schrien, wenn sie zischend in die Luft sauste und schließlich in einem bunten Funkenregen explodierte, lehnte Sheila gelangweilt am Terrassengeländer und starrte durch das Glas der Terrassentür in Chads Eßzimmer.

Sosehr ich es wollte, ich konnte mich nicht distanzieren. In tödlicher Verlegenheit über Sheilas Ungezogenheit versuchte ich zunächst, ihr Benehmen zu entschuldigen; am Ende jedoch zerrte ich sie mit mir ins Badezimmer, um ihr kurz und bündig die Meinung zu sagen. Aber die interessierte Sheila gar nicht.

»Warum bist du so böse auf mich?« zischte ich.

»Du bist *mir* doch böse«, antwortete sie in vernünftigem Ton.

»Du bist mir böse, seit wir uns das erste Mal wiedergesehen haben, verdammt noch mal. Du tust so, als wäre alles meine Schuld.«

»Ist es das vielleicht nicht?« fragte sie zurück.

Wie wir die letzte Stunde bei Chad herumbrachten, weiß ich nicht. Ich war wütend. In meinen Augen war der ganze Abend ein einziges Desaster. Ich hatte mich so sehr auf dieses seit Jahren erste Wiedersehen mit Chad und die Bekanntschaft mit seiner Frau und seinen Kindern gefreut, und dann war ein solches Fiasko daraus geworden! Am liebsten hätte ich Sheila an der nächsten Bushaltestelle abgesetzt und ihr eine Fahrkarte nach Broadview gekauft.

Das Schweigen auf der kurzen Rückfahrt zum Motel war mit Feindseligkeit geladen. Sheila war voller Schadenfreude, so sah ich es jedenfalls. Nachdem sie uns alle bis zur Weißglut getrieben hatte, schien sie selbst nun völlig ruhig und distanziert, wenn nicht gar überlegen. Ich hatte den deutlichen Eindruck, daß sie glaubte, über dem allen zu stehen. Mit jeder Minute, die verstrich, wurde ich wütender.

»Na, den Abend können wir abschreiben«, bemerkte ich bissig, als wir vor dem Motel ausstiegen. Ich kramte den Zimmerschlüssel heraus und sperrte auf.

»Du mußt echt immer die Kontrolle haben«, sagte Sheila. »Alles muß nach deiner Pfeife tanzen.«

»Das ist nicht wahr.«

»Du bildest dir ein, daß mein Leben dir gehört. Du bildest dir ein, du hättest mich gemacht. Du tust so, als wäre ich eine Figur aus deinem Buch.«

»Das stimmt doch gar nicht!« widersprach ich.

»Doch. Eben schon. Ich hab' nie gesagt, daß ich heute abend zu diesen Leuten gehen will. Du hast das doch alles ausgemacht. Mich hast du gar nicht nach meiner Meinung gefragt. Weshalb hätte ich mich freuen sollen, da rüberzugehen? Ich kenne diese Leute ja nicht mal.«

»Aber natürlich. Das ist doch Chad. Herrgott noch mal.«

Sheila zuckte nur die Achseln. »Ich kenn' ihn nicht. Das hätte genausogut irgendwer sein können. Samt seinen blöden Kindern.«

»Das war Chad. Er hat verhindert, daß du in die Nervenheilanstalt gekommen bist. Er ist für dich eingetreten, als kein anderer sich um dich gekümmert hat. Er hat so viel –«

Mit einer wütenden Armbewegung, so scharf wie ein Schlag mit einem Schwert, schnitt sie mir das Wort ab. »Ach, und dafür soll ich jetzt wohl dankbar sein, was?« Ihre Stimme schwoll an. »Darum geht's dir. Ich soll vor euch allen auf die Knie fallen vor lauter verdammter Dankbarkeit für alles, was ihr für mich getan habt. Stimmt's? Das willst du doch.«

»Nein.«

»Eben schon. Hör auf mich zu verarschen, Torey. Genau das willst du. Gut dastehen, das willst du. Das ist verdammt noch mal der einzige Grund, warum du wiedergekommen bist.«

»Aber das ist doch nicht wahr!« rief ich.

Ich sah, daß sie völlig außer sich war. Ihr Gesicht war blutrot, die Adern an ihren Schläfen schwollen an, ihre Pupillen weiteten sich. Tief in meinem Innern schrillten Alarmsignale und warnten mich vor der Gefahr.

»Du denkst, du hättest mein Leben besser gemacht, stimmt's?« schrie sie, und ihre Stimme wurde mit jedem Wort lauter. »Du denkst, du hättest alles gerichtet. Aber das stimmt nicht. Du hast alles nur schlimmer gemacht. Millionenmal schlimmer als vorher.«

»Stop! Stop!« sagte ich.

»Nein!« rief sie in leidenschaftlicher Erregung. »Selber stop. Du bist doch diejenige, die's einfach nicht lassen kann, sich in alles einzumischen. Laß die Finger von meinem Leben!«

Ich sah sie schweigend an.

»Du hast mich reingelegt, Torey. Du hast mich zu dir in dieses Zimmer geholt und mich mit all den Spielsachen spielen und mich all die Bücher lesen lassen, und ich bin mir vorgekommen wie im Paradies. Und was hast du dann getan? Bist du geblieben? Hast du dich um mich gekümmert, als du mich hattest?« Sie verzog den Mund, als wollte sie anfangen zu weinen, und holte zitternd Atem.

»Du hast mich reingelegt. Du hast die ganze Zeit gewußt, daß du weggehen würdest.«

»Es war nicht meine Absicht –«, begann ich.

»Und wie es deine Absicht war! Alles, was du mit mir gemacht hast, war Absicht. Bis zu dem Tag hatte ich keine blasse Ahnung, wie verdammt furchtbar mein Leben war. Dann kamst du, und plötzlich war ich in einer ganz anderen Welt. Und genau das wolltest du. Du hast alles dirigiert. Du hast mich aus der Scheiße geholt und mir eingeredet, daß ich wie eine Rose dufte.«

»Sheila, hör mir doch –«

»Du hast mich glauben gemacht, daß du mich liebhast.«

»Ich habe dich auch liebgehabt, Sheila. Ich hab' dich immer noch lieb.«

»Ach, hör doch auf! Du hast mich, verdammt noch mal, verlassen.«

»Sheila!«

»Du hattest so viel Macht, Torey. Ich hab' dich so wahnsinnig geliebt, so sehr. Und was hast du getan? Du hast mich zur Tür hinausgestoßen und allein gelassen.«

»Sheila, bitte!«

»Aber das wirst du nie wieder tun!« schrie sie, und ehe ich begriff, was geschah, hatte sie die Zimmertür aufgerissen und war verschwunden.

19

Nur einen Moment lang stand ich wie vom Donner gerührt, dann rannte ich zur Tür. Doch sie war schon in der Nacht verschwunden.

»Sheila! Sheila, wo bist du?« rief ich.

Eine Tür wurde geöffnet. »Könnten Sie vielleicht etwas leiser sein?« rief jemand ärgerlich.

Angst packte mich. Ich ging ins Zimmer zurück und schloß die Tür. Was jetzt? Ich sah mich um. Sheilas wenige Habseligkeiten lagen um ihr Bett verstreut. Was sollte ich tun? Würde sie aus freien Stücken zurückkommen? Sollte ich losgehen und sie suchen? Oder war es besser, sie jetzt in Ruhe zu lassen? Ich fühlte mich von Ratlosigkeit gelähmt.

Ich ließ mich auf mein Bett fallen und versuchte, mich zu sammeln. Wohin konnte sie geflohen sein? Als erstes kam mir das Arbeiterlager in den Sinn. Aber nein, so unvernünftig konnte sie doch nicht sein, sich mitten in der Nacht ganz allein dorthin zu wagen. Und warum auch? Gab es denn dort jemanden, den sie kannte? Ich bezweifelte es. Sie hatte nie etwas davon gesagt, daß sie dort noch Verbindungen hatte.

Wo sonst? Mir fielen einzig die Orte ein, an denen wir zusammen gewesen waren, und ich konnte mir in Anbetracht der Umstände nicht vorstellen, daß sie ausgerechnet dort Zuflucht suchen würde. Am wahrscheinlichsten war, daß sie einfach zur Ortsmitte lief; viele Teenager flüchteten in die Einkaufsviertel, wenn sie in Not waren. Natürlich würde so spät am Abend kaum noch ein Geschäft geöffnet sein, schon gar nicht in einer Kleinstadt wie Marysville, aber es war der Abend des vierten Juli... Voller Angst und Sorge suchte ich meine Wagenschlüssel und setzte mich ins Auto, um Sheila zu suchen.

Ich fuhr und fuhr, die fremd gewordenen Straßen wurden mir wieder vertrauter, Erinnerungen an lang vergessene Fahrten durch

Marysville erwachten. Die kleine Stadt war so spät am Abend still und verlassen. In der Main Street fuhren noch ein paar Autos, sonst waren die Straßen praktisch menschenleer.

Drei- oder viermal fuhr ich zur Stadtmitte, ohne eine Spur von ihr zu finden. Von dort aus folgte ich der Hauptstraße in das Geschäftsviertel, das rund um das Einkaufszentrum entstanden war. Ich umkreiste den ganzen Ort und fuhr schließlich doch zum Arbeiterlager hinaus.

Dort war im Gegensatz zu den anderen Stadtteilen noch Leben, waren noch Menschen unterwegs. Ja, in manchen Teilen ging es richtig lebhaft zu, und ich konnte nur vermuten, daß genau wie früher nicht alle Lagerbewohner tagsüber hart arbeiteten. Am unteren Ende des Lagers war ein Gebiet, in dem zahllose Betrunkene und Drogensüchtige herumlagen. Mir war so unbehaglich, daß ich es nicht wagte, das Fenster herunterzukurbeln und anzuhalten, um nach Sheila zu fragen.

Alle meine schönen Erinnerungen an Marysville wurden bei dieser endlosen Verzweiflungsfahrt durch die Nacht und quer durch die Stadt zu Staub. Am Ende haßte ich diesen Ort und wollte nur noch zum Highway, um nach Hause fahren zu können. Doch die Angst um Sheila trieb mich weiter.

Endlich, gegen zwei Uhr morgens etwa, sah ich sie. In einem Viertel, in dem ich sie nie erwartet hätte – dem Wohngebiet nicht weit von unserer alten Schule –, ging sie auf einer der größeren Durchgangsstraßen. Ich war nur durch Zufall in diese Gegend gekommen, auf der Fahrt in einen anderen Teil der Innenstadt, wo ich noch einmal nach ihr hatte Ausschau halten wollen. Ich hielt am Bordstein an und kurbelte das Fenster herunter.

»Sheila, es tut mir leid. Können wir jetzt ins Motel zurückfahren und miteinander reden?«

Ihre Augen wirkten groß und dunkel im trüben Licht der Straßenbeleuchtung. Ich spürte, daß sie große Angst hatte und in diesem Moment zu unberechenbaren Reaktionen fähig war.

»Es tut mir leid«, sagte ich mit Bedauern. »Komm doch. Komm mit mir ins Motel.«

Sie schüttelte den Kopf. »Nein. Fahr weiter. Ich brauch' dich nicht.«

»Bitte.«

Sie sah mich an.

»Wir können ja irgendwo einen Hamburger essen oder so was, wenn du nicht ins Motel zurück willst. Okay?«

Sie zögerte, und das ermutigte mich, es weiter zu versuchen.

»Wir können zu Lenny's gehen. Die haben die ganze Nacht offen. Komm doch. Bitte.«

Ich war tief erleichtert, als sie die Tür auf der Beifahrerseite öffnete und einstieg. Sie fiel fast ins Auto, offensichtlich todmüde. Ich beobachtete sie einen Moment, wie sie da mit ihrem gelben Haar und ihren ausgefallenen, lächerlichen Kleidern ganz erschöpft im Sitz lag. Gott, ist es schwer, vierzehn zu sein.

Im Restaurant fiel Sheila wie ausgehungert über eine große Portion Essen her. Mir reichten eine Tasse Kaffee und ein Doughnut, das längst nicht mehr frisch war. Aber sie sprach nicht. Ich drängte sie auch nicht. Wir waren beide zu müde.

Danach kehrte sie ohne Protest mit mir ins Motel zurück. Im Zimmer setzte sie sich auf ihr Bett und zog sich sofort ihre schweren Stiefel aus. »Ich bleibe nicht«, sagte sie leise. »Gleich morgen verschwinde ich hier.«

»Ja, ich habe auch genug.«

»Nein, Torey, so hab' ich das nicht gemeint.« Sie blickte auf. »Ich fahre nicht mit dir. Ich setze mich nicht stundenlang mit dir ins Auto. Ich fahr' allein nach Hause.«

Ich sah sie nur an.

»Und du kannst mich nicht daran hindern«, fügte sie hinzu.

»Das werde ich auch nicht. Wenn du es so willst, bringe ich dich morgen zum Bus, und wir kaufen dir eine Fahrkarte. Du kannst gleich den ersten nehmen.«

»Ich besorge mir meine eigene Fahrkarte«, sagte sie.

»Nein, Sheila. Ich kaufe sie dir gern. Spar dein Geld.«

»Nein. Ich besorge sie mir selbst, Torey. Du kannst nicht über mich verfügen. Laß es also.«

Ich nickte müde. »Na gut, wie du willst.«

In meinem Bett ausgestreckt, starrte ich in die Dunkelheit. Was war geschehen? Gestern abend waren wir einander noch so nahe gewesen, und jetzt schienen uns Welten zu trennen. Als hätte sie meine Gedanken gelesen, begann Sheila zu sprechen.

»Du hast mich verlassen. Weißt du denn gar nicht, wie weh mir das getan hat?« Ihre Stimme war leise, selbst in der nächtlichen Stille kaum zu hören.

»Aber ich wollte es nicht, Sheila.«

»Warum hast du es dann getan?«

»Weil es nicht anders ging. Ich war Lehrerin. Für mich war im Juni Schluß, als die Schule zu Ende war, und ich konnte nichts daran ändern ...

»Was du getan hast, war nicht richtig«, sagte sie und fügte nach einer langen Pause hinzu: »Du hast mich im Stich gelassen.«

»Es tut mir leid. Wirklich.«

»Und es war nicht nur das. Du hast alles mitgenommen, als du gegangen bist, die Sonne, den Mond, die Sterne. Alles. Was für ein Recht hast du eigentlich gehabt, mir das alles zu geben, nur um es mir dann wieder zu nehmen?«

Am Montag, als wir nach den kurzen Ferien unser Sommerschulprogramm wiederaufnahmen, kam Sheila nicht. Seit ich sie in Marysville in den Bus gesetzt hatte, hatte ich nichts mehr von ihr gehört. Obwohl es mich drängte, bei ihr anzurufen, nur um mich zu vergewissern, daß sie gesund zu Hause angekommen war, tat ich es nicht. Ich wußte, daß ich mich jetzt erst einmal zurückhalten mußte.

Jeff, der stets ein sehr feines Gespür für meine Stimmungen hatte, stellte mich nach der Mittagspause in unserem Büro.

»Also, was ist los?« fragte er. »Wohin ist unser Orang-Utan verschwunden?«

Ich schilderte ihm kurz, was sich bei unserem Besuch in Marysville abgespielt hatte.

»Autsch«, sagte er nur. Dann schwieg er einen Moment, um eine medizinische Fachzeitschrift, die schon die ganze Woche aufgeschlagen auf seinem Schreibtisch gelegen hatte, wegzupacken. Erst dann sah er mich an. »Ich kann mir allerdings vorstellen, woher das kommt. Sie ist schon einmal von einer Mutter verlassen worden. Dann kommst du, gibst ihr die ganze Zuwendung und Aufmerksamkeit, die sie so dringend braucht, und verschwindest wieder. Mit ihren sechs Jahren konnte sie nicht erkennen, daß das, was du getan hast, etwas anderes war als das, was ihre Mutter getan hat.«

»Ja, das weiß ich, aber es war etwas anderes. Ich war ihre Lehrerin.«

»Okay, du warst ihre Lehrerin«, sagte er. »Aber was stand denn auf deinem Lehrplan, Hayden, hm? Mathe? Lesen? Schreiben? Oder vielleicht Liebe? Vertrauen? Selbstachtung?«

»Was hätte ich denn sonst tun sollen?« konterte ich. »Sie einfach sich selbst überlassen? Hätte ich, als ich dieses unglaubliche Kind in dieser unsäglichen Situation sah, einfach nichts tun sollen?«

Jeff lehnte sich in seinem Sessel zurück und sah mich nachdenklich an.

»Willst du sagen, ich hätte mich nicht um sie kümmern sollen?« fragte ich.

»Was meinst du?«

Seufzend wandte ich mich ab. »Die Frage ist sowieso sinnlos. Ich kann die Zeit nicht zurückdrehen. Ich kann heute nichts mehr ändern. Die richtige Frage ist doch: Was soll ich jetzt tun?«

Jeff balancierte eine Büroklammer auf seinem Daumennagel und schnippte sie in den Bleistiftbehälter auf seinem Schreibtisch. »Du kannst nur das tun, was wir alle in diesem Geschäft tun: beten, daß du letztendlich mehr geholfen als geschadet hast.«

Den ganzen Rest der Woche und auch den folgenden Montag morgen ließ Sheila sich nicht blicken. Am Montag nachmittag, als ich in meinem Büro in der Klinik saß, klopfte es leise.

»Ja bitte?«

Sheila öffnete leise die Tür. »Kann ich mit dir reden?«

Ich nickte.

»Ist Jeff hier? Ich möchte dich allein sprechen. Nicht, daß er plötzlich reinkommt«, sagte sie.

»Nein, nein. Er ist drüben im Krankenhaus und kommt heute gar nicht mehr hierher«, erklärte ich.

Sheila schloß die Tür hinter sich und ging zu Jeffs Schreibtisch. Sie zog sich den Sessel heraus und setzte sich. Dann erst sah sie sich um. »Das ist also dein Büro?«

»Ja.« Ich war gerade dabei gewesen, eine Akte zu beschriften, und wandte mich dieser Arbeit wieder zu.

Sheila musterte Jeffs schwarzes Brett. »Ihr beide seid euch wirklich ähnlich. Du hast dein Zeug genauso geordnet wie er. Und ihr habt alle beide die gleichen Rosaroter-Panther-Sticker und so. Auf dem hier steht: ›Hier haut Jeff auf die Pauke‹, und auf dem da: ›Hier haut Torey auf die Pauke‹. Woher habt ihr die?«

»Jeff hat sie besorgt«, antwortete ich.

»Liebst du ihn?« fragte Sheila, in dem großen Schreibtischsessel hin- und herwippend.

»Ich hab' ihn gern. Sehr sogar. Aber wenn du romantische Liebe meinst, nein, das ist es nicht. Ich habe jemand anders.«

»Echt? Wer ist es? Ich hab' dich nie mit jemandem gesehen.«

Ich blickte auf. »Du bist doch bestimmt nicht extra aus Broadview hierhergekommen, um dich mit mir über mein Liebesleben zu unterhalten.«

»Nein, ich wollte nur deine Aufmerksamkeit«, erwiderte sie. »Du hast ja kaum mal aufgesehen, seit ich reingekommen bin. Die ganze Zeit hast du nur an dem blöden Ding da geschrieben.«

Ich klappte den Ordner zu, legte ihn in den Korb und drehte meinen Sessel so, daß ich ihr direkt ins Gesicht sehen konnte. »Also, ich bin ganz für dich da.«

»Oh, da oben hängt ja mein Gedicht. Du hast mir nie erzählt, daß du es dir aufgehängt hast.«

»Ich habe damals so selten von dir gehört«, sagte ich. »Und ich hatte keine Adresse von dir.«

»Ja, als ich das geschrieben hab', da war ich im Kinderheim.«

Ihr Ton war leicht und beiläufig, ihre Haltung entspannt. Man wäre nie auf den Gedanken gekommen, daß zwischen uns etwas vorgefallen war. Sie hatte mit dem Bus bestimmt eine Dreiviertelstunde gebraucht, um aus Broadview hierherzufahren, und hatte dann noch einmal gut zehn Minuten zu Fuß gehen müssen. Das war also kein beiläufiger Besuch. Dennoch sagte sie nicht, was sie wollte.

»Kann ich irgend etwas für dich tun?« fragte ich.

»Na ja, es ist doch fast fünf. Ich dachte, du hättest vielleicht Lust, mit mir zum Italiener zu gehen oder so was. Es muß ja keine Pizza sein. Wir könnten auch Spaghetti essen. Oder was anderes, wenn's dir lieber ist.«

Ich lächelte.

»Oder wir könnten zu dir nach Hause gehen. Ich war noch nie in deiner Wohnung. Ich hab' mir gedacht, wenn wir vorher in den Supermarkt gehen, könnte ich einkaufen und dir was kochen. Ich kann ein ganz gutes Gericht mit Thunfisch und Champignonsuppe aus der Dose.«

»Dazu hätte ich große Lust«, sagte ich, »aber leider habe ich heute abend schon etwas vor.«

Sie war sichtlich enttäuscht. »Mit diesem Mann?«

Ich nickte.

Das Schweigen war drückend.

»Es tut mir leid«, sagte ich. »Ich hätte wirklich gern etwas mit dir unternommen, wenn ich es rechtzeitig gewußt hätte. Vielleicht können wir es ein andermal nachholen.«

Sie hielt den Kopf gesenkt, und ihr gelbes Haar verbarg ihr Gesicht. »Ich wollte mich bei dir entschuldigen«, murmelte sie. »Und ich wollte so gern mal deine Wohnung sehen.« .

20

Am Dienstag morgen war Sheila wieder da. Sie benahm sich – genau wie am Nachmittag zuvor, als sie bei mir gewesen war – ganz so, als wäre nichts geschehen, als hätte sie nie gefehlt. Ich hatte Jeff unter Androhung schwerster Repressalien dazu gebracht, keinen Ton zu sagen. Miriam erkundigte sich höflich, wo Sheila gewesen sei, und Sheila log, ohne mit der Wimper zu zucken: Sie sei krank gewesen.

Alejos Freude, Sheila wiederzusehen, war rührend. Als sie zur Tür hereinkam, leuchtete sein Gesicht auf, er rannte ihr entgegen und umarmte sie glücklich. Wir waren alle überrascht, da wir den kleinen Jungen in den vergangenen Wochen nur unzugänglich und unberechenbar erlebt hatten. Am überraschtesten aber war offensichtlich Sheila. Im ersten Moment, als der kleine Junge sich so begeistert auf sie stürzte, flog ein Ausdruck des Erschreckens über ihr Gesicht, dann jedoch lächelte sie und beugte sich zu ihm hinunter, um ihn ebenfalls in die Arme zu nehmen.

Sheila war genau wie Alejo in der Gruppe immer vorsichtig und zurückhaltend gewesen. Es war mittlerweile klar, daß dies nicht die ideale Umgebung für sie war. Sie hatte nicht wie manche andere junge Mädchen einen natürlichen Zugang zu Kindern, und manche schwierige Situation war für sie sehr beunruhigend – vermutlich, weil sie noch zu stark an eigenes Erleben rührte. Jeff und ich hatten über diese Beobachtungen miteinander gesprochen und uns geeinigt, daß es das beste sei, sie bis zum Abschluß des Programms bei uns zu behalten, zumal der letzte Tag ja nun nicht mehr fern war. Wir waren uns aber auch beide im klaren darüber, daß es wahrscheinlich unrealistisch war, mehr Hilfe von Sheila zu erwarten.

Sie schien wirklich glücklich, wieder bei uns zu sein. Sie war freundlich gestimmt, ja heiter. Bisher hatte sie eigentlich nur mit Alejo und gelegentlich mit David locker und natürlich umgehen können. Die Mädchen im besonderen hatte sie gemieden. Das war schade, da wir ein positives Rollenvorbild für Kayleigh, Tamara und Violet gut hätten gebrauchen können. An diesem Morgen jedoch kam sie mehreren Kindern mit echter Wärme und Zuwendung entgegen. Sogar Violet.

Seit Beginn unserer Sitzungen diesen Sommer schwärmte Violet Sheila heftig an. Vergeblich hatte sie sich bemüht, Sheilas Aufmerksamkeit auf sich zu ziehen, wollte stets neben ihr sitzen und ihre Hand halten. Sie war ein großes, plumpes Mädchen, eher häßlich und von einer Zudringlichkeit, die einem auf die Nerven fallen konnte. Selbst unter idealen Umständen war es nicht leicht, sie anzunehmen. Sheila empfand Violets zwanghafte Anhänglichkeit als lästig und war durch ihre wiederholten Versuche, sie anzufassen, abgestoßen. Ich hatte versucht, Sheila zu erklären, daß solche Schwärmereien bei Mädchen von Violets Alter ziemlich normal waren und keinerlei unterschwellige Bedeutung hatten, doch Sheila, die mit ihrer eigenen Sexualität noch ihre Schwierigkeiten hatte, fand diese Annäherungsversuche weiterhin ekelhaft. An diesem Morgen jedoch hörte sie Violets weitschweifigem Geschnatter geduldig zu, ließ sich zwar nicht von ihr anfassen, duldete es aber immerhin, daß das kleine Mädchen sich in der Pause neben sie setzte.

Nach der Pause gingen wir mit den Kindern in den Park hinüber. Sheila blieb weiterhin aktiv, spielte mit ihnen, stieß Kayleigh auf der Schaukel an und half David und Mikey bis zu den obersten Sprossen des Klettergerüsts hinauf.

Mir war ziemlich klar, was sich da abspielte. Wie der Schwan, der so anmutig wirkt, während er unter Wasser wie wahnsinnig paddelt, versuchte Sheila mit Gewalt, Gelassenheit zu zeigen in der Hoffnung, daß der ganze Aufruhr, der zwischen uns aufgepeitscht worden war, sich dann legen oder wenigstens überspielt werden würde. Während ich sie an diesem Morgen beobachtete, fragte ich mich, inwieweit diese Reaktion ein für sie typisches Verhaltensmuster war.

Da ich es für notwendig hielt, das Problem anzupacken und nicht zuzulassen, daß sie es einfach verdrängte, sprach ich sie auf unserer Autofahrt zum Fenton Boulevard an.

»Vielleicht sollten wir jetzt einmal miteinander reden«, sagte ich, als ich vor der Schule abfuhr.

»Was? Worüber denn?«

»Über uns. Über das Wochenende in Marysville. Da hat dich doch einiges stark bewegt, und ich finde, es wäre besser, wir würden mal zu klären versuchen, was dahintersteckt.«

Sheila zuckte die Achseln, als spräche ich von etwas, das sie überhaupt nichts anging.

»Ich habe den Eindruck, du meinst, ich hätte dich im Stich gelassen, als du klein warst.«

»Das hab' ich nie behauptet.«

»Aber ich habe gehört, wie wütend du warst. Ich habe gehört, daß du glaubst, ich hätte dich reingelegt; daß es dir so scheint, als hätte ich mir nichts aus dir gemacht und dich einfach verlassen.«

»Das ist doch jetzt egal. Ich bin nicht mehr wütend«, entgegnete sie.

»Diesen Dingen muß man ins Auge schauen, Sheila. Wenn dich so heftige Gefühle bewegen, dann gehen sie nicht weg, indem du so tust, als existierten sie nicht.«

Sie zuckte die Achseln. »In meinem Leben geht immer alles früher oder später weg; warum also nicht auch die Gefühle?«

»Sheila!«

»Okay, okay, kann ja sein, daß ich ausgeflippt bin«, sagte sie verdrossen. »Na und? Jeder kriegt mal eine Wut. Ich bin jetzt drüber weg. Also lassen wir's doch einfach so.«

Ich antwortete nicht.

Sie sah zu mir herüber und lächelte gewinnend. »Du möchtest gern, daß ich sage, daß es mir leid tut, nicht? Ich war blöd, ich hab's nicht so gemeint.«

»Es ist ganz in Ordnung, wenn du auf mich wütend bist«, sagte ich. »Das kann ich vertragen, aber laß uns doch offen und direkt dabei sein.«

»Nein, ich war nicht wütend. Nur blöd, mehr nicht. Das geht mir manchmal so. Also vergessen wir's doch. Tun wir einfach so, als wär's nie passiert.«

»Aber es ist passiert.«

»Nicht, wenn ich sage, daß es nicht passiert ist.« Wieder sah sie mich an. »Die Dinge existieren nur, wenn man an ihre Existenz glaubt. Das ist wahr. Ich hab's gelesen. Und ich weiß es.«

»Du sagst also, wenn du nicht daran glaubst, daß wir eine Auseinandersetzung hatten, dann hatten wir auch keine?« fragte ich.

»Nur was existiert, kann einem was ausmachen. Und es kann nur existieren, wenn man es existieren läßt.«

Danach schwiegen wir beide. Ich fühlte mich unvermittelt um Jahre zurückversetzt, an einen Tag, an dem ich mich mit Sheila, die das Zimmer einer anderen Lehrerin verwüstet hatte, in einen dunklen Wandschrank zurückgezogen hatte. Die Lehrerin hatte sie zum Direktor geschickt, der ihr mehrere Schläge mit dem Rohrstock gegeben hatte, eine Form der körperlichen Bestrafung, die damals an meiner Schule noch erlaubt war.

Ich war bekümmert darüber, daß mir in dieser Situation die Kontrolle aus der Hand genommen worden war und dieses Kind, von dem ich zu der Zeit schon wußte, daß es zu Hause körperlich mißhandelt wurde, auch hier, in der Schule, noch Schläge hatte hinnehmen müssen. So hatte ich mich mit ihr an den einzigen ungestörten Ort zurückgezogen, den ich finden konnte, um zu versuchen, sie zu trösten. Sheila jedoch schien die ganze Sache als etwas Selbstverständliches anzusehen. Ja, sie wies mich sogar mit einem gewissen Stolz darauf hin, daß sie unter den Schlägen des Direktors keine Träne vergossen hatte.

»Ist dir jetzt denn nicht nach Weinen zumute?« hatte ich erstaunt gefragt. Sie war sechs, und ich war vierundzwanzig und war nahe daran zu weinen.

»So kann mir niemand weh tun«, antwortete sie ganz sachlich. »Wenn ich nicht weine, dann wissen sie nicht, daß sie mir weh tun. Und darum können sie mir nicht weh tun.«

Sieben Jahre waren vergangen, und Sheila schien immer noch an einer Variation dieser Theorie festzuhalten.

Bis zum Ende unseres Sommerschulprogramms lagen noch zwei volle Wochen vor uns. Jeff und ich waren mit dem bisherigen Ablauf sehr zufrieden. Natürlich hatte es kleinere und größere Pannen gegeben, und wir wußten inzwischen auch, daß wir beim nächsten Mal vieles anders machen würden. Aber im großen und ganzen hatte alles gut geklappt.

Das Vorteilhafte an einem solchen komprimierten Programm war natürlich, daß es uns Gelegenheit bot, in einem natürlichen Milieu mit unseren kleinen Patienten zu arbeiten. Mehrere Kinder, unter ihnen Kayleigh und Mikey, hatten auf die Gruppensituation und die fördernde Umgebung sehr positiv reagiert und waren auf dem besten Weg, ihre Schwierigkeiten zu verarbeiten.

Gleichermaßen von Bedeutung waren die diagnostischen Vorteile. Einige der Kinder waren schon seit geraumer Zeit am Institut in Behandlung, ohne daß sichtbare Fortschritte erzielt worden waren. Die Möglichkeit, unter so ganz anderen Bedingungen fünf Tage in der Woche jeweils drei Stunden mit ihnen zusammen zu verbringen, erlaubte es Jeff und mir, uns von ihren Störungen ein weit genaueres Bild zu machen, als das im engen Rahmen des Instituts und der weit auseinanderliegenden fünfzigminütigen Sitzung möglich gewesen wäre.

Tamaras Fall war dafür ein gutes Beispiel. Sie war mit sechs Jahren auf Empfehlung ihres Hausarztes zum ersten Mal ins Institut gekommen. Der Arzt hatte Verletzungen an ihren Unterarmen behandelt, die trotz all seiner Bemühungen einfach nicht heilen wollten. Sein Verdacht, daß Tamara sich die Verletzungen selbst beibrachte und verhinderte, daß sie verheilten, fand bald Bestätigung.

Anfangs hatte Tamara mit einer anderen Psychiaterin am Institut gearbeitet, aber nach achtzehn Monaten Therapie war sie an Jeff überwiesen worden, weil man hoffte, daß sie bei einem männlichen Therapeuten schneller Fortschritte machen würde. Sie war weitere zehn Monate lang einmal wöchentlich zur Spieltherapie zu Jeff gekommen, aber er hatte nicht das Gefühl, dem Ziel, Tamara bei der Kontrolle ihren selbstzerstörerischen Tendenzen zu helfen, näher gekommen zu sein.

Im Lauf unseres Sommerprogramms lernten wir in Tamara ein komplexes, zutiefst unglückliches kleines Mädchen kennen, das große Schwierigkeiten hatte, sich auf andere zu beziehen, seien sie nun jung oder alt. Wahrscheinlich enthielt Tamaras Verhalten, genau wie es in ihrer umfangreichen Akte stand, auch ein depressives Element, aber es ist ziemlich normal, mit Depressionen zu reagieren, wenn man das Gefühl hat, von niemandem gemocht zu werden. Nicht fähig, mit Hilfe traditioneller Mittel die von ihr benötigte Aufmerksamkeit zu erlangen, hatte Tamara entdeckt, daß Verletzungen eine Menge Beachtung geschenkt wurde. In den Wochen mit uns erlebten wir es mehrmals, daß sie sich blutende Wunden beibrachte, wenn etwas nicht nach ihrem Kopf ging. Mit diesen Erkenntnissen ausgerüstet, arbeitete Jeff jetzt mit Tamara daran, ihre Beziehungsschwierigkeiten zu beheben, und hatte den Eindruck, daß die Therapie endlich voranging.

Auch Alejo hatten wir aus diagnostischen Gründen in das Programm aufgenommen. Nur leider drohte sein Fall kein so glückliches Ende zu nehmen. In zunehmendem Maß mußten Jeff und ich anerkennen, daß ein großer Teil seiner Schwierigkeiten weniger einem emotionalen Trauma entsprang, sondern vielmehr die Folge niedriger Intelligenz und, höchstwahrscheinlich, eines Gehirnschadens war. Es gab keinen Zweifel daran, daß die traumatischen frühen Jahre tiefe Spuren hinterlassen hatten; das zeigte sich in seinen abrupten, manchmal gewalttätigen Reaktionen auf Geschehnisse in seiner Nähe. Viele seiner ausgeprägten Verhaltensformen jedoch waren einfach Ausdruck seiner Unfähigkeit, mit den ganz normalen Anforderungen in Schule und Familie umzugehen. Das hatte sich besonders deutlich bei den täglichen Aktivitäten im Rahmen unseres Programms gezeigt, und Jeff und mir war klar, daß wir das mit seinen Eltern besprechen mußten.

Mir graute davor, dies Sheila zu sagen. Alejo war unter den Kindern das einzige, das ihr besonders ans Herz gewachsen war. Gleich von Anfang an hatte sich zwischen ihnen eine Affinität gezeigt, und wir hatten das noch gefördert. Jetzt bedauerte ich es, sie so stark einbezogen zu haben, denn ich wußte, daß sie das Urteil über Alejo nicht würde akzeptieren können.

Leider bot sich mir nicht die Möglichkeit, selbst mit Sheila zu sprechen. Statt dessen hörte sie am Ende einer Sitzung Jeff und mich beim Aufräumen darüber sprechen.

»Was soll das heißen, er hat einen niedrigen IQ? Wollt ihr vielleicht behaupten, daß er zurückgeblieben ist?« fragte Sheila uns und stellte sich neben uns.

»Jeff hat letzte Woche das offzielle Gutachten gemacht«, antwortete ich.

»Letzte Woche? Als ich nicht hier war? Ihr habt extra gewartet, bis ich weg war, stimmt's?« sagte sie.

Jeff, der nicht bereit war, sich auf eine Auseinandersetzung mit ihr einzulassen, wandte sich ab.

»Er hat keinen niedrigen IQ. Er ist total normal«, sagte sie.

Miriam, die mit den Kreiden und Filzstiften zu uns kam, sagte: »Er ist trotzdem ein süßer Bengel.«

»Er ist nicht zurückgeblieben. Das ist nicht der Grund, warum er nichts redet. Ihr denkt doch, daß er deshalb nichts redet, oder? Aber das ist nicht der Grund. Mit mir redet er ja.«

»Er spricht auch mit uns, Sheila«, sagte ich. »Aber er sagt nicht viel, und der Grund, weshalb er nicht viel sagt, ist, daß bestimmte Gebiete seines Gehirns nicht so funktionieren, wie sie sollten. Man nennt das Aphasie.«

»Es ist mir scheißegal, wie man das nennt«, fuhr sie mich an. »Ihm fehlt nichts. Er ist total normal. Er redet nur mit euch nicht. Mit mir redet er wunderbar. Er redet auf spanisch mit mir. Wie könnt ihr erwarten, daß er mit euch redet, wenn ihr nicht mal dieselbe Sprache sprecht wie er?«

Jeff tippte mir auf die Schulter. »Es lohnt nicht, sich darüber zu streiten, Hayden«, sagte er leise.

»Ja, klar, das hätt' ich mir ja denken können, daß du so was sagst«, fuhr Sheila ihn an. »Dich nennt ja auch keiner blöd.« Sie schleuderte den Lappen zu Boden, mit dem sie die Tische abgewischt hatte, und stürmte hinaus.

»Du kannst nicht zulassen, daß sie Alejo das antun«, sagte Sheila später im Auto zu mir. Aller Zorn war verflogen, nur drängende Bitte und Sorge lagen in ihrem Ton.

»Es ist eine sehr schwierige Situation.«

»Aber dir ist doch klar, was sie tun werden, oder?« sagte sie. »Sie werden ihn nach Kolumbien zurückschicken.«

»Das wissen wir nicht. Seine Eltern haben eine ganze Reihe von Alternativen besprochen, und das ist nur eine davon.«

»Das darfst du nicht zulassen.«

Schweigen breitete sich zwischen uns aus. Ich richtete meine Aufmerksamkeit auf die Straße vor mir.

»Du willst doch nicht, daß das passiert, oder?« fragte sie nach einer Weile.

»Nein, natürlich nicht.«

»Also dann, Torey.«

»Es ist nicht meine Entscheidung, Sheila. Er ist ein süßer Junge, aber er hat einen Gehirnschaden, seine Intelligenz ist begrenzt, und er ist emotional gestört. Das ist viel auf einmal, wenn man damit fertig werden muß. Ich kann seinen Eltern zureden, ihn zu behalten, und das werde ich gewiß auch tun. Beide werden wir das tun, Jeff und ich, aber zwingen können wir sie nicht.«

»Und was ist, wenn sie ihn nach Kolumbien zurückschicken wollen?« rief sie. »Was ist, wenn sie ihn wieder in das Waisenhaus stecken?«

»Sheila, ich kann in dieser Sache nur wenig tun. Alejo ist ja noch nicht einmal ein Patient von Jeff oder mir. Genaugenommen haben wir also gar nichts zu sagen. Ich hoffe aus tiefstem Herzen, daß sie ihn nicht zurückschicken. Es wäre sehr schlimm für ihn, und in meinen Augen wäre es unrecht, moralisch gesehen, aber ich kann sie nicht zwingen, etwas zu tun, was sie nicht tun wollen. Und ich kann sie auch nicht zwingen, etwas zu lassen, was sie tun wollen. Vor dem Gesetz sind sie Alejos Eltern.«

Sheilas Worte überschlugen sich vor Zorn und Frustration. »Aber überleg doch mal, wie es ihm ergangen ist. Sie haben ihn in einer Mülltonne gefunden. Dann haben sie ihn hierhergebracht, und er hat zu essen bekommen, er hat Spielsachen gekriegt, er konnte fernsehen und alles. Und was machen sie jetzt mit ihm? Stopfen ihn einfach wieder in die Mülltonne. Und du siehst einfach zu und tust nichts?«

»Wir sehen nicht einfach zu«, entgegnete ich. »Wir werden natürlich versuchen, das zu verhindern. Wir werden versuchen, Alejo zu helfen, damit sich sein Verhalten ändert. Wir werden versuchen, eine akzeptable Alternative für seine Eltern zu finden.«

»Und wenn ihr's nicht schafft?« fragte Sheila.

»Dann werde ich schrecklich traurig sein.«

»Ach, das ist alles? Du wirst traurig sein?«

»Das ist das einzige, was ich tun kann«, sagte ich.

Sie kreuzte die Arme auf der Brust und wandte sich von mir ab. »Ihr Arschlöcher«, murmelte sie. »Du und die anderen. Ihr seid wirklich beschissene Arschlöcher.«

21

Mein Privatleben war in diesem Sommer in einer Art Umbruch. Ich neigte an sich zu langen Beziehungen, die oft mehrere Jahre hielten, und war in diesem Sommer »zwischen zwei Männern«, wie eine gute Freundin es treffend genannt hatte. Ich war schon seit mehreren Monaten »zwischen zwei Männern« und an dem Punkt angelangt, an dem ich es ziemlich leid war, allein zu sein.

Es war mir immer schwergefallen, Arbeit und Privates miteinander zu verbinden. Zwar war ich seit meinen Anfängen, als die Intensität, mit der ich mich in meine Arbeit gestürzt hatte, kaum Raum für andere Dinge gelassen hatte, ein wenig ruhiger geworden, aber ich liebte meine Arbeit immer noch mit Leidenschaft. Immer noch freute ich mich am Sonntag auf den kommenden Montag, immer noch war es mir beinahe unmöglich, die Kinder, mit denen ich in meiner Arbeit zu tun hatte, ganz aus meinen Gedanken zu verbannen. Ich verweilte nicht bei ihnen, aber sie waren da, immer in meinen Gedanken. Mir war klar, daß mich das zu einer anstrengenden Partnerin machte und daß ein Mann Selbstsicherheit und Toleranz brauchte, um damit umgehen zu können. In diesem Sommer schienen solche Männer recht dünn gesät zu sein.

Kompliziert wurde die Sache noch dadurch, daß ich Männer vorzog, die auf einem anderen Gebiet tätig waren als ich. Ich wollte nicht vierundzwanzig Stunden lang fachsimpeln, wie ich es mit einem Kollegen gerne tat. Außerdem ging ich so einer möglichen Rivalität aus dem Weg. Ich wußte, daß ich gern konkurrierte, und bei meiner Arbeit mit den Kindern kam mir das durchaus zupaß, da es mir die Entschlossenheit gab zu siegen, auch wenn die Chancen dafür äußerst schlecht standen. In persönlichen Beziehungen jedoch war diese Neigung tödlich. Weiter fand ich diese leicht schizophrene Erfahrung, zwei getrennte Leben zu führen, ganz angenehm, weil ich auf diese Weise Interessen und Talente entwickeln konnte, die sonst vielleicht gar nicht angesprochen worden wären.

Der neueste Kandidat war Allan. Er hatte eine kleine Buchhandlung in der sanierten Altstadt, und ich hatte ihn bei der Suche nach einem wenig bekannten Buch mit griechischen Theaterstükken kennengelernt. Interessiert hatte er mich in sein Hinterzimmer eingeladen, um mir seine Sammlung alter Klassiker zu zeigen, eine der intelligentesten Anmachen, die ich bisher erlebt hatte. Danach trafen wir uns häufiger, meist zum Essen in stilvollen Restaurants, die mit den Spelunken, in denen ich gewöhnlich saß, nicht zu vergleichen waren.

Allan war, mit einem Wort, ein kultivierter Mann. Er schätzte die Oper, diskutierte über literarisch anspruchsvolle Romane mit der enthusiastischen Selbstverständlichkeit dessen, der die Bücher nicht nur gelesen, sondern auch genossen hatte, und er war ein Weinkenner. Seine Wohnung in einem alten, restaurierten Stadthaus nicht weit von der Stadtmitte war mit tadellosem Geschmack eingerichtet. Er hatte sogar eine Decke auf dem Tisch – für jemanden wie mich, der meistens einen solchen Wust von Zeug auf dem Tisch liegen hat, daß von der Platte nichts mehr zu sehen ist, war das ein Zeichen echter Klasse.

Ich wußte von Anfang an, daß Allan und ich nicht so harmonierten wie Chad und ich damals. Allan war pedantisch, und das ging mir auf die Nerven. Ich war unberechenbar oder, wie er es nannte, unausgeglichen, und das wiederum fand er nervig. Dennoch sprach eine ganze Menge für die Beziehung, unter anderem die Tatsache, daß ich bisher keinen anderen Mann kennengelernt hatte.

Für diesen Freitag abend hatten Allan und ich ein Picknick geplant. Aber nach Allans Willen mußte es natürlich ein Picknick mit einer gewissen Klasse sein, im europäischen Stil – komplett mit Picknickkorb, rot-weiß gewürfelter Tischdecke, Porzellantellern und Gläsern statt Pappbechern. Da war etwas Raffinierteres angesagt als Brathuhn und Mixed Pickles, darum hatte ich schon am Donnerstag mit den Vorbereitungen begonnen und Auberginen und Zucchini gebraten, während Allan französisches Baguette und den passenden Wein besorgt hatte.

Am Freitag nach der Arbeit wollte ich nur noch letzte Hand an meine Leckereien legen. Da wir vorhatten, uns ein hübsches Plätzchen am See im Osten der Stadt zu suchen, mußten wir uns gegen Mücken rüsten, und Allan war im hinteren Zimmer meiner Wohnung, um meine Insektenlampe betriebsbereit zu machen.

Es klopfte. Ich dachte, es sei der Zeitungsjunge, der sein Geld holen wollte, klemmte mir den Scheck zwischen die Zähne und wischte mir die fettigen Hände ab, ehe ich öffnete.

Sheila.

»Hallo«, sagte sie fröhlich.

»Hallo! Was tust du denn hier?« fragte ich.

»Ich hab' im Telefonbuch deine Adresse gesucht, aber du bist noch nicht eingetragen. Da hab' ich die Auskunft angerufen«, sagte sie. »Kann ich reinkommen?«

»Die Auskunft darf doch gar keine Adressen herausgeben«, meinte ich.

»Nein, das weiß ich, aber wenn man so tut, als hätte man die Adresse schon, zum Beispiel sagt, ›Sind das die Haydens in der Maple Avenue?‹, dann sagen sie immer nein und geben einem die richtige Adresse, oder wenigstens die Straße. Dann legt man auf und ruft noch mal an. Meistens meldet sich dann jemand anderes, und dann benutzt man das, was man schon weiß, um den Rest rauszukriegen. Das klappt immer.« Sie spähte an mir vorbei. »Kann ich reinkommen?«

Ohne auf meine Antwort zu warten, kam sie herein. Lächelnd sah sie sich um. »Wow, das gefällt mir. Hast du toll gemacht.« Sie ließ sich in einen Sessel fallen. »Ich bin gekommen, weil ich gedacht hab', wir könnten mal miteinander reden.«

Ich wollte ihr auf keinen Fall das Gefühl geben, nicht willkommen zu sein, aber ihr Besuch war völlig unerwartet. Einen Moment lang wußte ich nicht, wie ich reagieren sollte.

»Du willst immer im Auto mit mir reden, wenn du mich zum Fenton Boulevard fährst, und das hasse ich«, erklärte Sheila. »Die Zeit ist viel zu kurz. Ich weiß, daß die Fahrt gleich zu Ende sein wird, und kann meine Gedanken gar nicht so schnell ordnen. Heut' abend hatte ich nichts zu tun, da hab' ich gedacht, ich komm' einfach her, und wir können reden.«

War das ein Versuch, mich zu manipulieren? Wußte sie, daß ich normalerweise alles stehen und liegen lassen würde, um ihr die Gelegenheit zu geben, mit mir zu sprechen?

In diesem Moment kam Allan ins Wohnzimmer. »Torey? Oh –«, sagte er, als er Sheila sah.

»Oh«, sagte Sheila ihrerseits.

»Ich habe heute abend schon etwas vor«, erklärte ich behutsam.

»Ach so.« Eine lange Pause folgte, während sie Allan musterte. »Ist das der, mit dem du jetzt bumst?« fragte sie so unbefangen, als handelte es sich um ein ganz normales Gespräch.

»Sheila, ich glaube, du gehst jetzt besser«, sagte ich. »Es tut mir leid, daß du den Weg umsonst gemacht hast. Du hättest mir Bescheid geben sollen.«

Ihr Gesicht wurde hart. Diesen Ausdruck kenne ich, dachte ich und hatte sofort das Gesicht der sechsjährigen Sheila vor mir, wütend, auf Rache aus. So vieles an ihr hatte sich verändert, aber mit diesem Gesicht war sie augenblicklich wiederzuerkennen.

»Der sieht aber nicht so gut aus wie Chad«, sagte sie, immer noch freundlich, als machte sie nur Konversation. Sie sah Allan an. »Das war ihr letzter Macker. Na ja, wahrscheinlich nicht ihr letzter. Ich weiß nicht, wie viele sie dazwischen gehabt hat.«

»Sheila.« Ich legte ihr die Hand auf die Schulter und drehte sie zur Tür. »Wir sehen uns am Montag.« Ich schob sie hinaus.

»Vielleicht, vielleicht auch nicht«, brummte sie.

Ich schloß die Tür und drehte mich herum. Allan war ganz blaß vor Bestürzung.

»Tut mir leid«, sagte ich.

»Wer war das?«

»Es ist zu schwierig, das zu erklären.«

Am Montag war Sheila wieder da und tat, als wäre nichts geschehen. Sie beschäftigte sich sehr nett mit den anderen Kindern und unterhielt sich in der Pause höflich mit Miriam. Ich war mir bewußt, daß ich ihr gegenüber auf der Hut war. Ich erwartete, daß irgend etwas passieren würde, aber es geschah gar nichts. Sheila benahm sich nicht anders als jede andere jugendliche Helferin.

Auf der Fahrt zum Fenton Boulevard sprach ich nichts. Wenn ihr Gespräche im Auto so unsympathisch waren, war ich bereit, das zu respektieren. Es gab ja noch andere Gelegenheiten zum Reden.

Die Arme auf der Brust verschränkt, saß Sheila eine ganze Weile schweigend neben mir. Aus dem Augenwinkel sah ich, daß sie mir ab und zu einen Blick zuwarf. Ich schaltete das Radio ein.

Sheila stieß einen tiefen Seufzer aus. »Du meine Güte, jetzt ist sie beleidigt«, murmelte sie.

»Ich bin nicht beleidigt«, widersprach ich. »Aber neulich abend hast du gesagt, daß du Gespräche im Auto nicht magst, weil die Zeit immer so kurz ist.«

»Ich hab' doch nicht gemeint, daß wir gar nichts reden sollen. Du hast praktisch nicht ein einziges Wort gesagt, seit wir eingestiegen sind.«

Ich hielt meinen Blick auf die Straße gerichtet.

Sheila beobachtete mich. Als ich nichts erwiderte, seufzte sie wieder. »Torey?«

»Ja?«

»Was wird jetzt aus mir?«

»Wie meinst du das?«

»Na ja, ich mein', wenn diese Sommersache vorbei ist. Was bin ich dann für dich? Ich mein', was bin ich jetzt für dich? Ich bin nicht deine Schülerin, richtig? Und ich bin auch nicht deine Patientin. Wenigstens glaub' ich das nicht. Aber eine Freundin würdest du nicht so behandeln, wie du mich behandelst.«

Das ließ mich aufhorchen. Ich warf ihr einen Blick zu. »Wie meinst du das?« fragte ich wieder.

»Du weißt genau, wie ich das meine, Torey. Wir sind keine Freundinnen. Ich weiß nicht, wie du's nennen willst, aber Freundschaft ist es keine.« Pause. »Und jetzt ist das Sommerschulprogramm bald vorbei. Verläßt du mich jetzt wieder?«

»Nein. Ich bleibe hier. Ich bin weiterhin im Institut.«

Sie schnalzte ungeduldig mit der Zunge. »Mensch, manchmal bist du echt vernagelt«, murmelte sie. »Es ist mir doch egal, wo du arbeitest, Torey. Der springende Punkt ist doch, daß ich nicht mehr dort bin, oder? Also, was wird aus mir?«

»Was wäre dir denn das liebste?« fragte ich.

Sheila, die Arme immer noch verschränkt, drehte sich wieder von mir weg und sah zum Fenster hinaus. »Die Zeit ist schon wieder zu kurz«, flüsterte sie. »Wir sind gleich an der Bushaltestelle. Scheiße!«

Ich lenkte den Wagen auf den Parkplatz eines großen Kaufhauses und hielt an. »Es fahren ja ein paar Busse. Wenn du diesen verpaßt, kannst du den nächsten nehmen«, sagte ich und schaltete den Motor aus.

Verblüfft über meine unerwartete Reaktion, sah sie mich mit großen Augen an.

»Wenn du wissen willst, was aus unserer Beziehung wird, so hängt das von dir ab. Ich bin gerne mit dir zusammen. Ich fand diesen Sommer schön. Ich hoffe, daß wir uns weiterhin sehen werden, wenn das Sommerschulprogramm vorbei ist.«

In der Sonne wurde es rasch warm im Auto. Ich kurbelte das Fenster herunter und lehnte mich hinaus.

»Und das wär's?« fragte Sheila. »Wir sehen uns vielleicht ab und zu, und basta?«

»Hinter deinen Fragen versteckt sich doch etwas«, sagte ich. »Du fragst mich mehr, als ich höre.«

Sie antwortete nicht. In der Hitze bildeten sich kleine Schweißperlen an ihren Schläfen und rannen ihre Wangen hinunter. Minuten verstrichen. Meine Gedanken begannen zu wandern, und wie so oft, wenn ich mit Sheila zusammen war, wanderten sie zu jener Zeit zurück, als sie in meiner Klasse gewesen war.

Eine heftige Sehnsucht überschwemmte mich plötzlich. Es war alles soviel einfacher gewesen damals, als ich die Erwachsene gewesen war und sie das Kind, als ich überzeugt gewesen war, daß meine Welt die richtige war und ihre die falsche, und daß es nur darauf ankäme, ihr beim Wechsel auf die richtige Seite zu helfen. Nicht ein einziges Mal hatte ich damals am Wert dessen, was ich tat, gezweifelt.

»Bumst du mit ihm?« fragte sie mit sanfter Stimme.

Aus meinen Gedanken gerissen, sah ich sie verblüfft an. »Mit wem?«

»Mit dem Mann, der in deiner Wohnung war. Bumst du mit ihm?« In ihrer Stimme lag kein Unterton von Frechheit wie am Freitag abend, nur echte Frage.

»Das ist eine ziemlich persönliche Frage«, entgegnete ich.

Wie plötzlich verlegen, senkte sie den Kopf und wurde rot. Sie holte tief Luft. Ich hatte ganz unerwartet den Eindruck, daß sie anfangen würde zu weinen.

»Es tut mir leid«, sagte ich. »Ich bin dir nicht böse, daß du das fragst. Aber es ist eine Frage, auf die ich nicht antworten möchte.«

Sie war tatsächlich dem Weinen nahe. Ich sah, wie sie sich auf die Unterlippe biß, um das Zittern zu unterbinden. »Früher hast du es mir doch auch gesagt«, sagte sie. Ihre Stimme schwankte, aber es fiel keine Träne. »Als ich klein war. Da hab' ich dich gefragt, ob du mit Chad bumst, und du hast ja gesagt.«

Ich war mir nicht sicher, ob ich das wirklich so formuliert hatte, darum antwortete ich nicht gleich, sondern versuchte, mich zu erinnern, was das damals für ein Gespräch gewesen war.

»Hast du«, beharrte sie, mein Schweigen richtig deutend. »Das war damals, als Dads Bruder Jerry das getan hatte..., du weißt schon. Und ich nicht kapierte, was das zu bedeuten hatte. Ich konnte nicht verstehen, warum er das mit mir getan hatte, weil ich ihn doch so gern hatte. Und da hast du mir das alles erklärt. Weil er zu mir gesagt hatte, daß ihr euch auch so liebt, Chad und du, und er's mir nur beibringen wollte, damit du mich dann auch liebst. Und ich hab' dich gefragt. Du hast mir sofort geantwortet, ohne zu überlegen. Ich weiß es ganz genau, weil ich mich daran erinnere.«

»Das war etwas anderes, Naseweis. Da habe ich dir etwas erklärt«, sagte ich. »Das war nicht einfach ein Gespräch.«

»Wieso nennst du mich so?« frage Sheila scharf und sah mich an.

»Wie?«

»Naseweis. Als ich klein war, hast du mich Schatz genannt. Und Tiger. Und Kleines. Was war ich denn damals, das ich jetzt nicht mehr bin?«

Als ich wieder im Institut war und über dieses Gespräch nachdachte, fiel mir vor allem auf, wie klar Sheila sich daran erinnert hatte, mit mir damals über dieses Thema gesprochen zu haben. Sie hatte sich ganz präzise auf das frühere Gespräch bezogen und zutreffende Namen und Details genannt, was bewies, daß sie eine deutliche Erinnerung an die Ereignisse hatte. Das stand in krassem Gegensatz zu ihrer bisher so lückenhaften und verschwommenen Erinnerung und ihrer Behauptung, sich an Chad nicht entsinnen zu können. Kehrten die Erinnerungen jetzt zurück? Wenn ja, was hatte bewirkt, daß sie überhaupt verblaßt waren? Oder war es möglich, daß sie sich die ganze Zeit erinnert, mir gegenüber jedoch das Gegenteil behauptet hatte? Wenn ja, warum?

Gleichzeitig wurde mir immer mehr bewußt, daß es da eine

versteckte Botschaft gab. Immer wieder hatte ich im Gespräch mit Sheila den Eindruck, daß wir auf zwei Ebenen miteinander sprachen, daß sie neben dem offenkundigen Thema noch etwas anderes ansprach. Ich hatte das deutliche Gefühl, daß ihr bewußt war, was diese verborgene Botschaft war, und daß sich aus ihr der Groll speiste, den Sheila im Lauf des Sommers an den Tag gelegt hatte.

Vielleicht aber war die Botschaft gar nicht so verborgen. Während unseres Aufenthalts in Marysville hatte Sheila in klaren Worten von dem Schmerz und dem Zorn gesprochen, die sie bewegt hatten, als das Schuljahr zu Ende gegangen war und ich sie verlassen hatte. Vielleicht hatte ich einen Fehler gemacht, indem ich das Gespräch nicht noch einmal auf dieses Thema gelenkt hatte. Die Intensität ihrer Gefühle an jenem Abend im Motel hatte mich so bestürzt, die Angst um sie nach ihrer Flucht so in Anspruch genommen, daß ich mit dem Problem nicht so geschickt umgegangen war, wie mir das vielleicht unter günstigeren Bedingungen, etwa im Klassenzimmer, möglich gewesen wäre. Und sie hatte recht: Das Auto war nicht der angemessene Ort für solche Gespräche.

Ich sah in meinen Terminkalender. Am folgenden Nachmittag wollten wir uns mit Alejos Eltern zusammensetzen, da würde ich Sheila also nicht sehen können. Überhaupt war die ganze kommende Woche, da der Abschluß des Sommerschulprogramms bevorstand, mit Terminen zugepflastert. Neben unseren gewöhnlichen Institutsaufgaben wartete eine Reihe von Auswertungsgesprächen auf Jeff und mich. Ich trug Sheila für Freitag in meinen Kalender ein. Ihr Wunsch, mich zu Hause zu besuchen, schien mir so dringend zu sein, daß ich ihr diesen Abend reservieren wollte.

Der folgende Morgen war chaotisch. Es fing damit an, daß der Fahrer des Kleinbusses, mit dem mehrere Kinder zur Schule gebracht wurden, uns mitteilte, daß Violet sich auf der Fahrt übergeben hatte. Sie hatte es gründlich getan. Wir mußten zu viert anrükken, um den Bus und die anderen Kinder wieder zu säubern. Als ich danach Violets Mutter anrief, erklärte diese, sie könne Violet nicht abholen, weil ihr Mann das Auto genommen habe. Miriam erbot sich, Violet nach Hause zu bringen; das hieß aber, daß wir die erste Hälfte des Vormittags ohne sie auskommen mußten.

Tamara, deren selbstzerstörerische Tendenzen mittlerweile erheblich nachgelassen hatten, konnte es nicht aushalten, daß den Kindern aus dem Kleinbus soviel Aufmerksamkeit gezollt wurde. Während wir alle beschäftigt waren, ergatterte sie irgendwo eine Schere und brachte sich an der Innenseite des Unterarms einen Schnitt bei, der beinahe vom Handgelenk bis zum Ellbogen reichte. Er war nicht tief, aber er blutete stark. Miriam war zu diesem Zeitpunkt schon gegangen, so daß Jeff, Sheila und ich allein fertig werden mußten. Die anderen Kinder begannen infolge des Durcheinanders immer unruhiger zu werden; ehrlich gesagt: Wir hatten die Situation nicht unter Kontrolle.

Da Jeff der Mediziner war, übernahm er es, Tamara zu verarzten, während Sheila und ich uns bemühten, den Kindern die Angst zu nehmen und sie zu beruhigen. In den wenigen Wochen unserer Gruppenarbeit hatte sich der Gemeinschaftsgeist, den ich in meinen Gruppen stets zu fördern pflegte, weil er so hilfreich war, noch nicht entwickeln können. Es gab noch keinen richtigen Zusammenhalt in dieser Gruppe, so daß sich sehr leicht alles in Chaos auflöste, wenn die Dinge nicht ihren geregelten Gang gingen. Ich versuchte mit Singen die gute Stimmung wiederherzustellen, aber Joshua und Jessie, unsere beiden autistischen Kinder, schrien wie am Spieß, und zwei der anderen machten sich einfach davon.

Der einzige erheiternde Moment kam, nachdem ich im allgemeinen Tohuwabohu plötzlich bemerkte, daß David, Alejo und Mikey verschwunden waren. Ich war in heller Panik, da mir einfiel, daß wir bei all dem Tumult an diesem Morgen vergessen hatten, David wie sonst nach Streichhölzern zu durchsuchen. Ich machte mich also auf die Suche nach ihnen. Ich brauchte fünf oder zehn Minuten, um sie aufzustöbern. Sie waren alle drei draußen. Ich war noch im Haus und näherte mich vorsichtig, da ich sehen wollte, was sie trieben, ehe ich mich bemerkbar machte. Natürlich hatte David im Windschatten des Schulhauses mit Gras und Zweigen ein kleines Feuerchen angezündet.

»Siehst du, da hast du's«, sagte er gerade zu Mikey. »Ich hab' dir ja gesagt, daß ich's kann.«

Gerade wollte ich mich bemerkbar machen, da hörte ich David zu meiner freudigen Überraschung sagen: »Aber jetzt müssen wir's wieder ausmachen.«

»Wie denn?« fragte Alejo.

David sah sich suchend um, dann hellte sich sein kleines Gesicht auf. »Ich weiß. So.« Er knöpfte seine Jeans auf. »Okay, alle zusammen. Bei drei wird gepinkelt.«

Nach der Mittagspause waren Jeff und ich mit Alejos Eltern verabredet, darum konnte ich Sheila nicht zum Fenton Boulevard bringen. Sie ging zu Fuß zur Bushaltestelle in der Nähe der Schule, während Jeff und ich zum Institut fuhren.

Alejo war das einzige Kind in der Gruppe, das nicht bei mir oder Jeff in Behandlung war. Infolgedessen kannten wir beide seine Eltern nicht näher. Ich war seinem Vater nur einmal kurz begegnet, nämlich am ersten Tag unseres Programms, als er Alejo gebracht hatte. Alejos Mutter hatte ich nie kennengelernt. Jeff hatte etwas mehr Kontakt mit ihnen gehabt, da er zwei Wochen zuvor das Gutachten über Alejo gemacht hatte. In erster Linie hatten wir uns die Informationen über Alejos Familie jedoch bei seinem Psychiater, Dr. Freeman, geholt. Alejos Mutter war Allgemeinmedizinerin mit eigener Praxis, sein Vater war Versicherungsangestellter. Sie waren beide hochgewachsene, gutaussehende Menschen skandinavischen Typs, ein Paar wie aus einem Werbeprospekt. Sie begrüßten uns herzlich und wechselten noch einige höfliche Worte mit Dr. Freeman, ehe sie sich setzten. Während ich sie beobachtete, wurde mir schlagartig klar, daß hier ein schrecklicher Irrtum geschehen war. Das waren die falschen Eltern für Alejo.

Auch merkte ich bald, daß Mr. und Mrs. Banks-Smith nie eine innige Bindung zu Alejo hergestellt hatten. Als wir unsere Testergebnisse, Berichte und Datenzusammenfassungen übergaben, sahen beide alles aufmerksam durch und stellten intelligente Fragen, jedoch auf die gleiche überlegte, aber distanzierte Art, wie Jeff, Dr. Freeman und ich das taten. Sie sprachen nicht wie Eltern mit uns, sondern wie Kollegen.

»Sie sagen also, daß Alejo hinter seiner Altersgruppe zurück ist«, sagte Mr. Banks-Smith zu Jeff. »Wie drückt sich das in bezug auf seinen IQ aus?«

»Wenn Sie die IQ-Daten als eine Art glockenförmige Kurve sehen, dann befindet sich der Durchschnitt, der den größten Teil der Bevölkerung umfaßt, hier, im dicksten Teil.«

»Nein, nennen Sie mir einfach sein Ergebnis, bitte. Was für einen IQ hat er?« fragte Mr. Banks-Smith.

»Ehrlich gesagt, widerstreben mir solche Festlegungen«, antwortete Jeff. »Der IQ ist ein relatives Maß, und die Tests spiegeln nicht immer das wahre Bild.«

»Nun kommen Sie schon, nur die Zahlen«, entgegnete Mr. Banks-Smith.

»Na schön. Ich habe den HAWIC mit ihm gemacht. Da kam er im Verbalteil auf fünfundsechzig und beim Handlungstest auf neunundsiebzig. Daraus ergibt sich ein Gesamt-IQ von vierundsiebzig.«

»Das heißt, er ist zurückgeblieben, nicht wahr?« fragte Mr. Banks-Smith.

»Im allgemeinen betrachten wir beim IQ siebzig als die Grenze, aber im Ernst, Sir, wir messen einzelnen Ergebnissen nicht gern solches Gewicht bei, besonders nicht in einem Fall wie Alejos, wo kulturelle Faktoren die Resultate beeinflußt haben könnten.«

»Und Sie –«, wandte sich Mrs. Banks-Smith an mich, »Sie sagten, es gäbe eindeutige Anzeichen für einen Gehirnschaden.«

»Mögliche, nicht eindeutige. Es ist sehr schwierig, bei solchen Dingen etwas mit Gewißheit zu sagen«, antwortete ich.

»Was hat die Schädigung verursacht?« fragte Alejos Vater. »Ist sie eine Folge äußerer Einflüsse?«

»Das kann man nicht sagen. Er hat Anzeichen für eine Aphasie, also die Unfähigkeit, Wörter auf die übliche Weise zu gebrauchen und zu verstehen. Die meisten Kinder, bei denen ich diese Behinderung beobachtet habe, wurden damit geboren.«

»Es kann also sein, daß er von Anfang an geschädigt war. Das ist es doch, was Sie sagen?«

Ich wollte es nicht sagen, aber es war leider wahrscheinlich wahr.

»Man kann also im Grunde nichts gegen Alejos Störungen tun?« sagte Mrs. Banks-Smith.

»Doch, man kann etwas dagegen tun«, entgegnete Jeff rasch. »Alejo hat zum Beispiel im Umgang mit anderen Menschen große Fortschritte gemacht. Sein soziales Verhalten ist gut, und er hat mit einigen der anderen Jungen Freundschaft geschlossen. Da hat sich einiges verändert, nicht wahr, Torey?«

Ich nickte.

»Ich denke, wenn er weiter ins Institut käme –«, begann Dr. Freeman, aber Mrs. Banks-Smith schnitt ihm mit einer kurzen Geste das Wort ab.

»Nein, meine Frage ist folgende: Im Grunde kann man ihm nicht helfen. Sie können ihn nicht intelligenter machen. Sie können die Schädigung nicht beheben.«

»Äh, nein ...«, sagte Dr. Freeman.

Mir war, als fiele ich in ein tiefes Loch. Wir hatten verloren. Vielleicht hatten wir schon verloren gehabt, ehe wir begonnen hatten. Ich hatte den Verdacht, daß Mr. und Mrs. Banks-Smith bereits beschlossen hatten, Alejo nach Südamerika zurückzuschikken, daß sie in der Tat die ersten Schritte schon unternommen hatten, ehe sie zu diesem Gespräch gekommen waren. Wie dem auch sein mochte, ich wußte, daß es für Alejo keine Hoffnung gab.

22

»Ich dachte, du hättest vielleicht Lust, morgen abend zu mir zu kommen«, sagte ich zu Sheila, als wir am folgenden Tag zum Fenton Boulevard fuhren. »Morgen ist Freitag, da brauchen wir am nächsten Morgen nicht zur Arbeit. Wir könnten etwas grillen.«

»Grillen? Wo hast du denn in deiner Dachwohnung einen Grill?«

»Ich habe eine kleine Dachterrasse. Auf dem Garagendach. Warte nur bis morgen. Dann zeig' ich's dir.«

Sheila lächelte beglückt. »Ja, das würde mir echt Spaß machen.« Sie schwieg einen Moment, ehe sie mich ansah und fragte: »Wie ist die Besprechung mit Alejos Eltern gestern gelaufen?«

Ich zuckte die Achseln.

»Wie sind sie?«

»Ganz in Ordnung. Nett eigentlich. Wenn ich sie auf einer Party oder so kennengelernt hätte, wären sie mir wahrscheinlich sympathisch gewesen.«

Sie zog eine Haarsträhne vor ihre Augen und musterte sie aufmerksam. »Und was wird jetzt aus ihm? Wollen sie ihn zurückschicken?«

»Das weiß ich nicht mit Sicherheit. Das wird Dr. Freeman mit ihnen besprechen. Er ist Alejos Therapeut. Wir haben darüber nicht gesprochen.«

»Ja, aber ihr tut doch was dagegen, oder? Du und Jeff, mein' ich. Ihr werdet doch versuchen, sie davon abzuhalten«, sagte Sheila drängend. »Ich mein', ihr laßt das doch nicht zu.«

Ich seufzte. »Ich würde es gern verhindern, aber wenn sie dazu entschlossen sind, kann ich nicht viel dagegen tun.«

»Aber du läßt sie das doch nicht tun?«

»Ich sagte doch . . .«

Sheila beugte sich plötzlich nach vorn und hielt mit beiden

Händen ihren Kopf, als hätte sie Schmerzen. »Das darf nicht passieren. Oh, mein Gott, sie haben ihn hier hergeholt. Er hat hier alles bekommen. Alles ist so schön.«

Ich hörte die Tränen in ihrer Stimme und merkte, wie mir selbst die Tränen kamen. Unerwartet schossen sie mir in die Augen, so daß ich die Straße vor mir nur noch wie durch einen Schleier sah. Die Ungeheuerlichkeit dessen, was mit Alejo geschah und mit ihm allen unglücklichen Opfern, überwältigte mich plötzlich. »Ich würde auch am liebsten weinen«, sagte ich.

Verdutzt sah Sheila mich an. Ich wischte mir die Tränen weg. »Ich fühle mich so hilflos, wenn so etwas geschieht. Ich möchte so gern etwas tun, und ich kann einfach nicht.«

Mit gerunzelter Stirn starrte sie mich erstaunt an. Im Gegensatz zu mir weinte sie nicht.

»Das hilft manchmal«, sagte ich von meinen Tränen und wischte die letzte weg. »So wie die Dinge liegen, ist es ungefähr das einzige, was ich noch tun kann.« Ich lächelte ihr zu.

»Ich möchte auch manchmal weinen, aber ich tu's nie«, sagte Sheila. »Ich spüre, wie es in mir aufsteigt, und genau wenn ich denke, jetzt geht's los, verschwindet das Gefühl wieder.«

Ich nickte.

»Eigentlich mach' ich, daß es verschwindet«, erklärte sie. »Nicht, daß ich es will, aber plötzlich denk' ich mir, was soll das? Das ist doch gar nicht wirklich. Was ist das denn schon alles? Ein Haufen chemischer Substanzen, die in meinem Hirn rumwirbeln. Ein Haufen Moleküle. Was für welche? Kohlenstoff? Wasserstoff? Und worauf läuft es denn im Grund hinaus? Auf nichts. In Wirklichkeit ist es nichts.«

»Glaubst du das?« fragte ich.

»Ja.«

»Wirklich?«

Sie zuckte die Achseln. »Es kommt mir einfach, ob ich will oder nicht.«

Unseren letzten gemeinsamen Tag, den Freitag, feierten wir mit einem besonderen Spiel: Malen mit Schokoladenpudding anstatt Fingerfarben. Sowohl Miriam als auch ich kannten dieses Spiel aus eigener Erfahrung, wir waren also auf die Riesenschweinerei, die dabei unweigerlich herauszukommen pflegte, vorbereitet. Miriam brachte am Morgen einen Stoß alter Hemden mit, die die Kinder zum Schutz ihrer Kleidung überziehen sollten. Dann rückten wir die Tische zur Seite und legten den ganzen Boden mit Zeitungen aus, ehe wir große Malblätter verteilten. Als das getan war, rührten wir riesige Schüsseln Fertigpudding an.

Sheila und Jeff amüsierten sich königlich angesichts unserer Vorbereitungen. Jeff, der Freudianer, las natürlich alles mögliche in die glitschige braune Masse hinein, aber er war dann der erste, der seine Hand tief in eine der Schüsseln tauchte und einen Schlag Pudding auf Violets Malbogen klatschte. Mit großem Vergnügen versorgte er sämtliche Kinder mit großzügigen Portionen.

Die Kinder waren natürlich begeistert. Es wanderte mehr in die Münder als auf das Papier, und binnen kurzer Zeit hatten sie fast alle Puddinggesichter, aber das war ja eben die Wonne. Von den vielfältigen Spielen, die ich im Lauf der Jahre mit meinen Kindergruppen ausprobiert hatte, war dies hier mein liebstes. Alle Aktivitäten, die mit einer solchen Schweinerei verbunden sind, haben etwas ungemein Befreiendes, aber wenn dann noch mit Essen gemanscht werden darf, gibt das ein besonderes Gefühl von Freiheit. Die glitschige Kühle des Puddings, die großen Mengen, die Erlaubnis, ihn mit den Fingern zu verschmieren und mit der Zunge vom Papier aufzulecken, löste bei allen ungehemmte Fröhlichkeit aus. Jedes Kind im Zimmer war offen und lebendig.

Auch Sheila ließ sich verführen. Tatsächlich war sie den ganzen Morgen ungewöhnlich offen und umgänglich gewesen, hatte spontan mit mehreren Kindern geschwatzt und Mikey zu seinem Vergnügen hoch in die Luft geworfen. Alejo hatte anfangs gezögert, den Pudding zu berühren, darum setzte sich Sheila zu ihm auf den

Boden und begann an seiner Stelle mit dem Malen, wobei sie ihn immer wieder ermunterte mitzumachen. Sie nahm einen Finger voll Pudding vom Papier auf und hielt ihn Alejo zum Kosten hin. Als er nicht wollte, aß sie den Pudding selbst und verschmierte ihn im Spiel über ihren ganzen Mund. Das brachte Alejo zum Lachen. Er hatte ein wundervolles Lachen, sehr hell und jungenhaft, und wir drehten uns alle überrascht nach ihm um, als wir es hörten. Jetzt tauchte auch er seinen Finger hinein und ließ den Pudding langsam in seinen Mund tropfen. Dann kicherte er laut los.

Ich war glücklich über den Erfolg dieses Spiels. Alle lachten und redeten, und ich empfand eine tiefe Befriedigung, während ich sie beobachtete.

Sheila kam zu mir und sagte: »Ich geh' mit Alejo runter in die Toilette. Er muß mal. Außerdem ist er voller Pudding, da spül' ich ihn gleich mal gründlich ab.« Und Alejo sah mit puddingbraunem Gesicht lachend zu mir hinauf.

»Ja, es wird sowieso langsam Zeit, daß wir anfangen sauberzumachen«, antwortete ich.

Nachdem ich den Kindern verkündet hatte, daß wir in fünf Minuten Schluß machen würden, ging ich zu Jeff und Miriam und schlug ihnen vor, sie sollten mit den Kindern, sobald sie wieder halbwegs präsentabel waren, in der Pause in den Hof hinausgehen. Ich würde inzwischen das Zimmer saubermachen. Sie waren beide damit einverstanden, und bald danach war ich allein in dem Zimmer, in dem es aussah wie nach der Explosion in einer Puddingfabrik.

Es war so viel sauberzumachen, daß ich gar nicht dazu kam, auch in den Hof zu gehen. Durch das offene Fenster hörte ich Jeff, der ein Ballspiel beaufsichtigte, das Erinnerungen an meine eigene Kindheit weckte. Die warme, trockene Sommerhitze, das Licht, das vom Laub der Balsampappeln gefiltert durch das Fenster strömte, die fröhlichen Kinderstimmen, dies alles zusammen ließ diesen Moment in dem leeren Klassenzimmer wie verzaubert erscheinen.

Nach einer guten halben Stunde kamen die Kinder wieder herein. Als alle ihren Platz gefunden hatten, schaute ich mich um. »Wo sind Sheila und Alejo?«

»Genau das wollte ich dich gerade fragen«, gab Jeff zurück.

Ich sah ihn verständnislos an. »Wie meinst du das?«

»Na ja, ich dachte, sie seien drinnen geblieben, um dir beim Saubermachen zu helfen. Ich dachte, du hättest sie vielleicht nach unten geschickt, um etwas zu holen.«

»Was? Waren sie denn nicht mit euch draußen?«

Jeff schüttelte den Kopf.

»Miriam?« rief ich. »Haben Sie Sheila und Alejo gesehen? Waren sie nicht mit Ihnen draußen?«

Miriam sah mich überrascht an. »Ich dachte, sie seien hier bei Ihnen.«

Mir gefror buchstäblich das Blut in den Adern.

»Wann hast du Sheila zuletzt gesehen?« fragte Jeff.

»Vor einer Ewigkeit. Sie ist mit Alejo zur Toilette gegangen. Ich war die ganze Zeit hier im Zimmer und nahm an . . .«

Ich versuchte, die aufsteigende Panik zu unterdrücken, als ich in den Korridor hinauslief und dann die Treppe hinunter zu den Toiletten. Ich stürzte in die Mädchentoilette, riß die Türen sämtlicher Kabinen auf, suchte um die Ecke, wo die Mülleimer standen. Dann ging ich nach nebenan, in die Knabentoilette, und tat dort das gleiche. Nichts.

Als ich wieder im Klassenzimmer war, zogen Jeff und ich uns nach hinten zurück, um zu überlegen, was wir tun sollten, während Miriam die Kinder beschäftigte.

»Was ist denn passiert? Wohin können sie verschwunden sein?« fragte Jeff.

»Ich weiß es nicht. Ich habe keine Ahnung, was eigentlich los ist. Sheila war ganz in Ordnung, als sie heute morgen kam.«

»Ist sie schon öfter ausgebüchst?« fragte Jeff.

»Nein, ich glaube nicht. Das heißt, ich weiß es nicht. Damals, als sie sechs war, hat sie so was jedenfalls nicht getan.«

»Das ist lange her«, stellte er bissig fest.

»Aber weshalb sollte sie denn weglaufen? Sie war nicht unglücklich, jedenfalls nicht, soweit ich sehen konnte. Sie war ausgesprochen nett heute morgen, richtig guter Stimmung.«

»Ja«, sagte Jeff düster. »Wie Selbstmörder, wenn sie ihren Entschluß gefaßt haben.«

Schweigend sahen wir einander an.

»Aber warum hat sie Alejo mitgenommen?« fragte er. »Das ist die gefährliche Frage.«

Kaum hatte Jeff es ausgesprochen, wußte ich es. »Sie hatte Angst um Alejo. Sie hatte Angst, seine Eltern würden ihn nach Südamerika zurückschicken.«

»O Gott. Und jetzt ist sie mit ihm getürmt?« fragte Jeff. Er schwieg einen Moment. »Warum hast du mir nicht gleich gesagt, daß so was passieren könnte, Hayden? Wir hätten darauf gefaßt sein müssen, daß sie so etwas tun könnte.«

»Aber ich habe ebensowenig angenommen, daß sie so etwas tun könnte, wie ich annehmen würde, daß du dir ein Kind schnappen und türmen würdest«, gab ich ärgerlich zurück.

»Jetzt scheinst du aber ziemlich überzeugt zu sein, daß das der Grund für ihr Verschwinden ist. Es ist dir auf Anhieb eingefallen; also mußt du doch gewußt haben, daß die Möglichkeit bestand, daß sie etwas tun würde, um Alejo davor zu bewahren, zurückgeschickt zu werden.«

»Ich hab's aber nicht gewußt. Habe ich was getan? Hast du was getan? Wir waren doch beide entsetzt über die Reaktion von Alejos Eltern. Aber wir haben nichts unternommen. Weshalb hätte ich annehmen sollen, daß Sheila etwas unternehmen würde?« schrie ich.

Jeff sah mich finster an.

Selbst in den schlimmsten Situationen hatte Jeff, solange ich ihn kannte, nie den Humor verloren. Diesmal war es anders. Diesmal war er wütend auf mich und benahm sich, als hätte ich ihm irgendwelche düsteren Geheimnisse über Sheilas Gemütszustand vorenthalten. Das verletzte mich und machte mich zornig. Hilfreich war das in dieser Situation nicht. In den ersten fünfzehn Minuten der Krise war keiner von uns beiden fähig, einen klaren Gedanken zu fassen.

Jeff hatte recht mit seiner Behauptung, ich wäre überzeugt, daß Sheila mit Alejo durchgebrannt war. Zwar war ich vorher überhaupt nicht auf den Gedanken gekommen, daß Sheila so etwas tun könnte, nun aber, da es geschehen war, fiel es mir wie Schuppen von den Augen. Sie war verzweifelt; verzweifelte Maßnahmen waren angesagt. Der erste logische Schritt war, das ganze Schulgelände gründlich zu durchsuchen. Nachdem also Jeff und ich das erste Stadium gegenseitiger Beschuldigung überwunden hatten, halfen wir Miriam, die Kinder zur Ruhe zu bringen, und ließen sie dann allein, um uns auf die Suche zu machen.

Ich durchsuchte methodisch jedes Zimmer, jeden Schrank, jede Kammer, für die wir Schlüssel und manche, für die wir keine Schlüssel hatten. Ich hoffte, Sheila würde – selbst wenn sie ernsthaft vorhatte, mit Alejo durchzubrennen – zunächst einmal versuchen, sich im Schulhaus zu verstecken, bis wir alle weg waren. Ich ließ deshalb keinen Winkel bei meiner Suche aus. Als ich nichts fand, ging ich zusammen mit Jeff nach draußen, um Hof und Spielplatz und den Park gegenüber zu durchsuchen. Nervös sah ich immer wieder auf meine Uhr. Mir graute vor dem Moment, wenn die Kleinbusse kommen würden, um die Kinder abzuholen. Dann würden wir dem Fahrer, der Alejo mitzunehmen pflegte, sagen müssen, daß es keinen Alejo mitzunehmen gab. Jeff hatte sich einigermaßen beruhigt, aber er war immer noch gereizt. Deshalb behielt ich meine Gedanken für mich.

So gründlich wir auch suchten, wir fanden keine Spur von den beiden Kindern. Es wurde halb eins, und Miriam brachte die Kinder vor die Tür. Als das Taxi vorfuhr, um Alejo abzuholen, mußten wir uns geschlagen geben. Ich erklärte dem Fahrer nichts, sagte lediglich, Alejo würde nicht mitkommen, was der Mann brummig zur Kenntnis nahm. Jeff war inzwischen hineingegangen, denn er hatte die schwere Aufgabe übernommen, Dr. Rosenthal und Alejos Eltern anzurufen.

Miriam, die nach der Mittagspause andere Verpflichtungen hatte, fuhr nach Hause. Jeff und ich blieben allein zurück.

»Ach, verdammt«, murmelte Jeff. »Warum mußte es so enden? Es lief alles so gut. Es war eine so phantastische Erfahrung. Warum mußte es so enden?«

Dann traf Dr. Rosenthal ein. Als ich ihn groß und imposant zur Tür hereinkommen sah, wurde mir der Ernst der Situation erst so richtig bewußt. Er hatte uns nie in der Schule besucht. Er hatte zwar den Ablauf des Programms aufs genaueste verfolgt, sich von Jeff und mir wöchentliche Berichte liefern lassen und an mehreren Elterngesprächen als Beobachter teilgenommen; im übrigen jedoch war dies ganz allein unser Projekt gewesen. Als ich ihn jetzt sah, erschien er mir wie ein strenger Vater, der gekommen ist, die Dummheiten seiner Kinder wieder in Ordnung zu bringen. Jeff und ich waren um so vieles jünger als alle anderen am Institut, besaßen so viel weniger Erfahrung, daß wir im Vergleich mit der korrekten Anzug-und-Krawatte-Förmlichkeit der anderen immer wie Kinder erschienen. Gelegentlich hatte mich das sogar amüsiert, aber als ich jetzt den hochgewachsenen, leicht ergrauten Mann im eleganten dunklen Anzug vor mir stehen sah, kam ich mir nur wie eine dumme kleine Gans vor.

Er kam durch das Zimmer an den Tisch, an dem Jeff und ich saßen, und nahm auf einem der kleinen Stühle Platz. »Wußten Sie, daß dieses Mädchen ein Risiko war?« fragte er mich.

Normalerweise bleibe ich unter Druck ganz gelassen, aber diesmal war das nicht so. Es war nach Mittag, und ich war hungrig. Ich machte mir große Sorgen und war zermürbt von dem quälenden Verdacht, dies alles könnte allein meine Schuld sein. Obwohl Dr. Rosenthal seine Frage ganz normal und direkt formuliert hatte, war sie dem Verhör, dem Jeff mich in den letzten anderthalb Stunden unterzogen hatte, allzu ähnlich. Prompt begann ich zu weinen.

Das brachte Jeff aus der Fassung. Peinlich berührt wandte er sich ab. Dr. Rosenthal jedoch kam um den Tisch herum zu mir und legte mir die Hand auf die Schulter. »Machen Sie sich keine Sorgen«, sagte er. »Das kommt schon wieder in Ordnung.«

Wenigstens einer, der das glaubte.

Alejos Vater kam um halb zwei. »Was ist los? Was ist passiert? Wer ist dieses Mädchen?« fragte er. Wie bei Jeff äußerte sich seine Besorgnis in Form von zorniger Erregung. Er hob drohend die Faust in unsere Richtung. »Warum haben Sie nicht aufgepaßt?«

Dr. Rosenthal nahm Jeff und mir die Erklärung ab. »Wenn ich recht unterrichtet bin, erwägen Sie, Alejo nach Kolumbien zurückzuschicken«, sagte er zu Mr. Banks-Smith.

Diese Frage traf Alejos Vater völlig unvorbereitet. Er sah Dr. Rosenthal verständnislos an.

»Ist das richtig?« hakte Dr. Rosenthal nach.

»Nun ja . . .«, Mr. Banks-Smith geriet einen Moment ins Stocken und sah vom einen zum anderen. »Was hat das mit der Sache zu tun?«

»Das junge Mädchen, das mit Alejo verschwunden ist, hat eine große Zuneigung zu dem Jungen gefaßt. Sie hatte Angst, er könnte in das Waisenhaus zurückgeschickt werden.«

Banks-Smith senkte den Blick.

»Ich glaube nicht, daß Alejo in Gefahr ist«, fuhr Dr. Rosenthal fort. »Nach den Erfahrungen meiner Mitarbeiter ist sie ein vernünftiges, gescheites Mädchen. Ich bin daher der Meinung, daß es für uns vor allem darauf ankommt, ruhig und rational zu reagieren. Es ist eine unglückselige Geschichte, aber ich bin überzeugt, es wird sich alles zum Guten wenden.«

Ich wäre Dr. Rosenthal am liebsten um den Hals gefallen, so dankbar war ich ihm für seine Unterstütung. Zum ersten Mal seit Sheilas Verschwinden hatte ich das Gefühl, daß vielleicht doch nicht alles so schlimm war.

Ein letztes Mal durchsuchten wir die Schule und die nähere Umgebung mit aller Gründlichkeit. Dr. Rosenthal setzte sich mit dem Hausmeister in Verbindung, der uns die Schlüssel zu den Räumen der Schule gab, die uns zuvor verschlossen gewesen waren. Nun konnten wir wirklich jeden Winkel durchsuchen. Aber wir fanden nichts, auch nicht eine einzige Spur.

Um vier Uhr fuhren wir ins Institut zurück. Dort erwartete uns Mrs. Banks-Smith. Dr. Rosenthal war es gelungen, den zornigen Mr. Banks-Smith so gründlich zu besänftigen, daß er sich sehr hilfreich an der Durchsuchung der Schule beteiligt hatte. Nun gesellte sich seine Frau zu unserer Runde im Konferenzraum und gab uns willkommene Tips, was für ein Verhalten von Alejo in dieser Situation eventuell zu erwarten war. Inzwischen hatte man auch Sheilas Vater an seinem Arbeitsplatz angerufen, und wir warteten alle auf ihn.

Während wir auf Mr. Renstad warteten und mit unseren Kaffeetassen im Flur vor dem Konferenzzimmer herumstanden, kam Dr. Rosenthal zu mir. »Kommen Sie doch bitte einen Moment mit in mein Büro«, sagte er.

Im Gegensatz zu den hellen Lampen und der nervösen Betriebsamkeit im Konferenzraum war es in Dr. Rosenthals Büro dämmrig und still. Er als Institutsleiter hatte das größte Büro von uns, einen Raum von spätviktorianischer Eleganz mit einem mahagonigetäfelten offenen Kamin und Stuckdecke. Den Boden bedeckte ein dicker Teppich, und neben der obligaten Couch gab es noch einen sehr bequemen Ledersessel, in dem man versank wie in Abrahams Schoß.

»Erzählen Sie mir ein bißchen mehr von diesem Mädchen«, forderte mich Dr. Rosenthal auf. »Was für eine Geschichte hat sie?«

»Sie war früher einmal eine Schülerin von mir«, antwortete ich.

Ich hatte schon im Konferenzzimmer in aller Kürze meine Beziehung zu Sheila geschildert, aber jetzt ging ich ins Detail. Ich erzählte Dr. Rosenthal von ihrem lieblosen Zuhause, vom Verschwinden ihrer Mutter, von den Mißhandlungen und dem Mißbrauch, denen sie ausgesetzt gewesen war.

Nickend griff Dr. Rosenthal über seinen Schreibtisch und schaltete den Kassettenrekorder ein, der auf dem Fensterbrett stand. Die ersten Töne von Mozarts Klavierkonzert Nr. 20 erklangen. Er neigte den Kopf und hörte zu. Mir klangen sie wie düstere Vorboten des Unheils.

»Es ist eigentlich ganz verständlich, nicht wahr«, sagte Dr. Rosenthal schließlich. »Hier haben wir ein Kind, das selbst von seiner Mutter verlassen wurde. Dieses Mädchen identifiziert sich mit dem Jungen, der in Kolumbien verlassen wurde. Er wurde gerettet, aber jetzt droht er erneut verlassen zu werden.«

Ich nickte.

Er sah mich an. »Es spricht eigentlich nur für sie. Sie ist im Grunde ihres Herzens ein gutes Kind.«

»Ich glaube – wenn ich meine letzten Erfahrungen mit Sheila richtig deute –, daß hier noch eine andere Art der Identifizierung vorliegt. Sehen Sie, Sheila und ich – also, ich glaube, sie sieht mich in der gleichen Rolle wie Alejos Eltern: Ich habe sie aus ihrem früheren Leben herausgeholt, indem ich sie in meine Gruppe aufnahm, wo sie Geborgenheit fand und emotional zuverlässige Erwachsene, und dann, als das Schuljahr zu Ende war ...«

Meinen Worten folgte tiefe Stille. Die Musik, die sie eigentlich hätte ausfüllen müssen, verstärkte sie nur.

»Ich wollte das nicht«, sagte ich. »Es fällt mir schwer, zu akzeptieren, daß sie das, was ich für eine so gute Erfahrung hielt, als Verlassenwerden interpretiert... Sie erinnert sich nicht einmal daran, von ihrer Mutter verlassen worden zu sein. Aber sie erinnert sich, daß ich sie verlassen habe. Und jetzt das.«

»Tja«, sagte Dr. Rosenthal, und das war alles. Er lehnte sich in seinem Sessel zurück und sah zur verschnörkelten Decke hinauf. Die Musik hüllte uns ein.

Als ich aus Dr. Rosenthals Büro kam, war Sheilas Vater schon im Konferenzzimmer. Er war direkt von seiner Arbeitsstelle gekommen und trug schmutzige Jeans und ein verschwitztes Hemd. Die Metallkappen seiner Stiefel schlugen klappernd gegen die Beine seines Stuhls und des Konferenztisches. Sobald ich ihn sah, wußte ich, daß es ein Fehler gewesen war, ihn herzuholen. Seine verwahrloste Erscheinung war an sich schon abschreckend, aber schlimmer noch war sein Gerede. Ich hatte mich bemüht, die schlimmsten Aspekte von Sheilas Kindheit herunterzuspielen, da ich der Meinung war, daß das, was sie mit fünf oder sechs Jahren getan hatte, ihr heute, mit vierzehn, nicht mehr angelastet werden konnte. Ohne darauf hinzuweisen, daß es schon Jahre zurücklag, erklärte Mr. Renstad bereitwillig, daß Sheila bereits mehrmals mit der Polizei in Konflikt gekommen sei. Als ich einhakte, gab er zu, daß sie schon seit der Zeit, als sie bei mir in der Klasse gewesen war, also seit fast zehn Jahren, nichts mehr mit der Polizei zu tun gehabt hatte. Dann jedoch fügte er hinzu, sie habe der letzten Pflegefamilie größte Schwierigkeiten bereitet, weil sie immer wieder durchgebrannt sei, so daß man sie schließlich in ein geschlossenes Kinderheim habe stecken müssen. Als er seine Tiraden beendet hatte, bestanden die Banks-Smiths darauf, die Polizei zu alarmieren.

Um dreiviertel sieben trafen zwei Polizeibeamte ein – ein großer, bulliger Mann namens Durante, und eine Frau namens Metherson mit kurzem blonden Haar und stählernem Blick. Im Konferenzzimmer befanden sich zu diesem Zeitpunkt noch Dr. Rosenthal, Sheilas Vater, die Banks-Smiths sowie Jeff und ich. Noch einmal berichteten Jeff und ich, was geschehen war. Ich war mittlerweile wie betäubt nach all der Aufregung und erzählte nur rein sachlich, was sich abgespielt hatte, ohne den Versuch zu machen, irgend etwas zu deuten. Danach blieb Durante mit den anderen im Konferenzzimmer, während Jeff und ich mit Metherson in unser Büro gingen, um der Beamtin Sheilas Akte zu zeigen und ihr nähere Auskünfte über unser Sommerschulprogramm zu geben. Als wir ins Konferenzzimmer zurückkehrten, sahen wir, daß jemand Sandwiches hatte bringen lassen. Jeff und ich hatten seit dem Morgen nichts mehr gegesen und fielen ausgehungert über die Brote her.

Die Zeit verging quälend langsam, schien beinahe zum Stillstand zu kommen. Die Polizeibeamten waren wieder gegangen, doch wir blieben alle, da wir nicht wußten, was wir sonst tun sollten. Im Gegensatz zur Hektik des Nachmittages und des frühen Abends gab es jetzt nichts anderes zu tun, als zu warten. Und zu essen. Eine neue Ladung Sandwiches wurde bestellt, und irgend jemand lief hinüber in die Bäckerei und brachte ein Dutzend Doughnuts mit. Dr. Rosenthal machte frischen Kaffee, und Jeff räuberte den Colaautomaten. Da ich den ganzen Tag noch nichts zu mir genommen hatte und zur Untätigkeit verdammt war, aß ich viel zu viel. Danach fühlte ich mich um so lethargischer und depressiver.

Als ich gegen neun Uhr abends aus der Toilette kam, fand ich Mr. Renstad an der Eingangstür vor. Er wollte nach Hause fahren; ich vermute, daß er praktisch schon gleich nach seiner Ankunft wieder nach Hause gewollt hatte, jetzt jedoch schien es ihn zu drängen.

»Ich weiß nicht, was wir da noch tun können«, sagte er erschöpft. »Es hilft doch nichts, wenn wir hier rumsitzen. Hierher kommt sie sowieso nicht.«

Ich nickte.

»Wir müssen einfach abwarten, das ist alles. Das ist das einzige, was man bei Sheila tun kann.«

»Wie oft ist so etwas denn schon passiert?« fragte ich.

Er zuckte die Achseln. »Oft genug.«

»Und wohin geht sie dann?«

Wieder zuckte er die Achseln. »Das sagt sie mir nicht, und ich frag' nicht. Das hat sie von ihrer Mutter. Tut, was sie will, wann sie's will, wie sie's will, und ich hock' zu Hause und hoff', daß sie keinen Mist macht.«

»Sie hatte doch in letzter Zeit nicht mit der Polizei zu tun, oder?« fragte ich und hatte beinahe Angst vor der Antwort.

Er schüttelte den Kopf. »Nein.«

Einen Moment lang trat Schweigen ein. Ich blickte durch die Glastür hinaus ins sommerliche Zwielicht. »Könnten Sie mir vielleicht etwas mehr über Sheilas Aufenthalt in den Pflegefamilien erzählen? Darüber hat sie mit mir kaum gesprochen. Bei wie vielen Familien war sie eigentlich?«

Mr. Renstad blies die Backen auf und stieß den Atem aus. »'ne ganze Menge. Ich weiß nicht so genau. Zehn vielleicht.«

»Zehn?« sagte ich überrascht. Ich hatte geglaubt, es seien drei oder vier gewesen. »Wann denn? Als Sie – nicht da waren?«

»Genau.« Er nickte. »Damals, als ich in Marysville war. Und wie ich im Krankenhaus war. Zweimal war ich da. Zum Entzug. Sie wissen schon.« Er lächelte verlegen.

»Zehnmal in welcher Zeit? In sechs oder sieben Jahren?«

»Sie ist nirgends geblieben. Beim ersten Mal war's ganz okay. Sie war vielleicht acht, wie sie das erste Mal in Pflege gekommen ist. Die Leute machten einen richtig guten Eindruck. Sie haben mich immer mit ihr besucht. Das war, wie ich in Marysville war. Da haben sie sie jeden Monat mal runtergefahren. Aber dann war auf einmal Schluß. Stellt sich raus, daß er sie gebumst hat, der Alte. Vor mir spielt er den Ehrenmann, und nachts bumst er meine Tochter.«

Ich sah ihm forschend ins Gesicht.

»Sie hat mir nichts davon gesagt, aber sie ist dort abgehauen. Sie hat nie was zu mir darüber gesagt, aber sie haben den Kerl erwischt, wie er das nächste Kind gebumst hat, das sie bei ihm untergebracht haben. Drum denk' ich mir, daß er das mit meiner Tochter auch gemacht hat.«

Mein Gott, dachte ich, hört das denn niemals auf?

»Der Kerl ist dran schuld, daß sie dann nirgends mehr geblieben ist. Vorher hat sie so was nie getan, aber von da an ist sie jedesmal getürmt. Man braucht nur mal wütend zu werden, und schon ist sie weg. Wie ein Hase. Die können Sie hinstecken, wo Sie wollen, die hält nichts auf. Das hat sie von ihrer Mutter, sag' ich Ihnen. Wenn sie weg will, ist sie weg, und von denen da drin« – er wies zum Konferenzzimmer – »findet sie bestimmt keiner.«

23

Unser ganzes Warten brachte nichts, und schließlich mußten wir aufgeben und nach Hause gehen. Ich lag in meinem Bett und konnte nicht schlafen. Unablässig dachte ich über meine Beziehung zu Sheila nach. Es war so leicht gewesen zu glauben, daß das, was ich ihr gegeben hatte, als sie sechs war, ausreichend gewesen war, um ihrem Leben eine Wende zu geben. Während ich jetzt schlaflos in der Dunkelheit lag, fiel es mir leicht zu glauben, daß ich überhaupt nichts bewirkt hatte.

Am nächsten Tag, einem Samstag, fuhr ich nicht ins Institut, da wir von dort aus sowieso nichts tun konnten, sondern hielt mich in der Nähe des Telefons auf. Irgendwann kam Allan und blieb ein Weilchen, doch er hatte mit mir zusammen aufs Land fahren und in den kleinen Antiquitäten- und Trödelläden herumstöbern wollen, die weit verstreut in den verschlafenen Dörfern lagen. Als ich ihm erklärte, was geschehen war, fiel er aus allen Wolken und bemerkte mehrmals, er habe nie einen Menschen gekannt, der wie ich dauernd in solche Geschichten hineingerate. Er zeigte zwar Mitgefühl, schien aber auch ziemlich beunruhigt. Ich hatte überdies den Verdacht, daß er keine Lust hatte, einen schönen Sommernachmittag in der Stadt zu verbringen. Wie dem auch sei, er ging ziemlich bald wieder, und ich verbrachte den Rest des Tages allein.

Das Telefon läutete oft. Dr. Rosenthal rief dreimal an, um mich auf dem laufenden zu halten. Einmal rief Metherson an, die Polizeibeamtin, und einmal Dr. Freeman, Alejos Psychiater vom Institut. Jeff meldete sich zweimal. Und ich selbst rief am späten Nachmittag Mr. Renstad an, um mich zu erkundigen, ob er irgend etwas gehört hatte. Die Polizei war gerade bei ihm, als ich anrief, so daß ich Gelegenheit hatte, noch einmal mit der Beamtin zu sprechen. Es gab immer noch nichts Neues.

Ich machte mir mein Abendessen und setzte mich damit vor den Fernsehapparat. Da mich keines der Programme fesseln konnte, las ich die Zeitung noch einmal von vorn bis hinten und löste das Kreuzworträtsel. Von Ruhelosigkeit getrieben, dachte ich daran, schwimmen zu gehen. Ich hätte etwas Bewegung gebrauchen können, und die Vorstellung, mich so richtig zu verausgaben und hinterher in der Jacuzzi zu entspannen, hatte durchaus etwas Verlockendes, aber schließlich blieb ich doch zu Hause. Ich räumte mein Geschirr zusammen und trug es in die Küche.

Da klopfte es draußen.

Sheila? Blitzschnell schoß mir der Gedanke durch den Kopf und gab mir sofort neuen Auftrieb. »Augenblick«, rief ich und trocknete meine feuchten Hände.

Wieder klopfte es, lauter, drängender. Ich rannte zur Tür.

Jeff.

»Was tust du denn hier?« fragte ich.

»Na, das ist vielleicht ein freundlicher Empfang«, versetzte er und trat ein. Er sah sich um. »Hier bist du also zu Hause, hm? Gefällt mir.«

»Was tust du hier?«

»Ich dachte, ich komm' ein Weilchen zu dir. Du sitzt am Telefon, ich sitze am Telefon. Da können wir auch gemeinsam am Telefon sitzen. Spielst du Schach? Ich habe mein Schachbrett mitgebracht. Wir könnten auch Trivial Pursuit spielen, aber zu zweit ist das nicht besonders lustig. Ich bin verdammt gut in Trivial Pursuit«, sagte er und lachte.

»Das kann ich mir lebhaft vorstellen.«

Er musterte mein Bücherregal. »Und wo ist das Buch, das du geschrieben hast?«

»Es ist noch nicht veröffentlicht. Es kommt erst im April heraus, aber da drüben liegt das Manuskript.« Ich zeigte es ihm.

Er ging hinüber und nahm es zur Hand, während ich in die Küche zurückkehrte, um fertig sauberzumachen. Ein paar Minuten verstrichen, dann kam Jeff mit einigen Seiten des Manuskripts zu mir.

»Was ist das, Hayden?«

»Was?«

»Hier, Kapitel eins, Seite eins. ›Es war nur ein kleiner Artikel, nur ein paar Absätze auf Seite sechs unter den Comics. Er handelte von einem sechsjährigen Mädchen, das ein Kind aus der Nachbarschaft entführt hatte.‹« Er blickte auf. »Ist das Sheila?«

Entsetzen überfiel mich.

Er las weiter: »›... hatte sie den dreijährigen Jungen mitgenommen, in einem nahen Waldstück an einen Baum gebunden und verbrennen wollen. Der Junge lag danach lange in kritischem Zustand in einem hiesigen Krankenhaus.‹« Jeff hielt inne und sah mich wieder an. »Davon hast du uns nie erzählt.«

»Ich habe nicht daran gedacht.«

»Du hast nicht daran gedacht? Sie hat so was schon mal getan, und du hast nicht daran gedacht?«

Das entsprach nicht ganz der Wahrheit. Ich hatte sehr wohl daran gedacht, ausgiebig sogar, besonders in der Nacht, als ich wach gelegen hatte, aber ich hatte keine Ahnung, wie diese Geschichte ins Bild paßte. Sie klang so grauenvoll. Sie war grauenvoll. Und doch: Hatte sie mit dem, was Sheila jetzt getan hatte, irgend etwas zu tun? Ich bezweifelte es. Und wenn ich die Sache jetzt, in dieser Situation, zur Sprache gebracht hätte, so hätte das nur zu Voreingenommenheit geführt, ohne irgend etwas Nützliches zu bewirken. Genau das sagte ich Jeff.

Er zog eine Augenbraue hoch. »Sei vorsichtig. Du machst dich hier zum Richter und zur Geschworenen zugleich.«

»Findest du denn, daß diese Sache publik gemacht werden muß?« fragte ich.

»Wenigstens Dr. Rosenthal müssen wir es sagen. Ich meine, man kann nicht gerade von einem kleinen Zwischenfall sprechen, oder? Du hast mir ja alles mögliche von ihr erzählt, aber du hast nie auch nur die leiseste Andeutung gemacht, daß sie als Kind solche Dinge getrieben hat. Das hört sich ja an, als hätte sie den Kleinen beinahe umgebracht.«

»Es war ein Signal. Ein Hilfeschrei. Sie hat weder vorher noch nachher je wieder so etwas getan«, entgegnete ich und war davon überzeugt, daß dies die Wahrheit war, auch wenn Sheila und ich über diesen einen Bereich nie gesprochen hatten. Als sie bei mir in der Gruppe gewesen war, hatten wir über alles, was sie anging, miteinander gesprochen, auch über ihr Verlassenwerden, den Mißbrauch und die Schwierigkeiten, die es ihr bereitete, sich unseren Erwartungen anzupassen; an die Sache mit der Entführung jedoch hatten wir niemals gerührt. Ich hatte in den fünf Monaten, die sie bei mir war, oft genug daran gedacht, aber ich hatte nie versucht, sie zum Reden zu drängen. Ich war damals noch keine ausgebildete Psychologin und fand, es stünde mir nicht zu, Sheila zu bedrängen, wenn sie keine Bereitschaft zeigte, darüber zu sprechen. Also hatten wir das Thema ruhen lassen.

Jeff war nicht wohl bei dieser neuen Entwicklung. »Sie könnte eine Dummheit machen«, sagte er immer wieder, als wäre es nicht so, daß wir alle »eine Dummheit machen« können, wenn die Umstände entsprechend sind. Dann folgten die restlichen Erwägungen. »Sie können uns verklagen, wenn etwas passiert und wir diese Sache verschwiegen haben.«

»Sie können uns sowieso verklagen, wenn sie wollen. Allein schon, weil wir Sheila in unser Programm aufgenommen haben. Sie war von Anfang an ein Risiko«, entgegnete ich. »Aber, Herrgott noch mal, sie war ein kleines Kind, als sie diese Dinge getan hat. Ich meine, als ich sechs war, habe ich bei uns im Lebensmittelgeschäft immer Schokolade gestohlen. Bin ich deshalb heute ein Sicherheitsrisiko? Natürlich nicht. Denn als ich alt genug war, um zu wissen, daß man das nicht tat, erwartete man von mir, daß ich mich entsprechend verhielt, und man behandelte mich auch so.«

»Das hier ist schon ein bißchen was anderes als Schokolade klauen, Hayden.«

»Nein, denn der springende Punkt ist doch, daß man sie heute nicht als Kriminelle behandeln sollte wegen etwas, das sie als kleines Mädchen getan hat.«

Jeff schüttelte den Kopf. »Nein, Hayden, der springende Punkt ist, daß dieses Mädchen schon einmal einen kleinen Jungen entführt und ihm Schaden zugefügt hat. Und wenn wir niemandem sagen, daß wir davon wissen, können wir in Teufels Küche kommen.«

Am Ende siegte Jeff, und wir riefen Dr. Rosenthal an. Er hörte ernst und aufmerksam zu. Nur bitte nicht die Polizei, sagte ich. Aber Dr. Rosenthal entgegnete mir freundlich, doch bestimmt mit den gleichen Argumenten wie Jeff. So kam es, daß eine halbe Stunde später Officer Durante mit Jeff und mir an meinem Küchentisch saß.

Als schließlich alle wieder gegangen waren, war ich restlos deprimiert. Was war nur mit diesem Mädchen los? Sie hatte soviel zu bieten, sie hatte solche Gaben, und doch ging immer alles schief. Ich ließ mir ein heißes Bad ein und versuchte, die trüben Gedanken loszuwerden.

Wieder jemand an der Tür. Ich warf einen Blick auf den Wecker auf meinem Nachttisch und sah, daß es fast halb zwölf war.

Officer Durante hatte gesagt, er würde sich nähere Informationen über die Entführung in Marysville beschaffen, und sich, wenn er Fragen haben sollte, wieder bei mir melden. Müde stieg ich aus dem Bett, schlüpfte in meinen Morgenrock und ging zur Tür. Hörte der Typ denn nie auf zu arbeiten?

Es war Sheila. Sie stand mit Alejo im trüben Licht des Treppenhauses vor meiner Tür.

»Können wir reinkommen?« fragte sie.

»Aber ja«, antwortete ich völlig überrascht. »Natürlich, kommt herein.« Ich trat zur Seite, um die beiden einzulassen.

Sheila ließ sich sofort auf das Sofa fallen, und Alejo tat es ihr nach. Er sah verweint aus, mit roten, verschwollenen Augen. Sheila sah nur müde aus.

»Wo seid ihr gewesen? Weißt du eigentlich, daß alle nach euch suchen?« fragte ich. »Ist dir klar, daß die Polizei alarmiert worden ist?«

Sheila schnitt eine Grimasse. »Könntest du uns was zu essen machen? Wir haben schrecklichen Hunger.«

Ich machte ihnen Thunfischsandwiches, und als sie die aufgegessen hatten, gingen sie zu Toast mit Erdnußbutter über, während ich krampfhaft überlegte, wie ich mich verhalten sollte. Ich hielt es nicht für undenkbar, daß Sheila von neuem fliehen würde, wenn ich allzu rasch meldete, daß sie zurück war. Andererseits wußte ich, daß Alejos Eltern sehr besorgt waren, und wollte sie schnellstens wissen lassen, daß dem Jungen nichts zugestoßen war.

Alejo nahm mir die Entscheidung ab. Als ich mich herumdrehte, nachdem ich die Erdnußbutter weggestellt hatte, sah ich, daß er fest schlief, den Kopf auf den Tisch gelegt.

»Komm, Schatz«, sagte ich und hob ihn hoch. Ich trug ihn in mein Schlafzimmer, zog ihm die Schuhe aus und schob ihn unter die Decke. Er wachte überhaupt nicht auf.

Sheila saß immer noch zusammengesunken am Küchentisch. Sie schien etwa in der gleichen Verfassung zu sein wie Alejo. Sie hielt den Kopf in die Hand gestützt, die Finger vor den Augen, so daß ich sie nicht sehen konnte.

»Ich muß jetzt anrufen und Bescheid sagen, daß ihr hier seid«, sagte ich.

»Ich weiß«, murmelte sie müde.

»Warum hast du es getan? Wir haben uns solche Sorgen gemacht, Sheila.«

Sie sah mich an, und ihr Gesicht verzog sich, als wollte sie weinen. »Bitte, sei mir nicht böse. Mach's mit mir einfach genauso wie mit ihm, ja? Sag einfach: ›Komm, Schatz‹, und zeig mir, wie froh du bist, daß ich wieder da bin.«

Als Alejos Eltern eintrafen, schliefen beide, Alejo und Sheila. Ich hatte Alejo aufs Sofa gelegt, weil er so tief schlief, daß Licht und

Lärm ihn nicht störten. Sheila hatte ich in meinem Schlafzimmer zu Bett gebracht. Alejos Eltern weckten den Kleinen kurz mit Umarmungen und Küssen, doch noch ehe sie bei ihrem Wagen ankamen, war er wieder eingeschlafen.

Officer Durante, der gerade seinen Schichtdienst beendete, kam auf dem Heimweg bei mir vorbei. Ich führte ihn ins Schlafzimmer. Er blieb an der Tür stehen und betrachtete die schlafende Sheila. »Dummes Ding«, murmelte er und kehrte ins Wohnzimmer zurück.

»Wie geht es jetzt weiter?« fragte ich.

»Das kommt darauf an, ob die Eltern Anzeige erstatten. Kommt darauf an, was alle anderen machen.«

»Könnte nicht einfach hier Schluß sein?«

Er zuckte freundlich die Achseln. »Möglich.« Er sah mich fragend an. »Ist sie wirklich so ein feiner Kerl?«

»Ja.«

»Dann sagen Sie ihr, sie soll aufwachen.«

24

Sheila stand am folgenden Morgen spät auf und kam wie eine alte Bärin, die gerade aus dem Winterschlaf erwacht ist, ins Wohzimmer getappt. Es war elf Uhr vorbei, und ich hockte mit den Sonntagszeitungen auf dem Boden. Sie ließ sich in den Sessel fallen und musterte mich inmitten meines Zeitungswustes.

»Du lieber Gott, wie viele Zeitungen kriegst du eigentlich?« fragte sie, während sie sich schlaftrunken die Augen rieb.

»Möchtest du ein Glas Organgensaft?«

Sie gähnte und rieb sich wieder die Augen. »Ich bin total steif. Ich glaub', ich hab' mich die ganze Nacht überhaupt nicht gerührt.« Plötzlich schien ihr etwas zu dämmern. Sie schaute sich in meiner Wohnung um, dann sah sie wieder mich an. »Ich kann mich fast nicht mehr einnern, wie ich hierhergekommen bin«, murmelte sie. »Andererseits – wie könnte ich es vergessen!«

»Ja«, sagte ich, »wir müssen mal ein ernstes Wort miteinander reden.«

»Hm«, murmelte Sheila. »Ganz schöne Scheiße, was?«

Einzig Sheilas Vater hatte ich am Abend zuvor nicht angerufen. Ich hätte es tun sollen, natürlich, aber es war bereits sehr spät, und ich war mir ziemlich sicher, daß er über das Verschwinden seiner Tochter keinen Schlaf verlor. Als Sheila jedoch auf war, bestand ich darauf, daß sie ihn anrief.

»Muß ich dann gleich nach Hause?« fragte sie, als ich ihr klarmachte, daß sie, ehe sie irgend etwas anderes tat, ihren Vater anrufen mußte.

»Willst du denn nicht?«

»Könnte ich nicht noch ein bißchen hierbleiben? Nur ein bißchen. Bitte!«

»Jetzt paß mal auf«, sagte ich. »Zuallererst gehst du mal duschen und Zähne putzen. Ich mach' inzwischen das Frühstück, und dann sehen wir weiter. Ich kann dich ja vielleicht erst später nach Hause fahren. Okay? Aber ruf jetzt deinen Vater an.«

Sheila wirkte an diesem Morgen ungewöhnlich verletzlich. Vielleicht lag es nur daran, daß sie nach den aufwühlenden Erlebnissen des vergangenen Tages so erschöpft war. Ganz gleich, was dahintersteckte, sie zeigte ihre Bedürftigkeit ganz offen.

Nach dem Telefongespräch mit ihrem Vater ging sie ins Bad, um sich zu waschen. Sie hatte keine frischen Kleider, darum gab ich ihr einen alten Jogginganzug von mir, den sie überziehen konnte, bis ich ihre Sachen gewaschen hatte. Als ich hörte, daß sie mit dem Duschen fertig war, ging ich ins Bad, um ihre schmutzige Wäsche zu holen. Sie stand mit tropfnassem Haar vor dem Spiegel.

»Gefallen dir meine Haare so?« fragte sie, während sie sich kämmte.

Ich zögerte. Ich wußte nicht, ob ich aus Höflichkeit lügen oder ihr behutsam die Wahrheit sagen sollte.

»Nein, es gefällt dir nicht, stimmt's?« bemerkte sie, mein Zögern richtig deutend. »Du findest, es sieht blöd aus.«

»Nein, das nicht. Aber ich fand eben deine Haare immer so schön. Ich habe mir immer glattes Haar gewünscht, aber ich mußte mich mit Locken abfinden. Und deines war so glänzend und schön.«

Sie strich sich die Haare aus dem Gesicht und nahm sie zu einem Pferdeschwanz zusammen. So hatte sie viel mehr Ähnlichkeit mit der kleinen Sheila von damals. Zum ersten Mal sah ich wieder das kleine Mädchen, das ich gekannt hatte. »Ich weiß nicht, warum ich das tue, warum ich mich so herrichte. Es gefällt keinem.«

»Ich finde, du hast ein gutes modisches Gespür«, bemerkte ich. »Mir gefällt dein Stil. Er ist anders, aber anders zu sein ist ja kein Fehler, und er ist gut.«

»Ich wollte so gern von dir gemocht werden«, sagte sie leise. »Ich möchte von allen gemocht werden, aber immer wenn ich denke, jetzt hab' ich's gleich geschafft, tu' ich irgendwas, damit ich's nicht schaffe. Ich weiß nicht, was das ist. Ich denk' mir zum Beispiel, wenn ich das oder dies anziehe, sagen wir, ein Kleid oder so was, dann finden mich bestimmt alle hübsch. Aber ein anderer Teil von mir funkt sofort dazwischen, und ich leg's weg und nehm' was anderes, von dem ich genau weiß, daß es alle total schockt. Ich weiß, was ich tun muß. Und ich will es auch tun. Aber ich kann einfach nicht.«

Ich lächelte. »Das ist das Teenager-Alter. Das gehört dazu.«

»Nein«, entgegnete sie. »Bei den meisten anderen vielleicht, aber nicht bei mir. Bei mir war das schon immer so. Sogar als ich klein war, als ich mir so sehr gewünscht habe, daß alle mich mögen, konnte ich nie das tun, was es den anderen leichtgemacht hätte, mich zu mögen.«

Am Nachmittag wurde es Zeit, den Tatsachen ins Auge zu sehen und zu einer Lösung zu kommen. Den ganzen Morgen hatte das Telefon geläutet, und es wurde schließlich beschlossen, daß alle, einschließlich Sheila, sich im Institut treffen sollten. Die Atmosphäre war immer noch gespannt, und ich merkte, daß eine polizeiliche Anzeige immer noch im Bereich des Möglichen lag. Aber ich nahm es als gutes Zeichen, daß allen daran lag, sich zusammenzusetzen und die Angelegenheit durchzusprechen, ehe die Behörden eingeschaltet wurden.

Sheila hatte unverkennbar Angst. Zu Hause folgte sie mir auf Schritt und Tritt, machte sich Gedanken über ihr Haar und ihre Kleidung, kaute Fingernägel, fand keinen Moment Ruhe; aber sie sprach ihre Angst nicht aus, machte höchstens einmal eine oberflächliche Bemerkung über das, was bevorstand.

»Wir machen jetzt einfach einen Schritt nach dem anderen«, sagte ich, als wir ins Auto stiegen.

»Ich wollte doch nur tun, was ich für richtig hielt«, sagte sie. »Deswegen ist es so schlimm. Ich wollte nur das Richtige tun.«

»Das weiß ich, Schatz.« Ich steckte den Zündschlüssel ein und neigte mich zu ihr. »Komm her.« Ich zog sie an mich und drückte sie fest. Die Jahre schmolzen dahin. Plötzlich war sie wieder das zarte kleine Mädchen, und der Wille, sie zu beschützen, gab mir das Gefühl, die Kräfte einer Tigerin zu besitzen.

Bei Sheila hatte die Umarmung die gleiche Wirkung. Sie sah mich an, als ich den Motor anließ und losfuhr. »Weißt du, woran mich das erinnert? Weißt du noch, wie ich damals das Zimmer dieser anderen Lehrerin kurz und klein geschlagen habe?«

»Ja.«

»Und weißt du noch, was hinterher war? Du bist mit mir in so eine winzig kleine Kammer gegangen, und ich kann mich erinnern, daß du mich auf den Schoß genommen hast. Ich hatte furchtbare Angst. Was war eigentlich passiert? Hatte der Direktor mich verdroschen oder was? Daran kann ich mich nicht mehr erinnern, aber ich weiß noch genau, wie es hinterher war, wie du mit mir da in die Kammer gegangen bist und mich auf den Schoß genommen hast.«

Ich nickte.

»Ich hab' mich schrecklich gefühlt. Ganz leer innerlich, als hätte mir jemand alle Eingeweide rausgerissen. Und dann hast du mich gehalten. Es war dunkel da drinnen, das weiß ich noch, und ich kann mich erinnern, wie ich mich an dich gedrückt habe und deine Arme gespürt hab', und wie du mich ganz langsam wiederaufgefüllt hast.«

Ich sah sie lächelnd an. »Ja, daran kann ich mich gut erinnern.«

Wir schwiegen beide. Es war ein strahlender und sonniger Tag, ein Sommertag, wie man ihn sich für eine Bootsfahrt auf dem See oder ein Picknick wünscht, und er paßte irgendwie nicht zu der gespannten Stimmung im Auto. Ich richtete meine Aufmerksamkeit auf den Verkehr und dachte zusammenhanglos an Picknickausflüge und daran, wie heiß es wohl werden würde, während im Hintergrund meiner Gedanken das Gespräch mit Sheila nachklang.

»Das hast du aber noch gut in Erinnerung«, sagte ich unvermittelt, als mir plötzlich klar wurde, was mich beschäftigte. »Ich meine, wenn man bedenkt, an wie wenig du dich erinnerst.«

»Ja«, stimmte sie zu. »Langsam kommt alles wieder. Nicht in einer zusammenhängenden Folge von Erinnerungen, sondern in Bruchstücken. Ich weiß nicht, warum das so ist. Auf einmal kommt mir irgendwas in den Kopf.«

An der Besprechung nahmen natürlich die Banks-Smiths teil, dazu Dr. Rosenthal, Jeff und Dr. Freeman sowie Sheilas Vater. Zu Mr. und Mrs. Banks-Smiths Ehre muß gesagt werden, daß sie Sheila ruhig und verständnisvoll begegneten. Dr. Rosenthal führte den Vorsitz über die kleine Gruppe rund um den Konferenztisch und trug mit seiner freundlich höflichen Art viel zur Entspannung der Atmosphäre bei. Aber ich muß sagen, Mr. und Mrs. Banks-Smith imponierten mir.

Von ihnen erfuhren wir, daß Alejo glücklich war, wieder zu Hause zu sein. Er hatte gut geschlafen, am Morgen einen gesunden Appetit gezeigt und sah sich jetzt im Haus seiner Großmutter die Zeichentrickfilme im Fernsehen an. Dr. Freeman war kurz nach Mittag auf einen Sprung bei ihm gewesen, um sich mit ihm zu unterhalten, und war der Ansicht, daß der Junge den aufregenden Ausflug gut überstanden hatte. Ja, meinte er, Alejo sei ausgesprochen umgänglich und redselig gewesen und habe ihm dringend ein neues Spielzeug zeigen wollen.

»Aber wir müssen verstehen, Sheila, warum das passiert ist«, sagte Dr. Rosenthal schließlich.

Sheila, die neben mir saß, senkte den Kopf und sagte nichts.

»Es war nicht richtig. Ich sehe, das ist dir schon klar. Du hast Alejos Eltern in große Unruhe gestürzt, und wir alle haben uns um dich und Alejo Sorgen gemacht.«

»Ich weiß, daß ich allen große Sorgen gemacht habe«, murmelte Sheila mit gesenktem Kopf. »Es tut mir leid. Das wollte ich nicht.«

»Aber warum hast du es getan?« fragte Dr. Rosenthal wieder.

»Weil ich dachte ...« Sie hob den Kopf und sah über den Konferenztisch hinweg die Banks-Smiths an. »Weil ich dachte, sie würden Alejo wegschicken.«

»Und du meintest, da wäre es besser, ihn wegzuholen?«

Sheila nickte.

»Glaubst du das immer noch?« fragte Dr. Rosenthal.

Lange gab Sheila keine Antwort. Sie krampfte ihre Hände im Schoß zusammen, daß die Knöchel weiß wurden. Aber schließlich sah sie Dr. Rosenthal an. »Ja, das glaube ich immer noch.«

»Was wolltest du denn mit ihm tun?« fragte Dr. Rosenthal sie.

Sie zuckte die Achseln. »Ich weiß nicht. Aber ich wollte ihm bestimmt nichts antun, wenn Sie das meinen.«

»Nein, das meinte ich auch nicht«, versetzte Dr. Rosenthal.

Sheila holte einmal tief Atem, hob den Kopf und sagte dann: »Ich sitze sowieso schon in der Tinte, da kann ich auch gleich sagen, was ich denke.« Sie wandte sich wieder den Banks-Smiths zu. »Bitte schicken Sie Alejo nicht zurück. Er kann doch nichts dafür, daß er so ist, wie er ist. Er ist doch nur ein kleiner Junge. Er weiß nicht, daß man nichts gilt, wenn man nicht intelligent ist, daß er nur deshalb, weil ihm so viel Schlimmes passiert ist, nicht vollwertig ist, nicht so gut wie andere Kinder.«

Jetzt senkten Alejos Eltern die Köpfe. Ich sah Tränen in den Augen der Mutter.

»Ich wollte wirklich niemandem Sorgen machen. Ich dachte, es würde nichts ausmachen, weil Sie ihn ja sowieso nicht mehr haben wollen«, sagte sie.

»Das ist nicht wahr«, entgegnete Mrs. Banks-Smith unter Tränen. »Wir haben ihn lieb. Wir schicken ihn nirgendwohin.«

Ihr Mann nickte. »Es tut mir leid, daß wir dir den Eindruck vermittelt haben, wir hätten ihn nicht lieb, Sheila. Ich glaube, wenn bei dieser ganzen Geschichte etwas Gutes herausgekommen ist, dann für uns die Erkenntnis, *wie* lieb wir ihn haben.«

Die Banks-Smiths sahen schließlich von einer Anzeige gegen Sheila ab. Sie verhielten sich ihr gegenüber während der ganzen Besprechung so großmütig, daß sich bei mir der Verdacht regte, Dr. Rosenthal hätte vielleicht mit ihnen über Sheila gesprochen. Wie dem auch sei, es war einer der seltsamen Momente, in denen Schmerz und Angst zu innerem Wachstum führen. Ich glaube, wir alle gingen als bessere Menschen aus dieser Erfahrung hervor.

Als ich nach der Zusammenkunft mit Sheilas Vater sprach, erbot ich mich, Sheila für den Rest des Tages mit zu mir nach Hause zu nehmen und sie am Abend zu ihrem Vater zu fahren. Er hatte sich während der ganzen Besprechung ausgeschwiegen und blieb auch jetzt sehr wortkarg. Ich vermute, er hatte sich auf Ärger mit den Behörden gefaßt gemacht und konnte es noch nicht fassen, daß alles so glimpflich abgegangen war. Er wirkte jedenfalls ziemlich verwirrt, und es schien ihm relativ gleichgültig zu sein, ob Sheila mit ihm nach Hause kam oder nicht. Mir ging flüchtig die Frage durch den Kopf, ob er nicht vielleicht unter Drogen stand.

Auch Sheila schien die Tatsache, daß man nichts gegen sie unternehmen wollte, die Sprache verschlagen zu haben. Ich hatte Jubel erwartet, den Wunsch zu feiern. Statt dessen war sie sehr still und sehr anlehnungsbedürftig. Als wir im Gespräch mit ihrem Vater im Konferenzzimmer standen, schob sie ihren Arm unter meinem hindurch und schmiegte sich an mich. Als ich ihr lächelnd den Arm um die Schulter legte, drückte sie mich fest an sich.

Ich drückte sie ebenfalls. Als ich mich von ihr lösen wollte, hielt Sheila mich fest. »Das tut so gut«, sagte sie leise. »Laß mich nicht los. Ich will dich nicht wieder verlieren.«

Ich griff auf liebe alte Gewohnheiten zurück und ging mit Sheila zuerst eine Pizza essen, dann zum Bowling. Ich nehme an, sie war immer noch erschöpft von den Ereignissen der letzten Tage, denn sie spielte gar nicht gut, aber es schien ihr dennoch Spaß zu machen. Als wir aus der Bowlingbahn kamen, sah ich, daß im Kino gegenüber Walt Disneys *Dschungelbuch* lief, und auf meine spontane Frage, ob sie Lust hätte, es sich mit mir anzusehen, nickte sie.

Als wir aus dem Kino kamen, war es schon dunkel. Ich wußte, daß es Zeit war, Sheila nach Hause zu bringen, zumal die Fahrt bis Broadview gut eine Stunde dauerte. Die ersten zehn Minuten im Auto unterhielten wir uns angeregt über den Film, dann breitete sich Schweigen aus. Ich merkte Sheila an, wie müde sie war, und von der eintönigen Fahrt eingelullt, verspürte auch ich kein Bedürfnis zu reden. Wir erreichten die Außenbezirke der Stadt, fuhren unter den letzten Straßenlampen hindurch und tauchten in die Dunkelheit des offenen Landes ein.

Mir ging alles mögliche durch den Kopf, während wir so schweigend dahinfuhren, und ich wurde mir bewußt, daß meine Beziehung zu Sheila trotz der traumatischen Geschehnisse der letzten Tage – oder vielleicht gerade deswegen – besser und enger war als je zuvor seit unserem ersten Wiedersehen. Dieser Tag war zwar sehr nervenaufreibend gewesen, aber er hatte uns einander auch nähergebracht.

»Das tust du mir doch nie wieder an, nicht?« fragte Sheila leise. »Das haben wir doch jetzt hinter uns?«

Ich sah sie an.

Sie hatte ihren Kopf an den Schultergurt gelehnt und starrte in die Dunkelheit hinaus. »Ich erinnere mich an den Abend.«

Ich versuchte mich zu erinnern, kramte in meinem Gedächtnis, aber ich hatte keine Ahnung, wovon sie sprach. »Ich weiß ehrlich gesagt nicht, was du meinst«, sagte ich.

»Ach natürlich. Von dem Abend, an dem du mich verlassen hast. Als du einfach weggefahren bist.«

»Weggefahren? Wohin denn?«

Sheila richtete sich auf und drehte den Kopf nach mir. »Du weißt doch. Ich hab' hinten im Auto Quatsch gemacht, und du hast angehalten und mich gezwungen auszusteigen.«

»Wann war das?«

»Als ich klein war. Als ich in deiner Klasse war. Nach der Schule. An dem Abend.« Ihr Ton wurde erregt. »Ich war bei dir im Auto. Wir waren alle bei dir im Auto. Warum eigentlich?« Diese Frage war mehr an sie selbst gerichtet als an mich. »Wohin bist du mit uns gefahren? Wolltest du was mit uns unternehmen? Wie heute abend? Ja, wahrscheinlich, du wolltest was mit uns unternehmen wie heute abend.«

Ich verstand immer noch nicht, wovon sie sprach. Ich hatte Sheila nur einmal abends bei mir im Auto gehabt; damals als Chad und ich mit ihr nach der Gerichtsverhandlung Pizza essen gegangen waren. »Ich glaube, das war nicht ich«, sagte ich.

»Doch, doch. Ich weiß es genau. Wir waren auf einer Straße. Ich kann mich erinnern, wie die Straßenlichter vorbeiflogen. Und dann wurde es dunkel. Wie jetzt. Du bist an den Straßenrand gefahren und hast gesagt, ich soll die Tür aufmachen und aussteigen.«

»Das war nicht ich, Sheila.«

»Doch. Ich erinnere mich genau an dein Auto. Das kleine rote. Du hast es Bingo genannt. Du hast uns immer alle reingepackt, und dann haben wir alle zusammen das Lied gesungen, B-i-n-g-o, für das kleine rote Auto.«

Ich lächelte. »Ja, an das Auto erinnere ich mich. Es war mein erstes Auto überhaupt. Aber ich habe euch Kinder nur zwei- oder dreimal darin mitgenommen und niemals am Abend.«

»Es war Abend«, beharrte sie. »Wir saßen alle hinten. Auf der einen Seite von mir war die Tür, und auf der anderen saß – Jamie? Nein, in unserer Gruppe war kein Jamie, nicht? Billy? Nein. Also, ich kann mich jetzt nicht an seinen Namen erinnern, aber er saß neben mir, und wir haben Quatsch gemacht. Ich glaube, wir haben so getan, als müßten wir dauernd pupsen. Wir haben Pupsgeräusche gemacht. Und du hast gesagt, wir sollen aufhören. Du hast gesagt, wenn wir nicht aufhören, hältst du an und läßt uns aussteigen. Wir haben nur Quatsch gemacht, aber du bist richtig wütend geworden, und da hab' ich Angst gekriegt und war still. Das hat mich die ganzen Jahre so fertiggemacht, Torey! Denn ich war ja still. Ich hab' aufgehört, aber Jamie nicht. Der hat noch mal so ein ganz lautes Pupsgeräusch losgelassen, und da bist du an den Straßenrand gefahren. Ich weiß das noch ganz genau, weil es so einen Ruck gegeben hat, daß wir alle vor Schreck geschrien haben. Und du hast gesagt: ›Raus mit dir!‹ Ich hab' geweint. Ich wußte doch, daß ich gar nichts getan hatte. Aber du warst so böse. Ich hatte Angst zu sagen, daß ich es nicht gewesen bin, und ich wußte, daß ich aussteigen muß. Und dann bist du einfach weggefahren.« Sie holte tief Atem. »Ich meine, verstehst du, das ist der Grund, warum es mir so schwer gefallen ist, einfach ganz normal zu sein, seit du wiedergekommen bist. Du hast dauernd gesagt: ›Weißt du noch? Weißt du noch?‹, und wenn ich versucht hab', mich an damals zu erinnern, ist mir immer nur eingefallen, wie du mich verlassen hast. Erst hast du so getan, als wär' ich was Besonderes, und ich hab's geglaubt, und dann hast du mich einfach auf die Straße gesetzt.«

Voller Entsetzen sah ich sie an. »Sheila, das war nicht ich.«

»Doch, doch, ich erinnere mich ganz genau an dein Auto.«

»Ich war es wirklich nicht. Das war deine Mutter. Und der Junge, der neben dir saß, hieß auch nicht Jamie. Das war Jimmie, dein Bruder. Du hast mich mit ihr durcheinandergebracht.«

Sheila starrte mich ungläubig an. »Doch, das warst du. Du hast mich damals auf die Straße gesetzt. An meine Mutter erinnere ich mich ja nicht einmal.«

Beim nächsten Parkplatz fuhr ich von der Straße ab und hielt an. Der Platz war hell erleuchtet, und im Schein der Lichter sah ich deutlich das plötzliche Entsetzen in Sheilas Gesicht. Im Wirrwarr ihrer Erinnerungen gefangen, fürchtete sie wohl, ich würde sie auffordern auszusteigen. Hastig schaltete ich den Motor aus. Ich hätte jetzt auch gar nicht weiterfahren können, dazu war dieses Gespräch viel zu erschütternd. Mir war klar, daß es meine ungeteilte Aufmerksamkeit brauchte.

»Sheila, ich habe dich nie abends in meinem Auto gehabt. An dem Abend nach der Gerichtsverhandlung sind wir mit Chads Auto gefahren, und wenn ich mit euch Kindern einen Ausflug gemacht habe, insgesamt vielleicht zwei- oder dreimal, war das immer bei Tag.«

Sie saß wie gelähmt. Den Blick starr geradeaus gerichtet, rührte sie sich ein paar Sekunden lang überhaupt nicht. Dann schüttelte sie langsam den Kopf. »Ich erinnere mich aber doch ganz genau«, sagte sie leise in einem Ton der Verwirrung. »Wie du gesagt hast, ich soll aussteigen. Wie du dich nach hinten gebeugt und die Tür aufgemacht hast. Ich hatte furchtbare Angst. Ich hab' geweint und hatte solche Angst und wollte nicht aussteigen. Ich hab' die Autos vorbeifahren hören, und ich hab' nur geweint und geweint, und niemand hat mich geholt.«

»Das war nicht ich«, sagte ich behutsam.

»Und ich war so sicher«, antwortete sie. Ihre Stimme war ein Wimmern. Die Tränen liefen ihr über das Gesicht. Sie schlug die Hände vor die Augen und krümmte sich. »Nein, o nein«, schluchzte sie unglücklich.

Ich lehnte mich zu ihr hinüber, nahm sie in die Arme und hielt sie fest. »Das kommt, weil ich dich auch verlassen habe, nicht wahr? Es tut mir so leid, Liebes. Ich habe nie geahnt, wie weh das getan haben muß.«

25

Eine Folge hatte Alejos Entführung doch: Dr. Rosenthal und Alejos Eltern meinten, es sei besser, wenn wir für den Rest des Sommerschulprogramms auf Sheilas Hilfe verzichteten. Das war verständlich, und wir waren alle damit einverstanden. Es war sowieso die letzte Woche unserer Arbeit, und da spielte das keine so große Rolle mehr.

Da Sheila nun nicht mehr kam, hatte ich erst am folgenden Mittwoch abend Gelegenheit, sie wiederzusehen. Sie rief mich am Nachmittag im Institut an und fragte, ob sie zu mir nach Hause kommen könnte. Ihre Stimme klang recht munter, aber sie schien sich einsam zu fühlen. Wir vereinbarten, daß sie am Abend ihr vielgepriesenes Spezialgericht aus Thunfisch und Champignoncremesuppe für mich kochen würde.

Als ich nach Hause kam, saß sie schon mit einer vollen Einkaufstüte auf der Treppe vor meinem Haus.

»Du hättest kein Geld ausgeben sollen«, sagte ich. »Ich habe wahrscheinlich alles, was du brauchst, im Haus.«

»Das macht doch nichts. Ich wollte mich sowieso bei dir für Samstag abend revanchieren. Und für Sonntag.«

Wir gingen zusammen zu meiner Wohnung hinauf.

Sheila sprühte an diesem Abend vor Fröhlichkeit. Der Gegensatz zwischen dem wortkargen, zornigen jungen Ding vom Mai diesen Jahres und dem eifrigen, gesprächigen Mädchen in meiner Wohnung war auffallend. Es machte Freude, mit ihr zusammenzusein. Doch immer schwang in ihrer Heiterkeit ein Unterton mit, der mir ans Herz griff und sie mir unglaublich verletzlich erscheinen ließ.

Wir hatten vieles zu besprechen. Die Erkenntnis vom Sonntag abend, daß Sheila ihre Mutter mit mir verwechselt hatte und daß die Trennung von mir mit jener ersten grausamen Erfahrung des Verlassenwerdens verschmolzen war, hatte mich tief erschüttert, und sie gewiß ebenso. Wir waren beide von unseren Emotionen so überwältigt gewesen, daß wir zu diesem Zeitpunkt nicht fähig gewesen waren, eingehend darüber zu sprechen. Ich wollte aber unbedingt mit ihr darüber reden, denn dank dieser Erkenntnis sah ich nun die ganze Situation mit anderen Augen.

Der Haken war nur, daß sich ein Gespräch über dieses Thema an dem Abend nicht von selbst ergab. Vielleicht waren wir beide noch immer zu bewegt von der Entdeckung, um daran rühren zu können. Ich weiß es nicht. Jedenfalls mieden wir das Thema.

Sheila war ungewöhnlich gesprächig und kam beim Erzählen vom Hundertsten ins Tausendste. Zum ersten Mal offenbar darauf bedacht, ihre ganze Intelligenz auszuspielen, beschrieb sie mir die ungewöhnlichsten Pläne und Projekte, die ihr im Kopf herumschwirrten. Sie hatte zum Beispiel ein gutes Verständnis für Computer und schilderte ziemlich ausführlich, was für Programme sie auf dem Schulcomputer auszutüfteln versuchte. Da sie sich immer noch intensiv für römische Geschichte und Julius Cäsar interessierte, war sie auf den Gedanken gekommen, zu versuchen, ein Programm in einem der Computer so zu erweitern, daß es möglich sein würde, mit Hilfe des Geräts dreidimensionale Modelle römischer Bauten zu erstellen, durch die man hindurchgehen konnte. Aufgrund meiner eigenen Erfahrung mit Schulcomputern konnte ich mir nicht vorstellen, was für ein Programm sie auf diese Weise modifizieren wollte, aber es war faszinierend, ihr zuzuhören.

Und so verging der Abend sehr vergnüglich – ein Abend zwischen Freundinnen, nicht zwischen Lehrerin und Schülerin oder Therapeutin und Klientin, und vielleicht war das auch ganz in Ordnung so. Erst ganz am Schluß, als es schon spät war und ich wußte, ich würde sie nach Hause schicken müssen, wenn ich am nächsten Tag zur Arbeit fit sein wollte, streifte Sheila flüchtig das Thema, das uns beschäftigte. Sie war gegen Ende des Abends etwas bedrückt geworden. Insgeheim hatte sie wohl auf eine Einladung für die Nacht gehofft und war traurig, daß nichts dergleichen von mir kam und sie doch nach Hause würde fahren müssen.

»Weißt du was«, sagte sie, als ich aufstand, um ein wenig Ordnung zu machen. »Ich kann mich an meine Mutter nicht mal erinnern. Da ist nichts als Leere. Ich habe nie ein Bild von ihr gesehen. Mein Vater hat keines. Sie könnte praktisch jede Frau auf der Straße sein.«

Ich hörte ihr schweigend zu, während ich unsere Tassen zusammenstellte.

»Wenn ich unter Menschen bin, halte ich oft nach ihr Ausschau. Ich seh' mir die verschiedenen Gesichter an und denke, bist du meine Mutter? Ich würde sie nicht erkennen. Und sie würde mich nicht erkennen. Und das – ich finde das so unglaublich. Ich mein', stell dir das doch mal vor, Torey! Diese Frau hat mich in sich getragen. Sie hat mich geboren. Sie hat mich gemacht, sie ist eine Hälfte von mir, und trotzdem würde ich sie auf der Straße nicht erkennen.«

Sheila blieb in ihrem Sessel sitzen, vom Licht der Stehlampe in einen goldenen Schein getaucht. Ich trug das Geschirr zum Spülbecken und kam zurück. Sie ließ mich keinen Moment aus den Augen.

»Was glaubst du, warum sie mich verlassen hat?« fragte sie.

Im Schein der Lampe konnte ich die Tränen in ihren Augen sehen. Sie fielen nicht herab, aber sie glänzten im Licht, wenn sie den Kopf bewegte.

Während ich noch nach der besten Antwort suchte, sprach sie weiter: »Torey? Glaubst du, daß für mich irgendwann mal alles in Ordnung kommt?«

»Du meinst, ob du je deine Mutter wiederfinden wirst?«

Sie zuckte die Achseln. »Nicht unbedingt. Nur, ob mein Leben jemals in Ordnung kommt. Was glaubst du? Habe ich eine Chance, ganz normal zu werden?«

Ich nickte langsam. »Ja, ich glaube schon. Das heißt, daß du dich mit den Dingen auseinandersetzen mußt. Daß du akzeptierst, daß dir etwas Schreckliches widerfahren ist, als deine Mutter dich verließ – daß dir zwei schreckliche Dinge widerfahren sind; denn ich habe dich ja auch verlassen. Ich wollte es nicht, oder ich wollte jedenfalls nicht, daß du das Gefühl hast, ich hätte dich verlassen – obwohl ich heute weiß, daß ich es getan habe. Und es heißt zu akzeptieren, daß diese beiden Ereignisse vielleicht unumgänglich waren, daß die Umstände nichts anderes zuließen, daß du aber keine Schuld an ihnen hattest. Sie sind dir widerfahren, aber du hast sie nicht verursacht. Und schließlich heißt es auch noch, zu verzeihen und loszulassen.«

»Glaubst du denn, daß ich das schaffe?«

Ich schwieg einen Moment nachdenklich, dann nickte ich. »Ja. Es braucht Kraft, aber du bist ja immer eine Tigerin gewesen.«

Den Rest dieser Woche sah ich Sheila nicht mehr. Wir hatten in den letzten Tagen des Sommerschulprogramms sehr viel zu tun, mußten zahlreiche Elterngespräche führen und Gutachten schreiben. Über das Wochenende flog ich mit Allan zu einer Ballettaufführung in eine andere Stadt, und es war schon wieder Mittwoch geworden, ehe mir bewußt wurde, wie lange ich nichts mehr von Sheila gehört hatte. Ich wollte sie anrufen, aber es meldete sich niemand.

Ich habe eine bedauerliche Art, meine Kontakte schleifen zu lassen. Ich telefoniere ausgesprochen ungern und schiebe Anrufe aus ebendiesem Grund oft unverzeihlich lange auf. Die meisten meiner Freunde kennen diese schlechte Angewohnheit und haben sich daran gewöhnt, daß sie den Kontakt halten müssen. So ähnlich war es auch zwischen Sheila und mir. Fast immer war sie es gewesen, die mich angerufen hatte. Als es nun an mir war, mich zu melden, ließ ich drei oder vier Tage verstreichen, ehe mir einfiel, es noch einmal zu versuchen. Wieder meldete sich niemand. Nun fing ich doch an, mir Gedanken zu machen; schon deshalb, weil seit Mai, als wir einander wiedergefunden hatten, niemals zwei volle Wochen vergangen waren, ohne daß ich von ihr gehört hatte.

Immer wieder rief ich vergeblich an. Drei Wochen nach unserem letzten gemeinsamen Abend dann, an einem Donnerstag, versuchte ich wieder, sie telefonisch zu erreichen. Diesmal antwortete mir ein Band: Kein Anschluß unter dieser Nummer.

Mein erster Gedanke war, daß Mr. Renstad seine Telefonrechnung nicht bezahlt hatte. Das war, so wie ich ihn kannte, keineswegs undenkbar. Dennoch war ich beunruhigt und fuhr deshalb nach der Arbeit nach Broadview, um mir Gewißheit zu verschaffen.

Aufgrund der Entfernung und des starken Verkehrs erreichte ich Sheilas Haus erst nach acht Uhr abends. Die Straße lag schon in abendlichen Schatten, als ich vor dem beigefarbenen Doppelhaus anhielt. Bei den Nachbarn war Licht, und ich konnte das Dröhnen des Fernsehapparats hören. Bei den Renstads war alles dunkel.

Ich klopfte. Nichts rührte sich. Ich klopfte noch einmal. Wieder blieb alles still. Ich ging auf der Suche nach einer zweiten Tür um das Haus herum. Als ich sie fand, versuchte ich dort mein Glück. Offensichtlich waren Sheila und ihr Vater nicht zu Hause. Als ich um das Haus herum wieder nach vorn ging, blieb ich unter einem Fenster stehen, stellte mich auf Zehenspitzen und versuchte, ins Innere zu spähen.

»He, was machen Sie da?« rief mich jemand an.

Erschrocken wich ich zurück und drehte mich herum. An der Tür des Nachbarhauses stand ein Mann.

»Oh, hallo«, sagte ich. »Wissen Sie vielleicht, wo die Renstads sind? Da scheint niemand zu Hause zu sein.«

»Hier finden Sie die bestimmt nicht«, antwortete er. »Die sind vor ungefähr drei Wochen weggezogen.«

»Weggezogen?« wiederholte ich bestürzt.

»Ja.«

»Und wohin? Wissen Sie das?«

»Nein. Keine Ahnung. Tut mir leid.« Dann ging er ins Haus und schloß die Tür.

Ich blieb wie vom Donner gerührt vor dem Haus stehen und starrte es an. Weggezogen? Davon hatte mir Sheila kein Wort gesagt. Und auch Mr. Renstad hatte nichts davon erwähnt, als wir ihn an jenem Wochenende gesehen hatten. Er hatte eine feste Anstellung, er hatte sein Baseballteam. Weshalb sollte er umziehen?

Sheila und ihr Vater waren verschwunden. Ich konnte es nicht glauben. In den folgenden Wochen machte ich ein wahres Wechselbad der Gefühle durch: Bestürzung, Zorn, Bedauern, Traurigkeit. Ja, tiefe Traurigkeit. Ich hatte drei Monate gebraucht, um die Beziehung zu Sheila langsam wiederaufzubauen, und nun hatte sich mit einem Schlag alles in Luft aufgelöst.

Ich konnte es einfach nicht fassen. Immer wieder besprach ich die Sache mit Jeff und versuchte dahinterzukommen, wohin sie gegangen sein konnten und ob es irgendwelche Anzeichen für ihr Verschwinden gegeben hatte, die ich übersehen hatte. Gemeinsam versuchten wir herauszubekommen, wohin sie verschwunden waren. Doch das war ein viel schwierigeres Unterfangen, als wir erwartet hatten. Wir hatten keinerlei rechtliche Gründe für eine Suche nach Sheila oder ihrem Vater; direkte Erkundigungen brachten deshalb nur wenig. Da ich aber auch nicht lügen oder unter Vorspiegelung falscher Tatsachen handeln wollte, konnte ich mich bei der Suche nur auf logische Überlegung, Beharrlichkeit und das Glück verlassen. An Logik und Beharrlichkeit fehlte es mir nicht, auf das Glück konnte ich nur warten.

Mein erster Gedanke war, daß Mr. Renstad wieder einmal straffällig geworden war und erneut im Gefängnis saß. Ich fand jedoch niemanden, der bereit war, mir dazu irgendeine Auskunft zu geben. In meiner Verzweiflung rief ich schließlich Chad an und fragte ihn, ob er für mich etwas herausbekommen könnte. Er nahm es mit der Vertraulichkeit der Beziehung zwischen Anwalt und Mandant sehr genau, aber er sagte mir immerhin, daß Mr. Renstad in seiner Kanzlei derzeit nicht als Mandant geführt wurde. Das schien eher dafür zu sprechen, daß er nicht wieder im Gefängnis saß.

Jeff meinte, er sei vielleicht einfach vor unbezahlten Rechnungen oder einem Kredithai oder Ähnlichem geflohen. Wenn wir Glück hätten, sagte er, hielten sie sich vielleicht noch in der Stadt auf, und ich brauchte nur zu warten, bis Sheila mit mir Kontakt aufnahm. Darauf, dachte ich mir, würde es sowieso hinauslaufen: warten, bis Sheila sich meldete. Sie wußte, wo ich zu erreichen war, und sie war mittlerweile alt genug, um von sich aus etwas zu unternehmen, um mich zu finden.

Kurz und gut, das war zunächst einmal das Ende. Sheila war wieder einmal verschwunden.

Teil III

26

Sheila nahm keine Verbindung zu mir auf. Der Sommer ging in den Herbst über. Neue Kinder kamen. Neue Beziehungen bildeten sich. Meine Arbeit ging weiter.

Im Oktober endlich war das Glück auf meiner Seite. Durch eine Reihe von Zufällen erfuhr ich, daß Mr. Renstad wieder einmal zum Entzug in Marysville im staatlichen Krankenhaus war. Ich versuchte, ihn telefonisch zu erreichen, aber das gelang mir nicht. Ich ergriff deshalb am verlängerten Wochenende um den Kolumbus-Tag die Gelegenheit, um nach Marysville zu fahren.

Es war ein warmer, sonniger Herbstnachmittag, als ich im Krankenhaus ankam. Die Pappeln und Birken leuchteten in strahlendem Gelb, das im Glanz der Sonne wie Gold aussah.

Mr. Renstad schien nicht sonderlich überrascht, mich zu sehen. Und auch nicht sonderlich erfreut, wenn er auch bereitwillig mit mir in den Besucherraum ging.

»Warum lassen Sie uns nicht einfach in Ruhe?« sagte er, als ich mich nach Sheila erkundigte. »Sie tun ihr nicht gut.«

»Wie meinen Sie das?«

»Sie wühlen immer alles wieder auf. Es ging ihr ganz gut, bevor Sie aufgekreuzt sind. Sie war zur Ruhe gekommen und hatte sich gut eingelebt. Wir hatten keine Probleme.«

Ich betrachtete ihn schweigend.

»Nur Sie haben das alles raufbeschworen. Sie haben Sheila total durcheinandergebracht, und mir wär's am liebsten, Sie würden sich nicht mehr blicken lassen. Sie hatte sich gut eingelebt, bis Sie kamen und alles wieder aufgerührt haben.«

»Ich wollte Sheila wirklich nicht durcheinanderbringen«, entgegnete ich. »Es war mir nicht bewußt, daß ich das getan habe.«

»Sie haben ihr einen Haufen Flöhe ins Ohr gesetzt. Ehe Sie aufgetaucht sind, war sie ganz glücklich.«

»Aber die Dinge, über die wir gesprochen haben, waren Dinge, über die Sheila sprechen wollte. Ich denke, sie muß mit jemandem über das sprechen, was sie erlebt hat.«

»Was hat sie denn erlebt? Hm, was hat sie erlebt? Nichts, wo sie nicht selbst dran schuld ist. Und Sie haben sie erst auf solche Gedanken gebracht. Diesen kleinen Jungen zu entführen! Dazu wär's nie gekommen, wenn Sie sie nicht drauf gebracht hätten. Sie war ganz in Ordnung, bis Sie aufgetaucht sind.«

»Es tut mir leid, aber –«

»Also, lassen Sie uns gefälligst in Ruhe. Kümmern Sie sich um Ihre eigenen Sachen. Sheila braucht Ihre Hilfe nicht, und ich möchte nicht, daß Sie sie wieder treffen. Ich hab' das Recht dazu. Ich kann Sie dran hindern.« Damit stand er auf und ging wieder in seine Station.

Wie eine arme Sünderin kehrte ich zurück zu meinem Auto. Erst als ich mich ans Steuer gesetzt hatte, flammte Zorn auf und verdrängte das Schuldgefühl. Ich? Ich sollte schuld sein? Was für ein dummer Mensch!

Dennoch, es war klar, daß er überhaupt nicht daran dachte, mir zu sagen, wo Sheila sich aufhielt. Im Gegenteil, er würde wahrscheinlich noch dafür sorgen, daß ich sie nicht fand, oder sich meinen Bemühungen, sie zu sehen, entgegenstellen, wenn ich sie doch finden sollte. Entmutigt fuhr ich wieder nach Hause.

Der Winter kam und mit ihm der Jahreswechsel. Immer wieder gab es Erinnerungen an Sheila. Im Januar kamen eines Nachmittags Alejos Eltern ins Institut, um mir mitzuteilen, daß sie Alejo nun ganz offiziell adoptiert hätten. Er besuchte jetzt eine Klasse für leicht geistig behinderte Kinder und machte gute Fortschritte. Ein andermal schickte meine Mutter mir ein Rezept für ein Gericht, zu dem man Thunfisch und Champignoncremesuppe brauchte. Und an einem bitterkalten Nachmittag im Februar besuchte mich unverhofft Chad mit seiner Sheila im Institut. Er hatte geschäftlich in der

Stadt zu tun, und seine Tochter, die mittlerweile sechs geworden war, hatte großen Spaß an ihrer ersten Reise alleine mit Daddy. Das entzückend gekleidete, aufgeweckte und unglaublich höfliche kleine Mädchen zeigte mir einen Gameboy, den ihr Vater ihr gekauft hatte. Der Gegensatz zwischen der Kindheit dieses kleinen Mädchens und jenem anderen, von dem es seinen Namen hatte, hätte nicht größer sein können.

Ich gab die Hoffnung nicht auf. Jeden Abend, wenn ich nach Hause kam, sah ich als erstes die Post nach Lebenszeichen von Sheila durch. Aber es kam nichts. Der Winter wurde vom Frühling abgelöst, und dann wurde es wieder Sommer.

Wir hielten unser zweites Sommerschulprogramm ab. Es war diesmal weit weniger amateurhaft als im vergangenen Jahr. Unsere vierundzwanzig Kinder waren auf drei Unterrichtsräume verteilt und wurden von drei Lehrkräften mit Fachausbildung, vier Hilfskräften sowie von Psychiatern, die sich jeden Tag abwechselten, betreut. Jeff kam nur einmal die Woche. Ich war zwar jeden Tag da, aber lediglich um Aufsicht zu führen, immer auf Wanderschaft zwischen den verschiedenen Gruppen. Das Programm war meiner Meinung nach ausgezeichnet, aber der besondere, auf dem persönlichen Enthusiasmus beruhende Zauber, den das letztjährige Programm gehabt hatte, der fehlte ihm.

An ihrem Geburtstag Anfang Juli dachte ich intensiv an Sheila. Nun war sie fünfzehn. Bald danach kam der Jahrestag ihres Verschwindens. Oft fragte ich mich, wo sie in diesem Moment wohl war und was sie tat.

Nach Ende der Sommerschule nahm ich mir einen Monat frei und flog in Urlaub nach Wales. Dieses Fleckchen Erde im Norden Großbritanniens mit seinen kahlen, nebelumflorten Bergen ist mir zur zweiten Heimat geworden. Bis heute weiß ich nicht, was mich ursprünglich eigentlich dort hingezogen hat; aber ich weiß mit Gewißheit, was mich immer wieder dorthin zurückführt. Ich fand hier in der Heidelandschaft, inmitten der aus grauem Schiefer erbauten Mauern, eine innere Klarheit. Es war etwas ganz Organisches, etwas, das aus meinem Inneren kam, und ich kehrte immer wieder zurück, um diesen Frieden zu genießen.

Inzwischen hatte ich unter den Einheimischen ein paar gute Freunde gefunden, die alle meine Liebe zu den Bergen teilten. Bei Tag streiften wir über die Moore, auf denen riesige Schafherden weideten, und abends saßen wir in irgendeinem Pub am Feuer, und ich labte mich an Guinness vom Faß und dem Waliser Dialekt. Die Großstadt, das Institut, mein ganzes anderes Leben versank wie die Berge, wenn vom Meer die Nebel aufstiegen.

Wie jeder gelungene Urlaub endete auch dieser damit, daß ich völlig erschöpft zu Hause ankam. Ich torkelte aus dem Flugzeug, schnappte mir ein Taxi zur Stadt und schleppte mich dann müde die Treppe zu meiner Wohnung hinauf. Vor der Tür setzte ich meinen Rucksack ab und kramte den Hausschlüssel heraus, um aufzusperren. Aber als ich öffnen wollte, schob sich der Haufen Post, der sich in den Wochen meiner Abwesenheit angesammelt hatte, unter der Tür zusammen, so daß diese klemmte. Es dauerte ein paar Minuten, ehe ich genug Post unter der Tür herausgezogen hatte, um sie ganz öffnen zu können.

Drinnen hob ich den Rest der Post auf, und da sprang mir sofort ein Brief mit Sheilas Handschrift ins Auge. Ich riß ihn auf.

Liebe Torey,
ich weiß nicht, wie ich anfangen soll, aber ich glaube, ich bringe mich um. Die Tabletten habe ich schon. Sie liegen hier neben mir, und ich brauche nur noch diesen Brief zu schreiben. Ich fühle mich so einsam, Torey. Alles in meinem Leben geht immer schief, und ich bin es so müde, immer wieder neue Versuche zu machen. Das hier ist das einzige, was für mich einen Sinn ergibt. Aber vorher wollte ich Dir noch schreiben. Ich wollte Dir für alles danken, was Du für mich getan hast. Ich weiß, daß Du Dir ein

paarmal meinetwegen große Umstände gemacht hast, und ich fühle mich geehrt, daß Du das für mich getan hast. Ich wollte Dir nur sagen, daß ich Dir immer dankbar dafür war. Es tut mir leid, daß alles umsonst war.

In Liebe, Sheila.

Und dann folgte eine ganze Zeile von O's und X, die wie in Kinderbriefen für Umarmungen und Küsse standen.

Hastig suchte ich ein Datum, doch der Brief war undatiert. Ich drehte das Kuvert um und warf einen Blick auf den Poststempel. Zu meinem Entsetzen sah ich, daß der Brief zwei Tage nach meiner Abreise nach Wales aufgegeben worden war, schon vor vier Wochen also. Starr vor Kummer blickte ich auf den Brief.

Aus der Absendeadresse des Briefes ging hervor, daß Sheila sich in einem Erziehungsheim in einem Ort befand, der mit dem Auto vielleicht eine Stunde entfernt war. Aber was konnte ich tun? Vier Wochen waren vergangen. Wie ging man mit so einer Nachricht um? Sollte ich in dem Erziehungsheim anrufen und fragen, ob Sheila noch am Leben war? So wie ich Sheila kannte, war sie kein Mensch der eitlen Gesten. Wenn sie sagte, sie wolle sich das Leben nehmen, würde sie das auch tun, da gab es für mich keinen Zweifel, und ich wußte nicht, wie ich mit einem Telefongespräch dieser Art umgehen sollte.

Leider war dies nicht die einzige schwierige Situation, die mich nach meiner Rückkehr aus dem Urlaub erwartete. Ein anderer Jugendlicher, mit dem ich arbeitete, hatte eine Betreuerin angegriffen, war dann durchgebrannt und hatte sich ausgerechnet den Abend meiner Rückkehr ausgesucht, um auf der Suche nach einem selbstgemachten Messer, das ich ihm abgenommen hatte, das Büro, das Jeff und ich uns teilten, auseinanderzunehmen. Die Dringlichkeit dieses Problems, der Druck von seiten der Behörden, sich schnellstens um diesen Jungen zu kümmern, und meine allgemeine Erschöpfung nach einer vierundzwanzigstündigen Reise – das alles bewirkte, daß ich auf Sheilas Brief in einer Weise reagierte, für die ich mich heute zutiefst schäme. Ich tat nichts.

Natürlich konnte ich den Brief nicht vergessen. Tag und Nacht war er in meinen Gedanken. In kleinen stillen Momenten, besonders solchen tief in der Nacht, wenn ich erwachte, plötzlich aufwachte, quälte mich die Erinnerung an den Brief. Aber ich wußte einfach nicht, wie ich darauf reagieren sollte. Ich war allen Ernstes davon überzeugt, daß Sheila getan hatte, was sie angekündigt hatte, aber ich wußte nicht, wie oder wo ich mir die Bestätigung holen sollte. Überdies quälte mich der Gedanke, daß sie mir in einem Moment der Ausweglosigkeit geschrieben hatte und niemals erfahren würde, daß ich gar nicht in der Lage war zu antworten. Sie mußte wohl glauben, ich hätte sie, genau wie alle anderen, im Stich gelassen.

Das alles gab mir die unerwartete und eher unwillkommene Gelegenheit zu intensiver Selbstprüfung. Ich hatte Sheila gegenüber versagt. Das war das Fazit. Und ich konnte nicht umhin, mir zu sagen, daß ich sie ins Unglück getrieben hatte. Ich hatte ihr damals, als sie sechs gewesen war, unvorstellbare Welten eröffnet und sie, wie sie mir mit Recht vorgeworfen hatte, glauben gemacht, sie könnte sie für sich erobern. Jung und idealistisch, wie ich damals war, hatte ich das wirklich geglaubt. Sheila war intelligent, sprachgewandt, hübsch und gewinnend, wenn sie es darauf anlegte, und sie hatte eine Menge Mumm. Ich glaubte, ich hätte ihr den Paß in ein besseres Leben geschenkt. Heute, da ich älter und auf eine traurige Art klüger geworden war, erkannte ich, daß nichts so einfach war, wie es zu sein schien.

In den folgenden Monaten mußte ich in mehreren Bereichen meines Lebens zugleich mit Schwierigkeiten und Umbrüchen fertig werden. Ich hatte sehr viele Kinder in Behandlung, die meine Arbeitskraft mehr als sonst in Anspruch nahmen. Zweimal wurde ich tätlich angegriffen und ein drittes Mal beinahe vergewaltigt. Aber schlimmer noch war, daß die Arbeit mit einigen meiner kleinen Patienten sehr unbefriedigend war, da sich trotz intensiver Bemühungen meinerseits kaum Erfolge zeigten.

Hinzu kam, daß es mir immer schwerer wurde, die kapitalistischen Grundsätze, an denen sich das Institut orientierte, zu akzeptieren. Es bedrückte mich zunehmend, daß ich nur diejenigen Kinder behandeln konnte, deren Eltern es sich leisten konnten, für meine Leistungen zu bezahlen, nicht aber diejenigen, die eine Behandlung am dringendsten brauchten. Das verleitete mich zu zeitraubenden Bemühungen, einigen der Kinder, die meiner Überzeugung nach eine Langzeittherapie brauchten, besondere finanzielle Unterstützung zu beschaffen. Außerdem weckte es in mir einen Groll gegen jene Kinder mit leichten Störungen, die ohne weiteres in der Schule oder der Familie hätten behandelt werden können, deren Eltern jedoch darauf bestanden, sie zu uns ins Institut zu schicken.

Das schlimmste aber war für mich, daß Jeff gegen Ende des Winters das Institut unter wenig erfreulichen Umständen verließ. Die sexuellen Neigungen meiner Kollegen interessierten mich herzlich wenig, solange sie nicht das Arbeitsklima oder meine Beziehungen zu den einzelnen Personen störten. Ich glaube, im Innern wußte ich wahrscheinlich, daß Jeff homosexuell war; es war jedoch in unserer gemeinsamen Tätigkeit nie von Belang gewesen, und ich hatte deshalb keine Notiz davon genommen. Aber die Gesellschaft war leider nicht bereit, darüber hinwegzusehen. Als der Verwaltungsrat des Instituts von Jeffs sexuellen Praktiken erfuhr, war man sich einig, daß es nicht ratsam war, Jeff weiterhin Einzeltherapien mit Kindern machen zu lassen. Man empfahl Jeff zu kündigen und erbot sich, ihn ohne Aufsehen und mit guten Referenzen gehen zu lassen. Da Jeff keine andere Möglichkeit für sich sah, nahm er an und suchte sich einen Posten in Kalifornien, wo er mit Alkoholikern arbeiten würde.

Ich war niedergeschmettert. Wir hatten mehrere Fälle gemeinsam behandelt und unsere Behandlungsmethoden auf unserer Zusammenarbeit aufgebaut. Jeff, der bis zum letzten Tag noch mit den Mitgliedern des Verwaltungsrats verhandelte, um doch bleiben zu können, ging dann praktisch von einer Minute auf die andere. Als der Verwaltungsrat sich nicht erweichen ließ, stürmte er im Zorn hinaus und ward nicht mehr gesehen. Den Schaden, der durch sein plötzliches Ausscheiden angerichtet wurde, mußte ich allein wiedergutzumachen versuchen, und das war mehr Arbeit, als mir lieb war.

Der einzige Lichtblick in diesem trüben Winter war das Auftauchen eines neuen Lovers namens Hugh. Allan war seit langem in der Versenkung verschwunden, und ich hatte einige frustreiche Monate lang vergebens unter den Männern der Stadt Ausschau gehalten, als unversehens dieser unverschämt gutaussehende Mann mit viel Humor und einem zehn Jahre alten VW, der von oben bis unten mit den Konterfeis toter Insekten aller Art dekoriert war, auf der Bildfläche erschien. Wir waren ein glänzendes Beispiel für das alte Sprichwort, daß Gegensätze einander anziehen: Hugh war im Gegensatz zu Allan und Chad ein College-Aussteiger und Selfmademan, der im zarten Alter von einundzwanzig Jahren mit dem Geld, das eigentlich für sein Studium gedacht war, ein Unternehmen zur Schädlingsbekämpfung aufgebaut hatte. Er hatte einen guten geschäftlichen Riecher und echten Spaß daran, in fremder Leute Kellern und Speichern herumzukriechen und unwillkommenen kleinen Tierchen den Garaus zu machen; nach zehn Jahren Arbeit war er nun einer der erfolgreichsten Kammerjäger der Stadt.

Vor allem hatte mich sein unvergleichlicher Humor angezogen. In meinem Beruf gab es so wenig zu lachen, daß für mich der Humor häufig der Rettungsanker war, an den ich mich klammerte, um mich über Wasser zu halten. Da war es natürlich einfach, jemanden zu lieben, der auch den weniger erheiternden Situationen des Lebens stets eine komische Seite abgewinnen konnte.

Der Frühling ließ in diesem Jahr auf sich warten. Wir hatten einen trockenen, kalten Winter hinter uns, der bis in den März hinein blieb, und im April überfielen uns dann die Schneestürme, die das Leben in der Stadt lähmten und den ersten zarten Frühlingshauch erstickten.

Im Institut stritt ich mich mit meinen Kollegen über das weitere Schicksal des Sommerschulprogramms. Dr. Freeman, der Jeffs Funktion übernommen hatte, hatte, ohne das vorher mit mir zu besprechen, Stiftungsgelder beantragt und bewilligt bekommen, die eine Erweiterung des Programms auf zwei Arbeitsorte ermöglichten. Wir würden nun achtundvierzig Kinder in das Programm aufnehmen, unter ihnen eine Grupppe schwer autistischer Kinder, die nicht zu den Patienten des Instituts gehörten. Ich witterte Geldmacherei hinter diesen Plänen und ärgerte mich ungeheuer, da ich das Programm auf Kinder beschränkt sehen wollte, deren Fortschritte wir weiterverfolgen konnten, aber meine Meinung zählte nicht viel. Meine Position innerhalb des Programms war beinahe zweitrangig geworden. Am Ende warf ich das Handtuch. Es war wahrscheinlich ein ganz gutes Programm, aber es war Lichtjahre von dem entfernt, was Jeff und ich zwei Jahre zuvor ausgearbeitet hatten; ich beschloß deshalb, alles Dr. Freeman zu überlassen.

Im Mai bekam ich einen neuen Bürogenossen namens Jules. Er war in jeder Hinsicht, von seinem Aussehen bis zu seinem Verhalten, ein völlig anderer Typ als Jeff. Nach vielen Jahren als Urologe war er in die Kinderpsychiatrie gegangen, war inzwischen fast fünfzig Jahre alt, ein kleiner, runder Mann mit einem weißen Haarkranz. Im Gegensatz zu Jeff mit seinem beißenden Witz und demonstrativem Selbstvertrauen, war Jules ein höflich zurückhaltender und sehr sanfter Mann. Ich mochte ihn. Ja, je näher ich ihn kennenlernte, desto mehr schätzte ich seine Gesellschaft. Er war ein aufgeschlossener und vielseitig interessierter Mann, was hieß, daß unsere Gespräche oft vom Hundertsten ins Tausendste führten. Aber er war eben nicht Jeff, und da mir Jeff immer noch sehr fehlte, brauchte ich lange, um mich an das neue Gesicht am anderen Schreibtisch zu gewöhnen.

Eines Abends im Juni dann fand ich beim Nachhausekommen einen dicken Brief in meiner Post. Ich erkannte Sheilas Handschrift sofort. Erstaunt riß ich den Umschlag auf und förderte dreizehn beschriebene Bogen Papier zutage, zuoberst ein kurzer Brief an mich.

Liebe Torey,
ich wollte Dir schon so lange schreiben, aber nach meinem letzten Brief wußte ich nicht, wie ich anfangen soll. Jedenfalls – es gibt mich noch.
Ich schicke Dir diese Briefe. Ich wollte sie an meine Mutter schicken, aber ich weiß nicht, wo sie ist, darum schicke ich sie an Dich. Ich hoffe, Du hast nichts dagegen.

In Liebe, Sheila.

Ich sah mir die Blätter unter dem Brief an. Jedes war ein kurzer Brief an Sheilas Mutter.

Liebe Mama,
ich wünschte, ich könnte Dich sehen. Ich wünschte, ich wüßte, wie Du aussiehst. Ich habe versucht, ein Bild von Dir zu bekommen, aber Dad hat keines, und sonst hat anscheinend auch niemand eines. Ich möchte Dich kennenlernen. Hast Du blonde Haare wie ich? Sind sie glatt? Hast Du blaue Augen? Jedesmal, wenn ich weggehe, schaue ich mir alle Frauen an, die an mir vorbeikommen. Ich halte dauernd nach jemandem Ausschau, der mich erkennt. Wie siehst Du aus? Ich glaube, wenn ich das wüßte, würde es mir bessergehen.

Liebe Mama,
warum bist Du weggegangen? Das ist etwas, das mich immer gequält hat. Ich meine, wieso hast Du mich nicht mitgenommen? War ich so ein schlimmes Kind? War ich vielleicht die ganze Zeit frech zu Dir oder so was? Habe ich mit Jimmie gestritten? Oder hattest Du einfach genug davon, zwei Kinder zu haben?

Liebe Mama,
bist Du wegen Dad weggegangen? Ich weiß jetzt, wie er ist, daß er nie mit dem Stoff aufhören kann. Das macht mich auch wütend. Ich würde am liebsten weglaufen. War es bei Dir auch so? Konntest Du es einfach nicht mehr aushalten?

Ich faltete die Briefe und steckte sie wieder in den Umschlag. Dann sah ich mir den Absender an. Es war der gleiche wie auf Sheilas letztem Brief. Sie war immer noch in dem Erziehungsheim. Ich ging in die Küche und rief die Auskunft an.

27

Mr. Renstads plötzliches Verschwinden war, wie Jeff gesagt hatte, auf Schulden zurückzuführen. Was wir damals allerdings nicht wußten, war, daß er im Gegensatz zu seinen Beteuerungen sehr wohl noch regelmäßig Drogen nahm und ihm irgendwelche unerquicklichen Unterwelttypen auf den Fersen waren, weil er sie nicht bezahlt hatte. Er und Sheila konnten – wie offenbar schon so oft in der Vergangenheit – gerade noch rechtzeitig fliehen, ehe es Ärger gab.

Der Ärger holte ihn jedoch ein paar Monate später in Form einer Verhaftung ein. Er wurde wegen irgendeines kleineren Vergehens gegen das Rauschgiftgesetz verurteilt und erneut zum Entzug ins staatliche Krankenhaus verfrachtet, wo ich ihn dann ja auch aufgestöbert hatte. Sheila hatte man für die Zeit seiner Abwesenheit in ein Erziehungsheim in der Gemeinde gesteckt, in der man ihn festgenommen hatte.

Aber Sheila, die dort sehr unglücklich war, brannte durch. Daraufhin kam sie in eine Pflegefamilie. Als sie auch dort davonlief, landete sie in einem Erziehungsheim in einer ländlichen Gegend, etwa eine Stunde östlich der Stadt. »Kinder-Ranch« nannten sie diese Art von Anstalten – ein Euphemismus für ein geschlossenes Heim. Dort hatte Sheila im vergangenen Sommer ihren ersten verzweifelten Brief an mich geschrieben; von dort hatte sie mir auch jetzt geschrieben und die an ihre Mutter gerichteten Briefe mitgeschickt.

Ich rief sofort in dem Heim an und sprach mit der Leiterin, einer Frau namens Jane Timmons.

»Vom Sandry Institut, sagen Sie?« fragte sie erstaunt. »Sheila Renstad ist am Sandry Institut behandelt worden? Wer hat das denn bezahlt?«

Verärgert über diese, wie ich fand, ungezogene Frage, zumal ich dieser Frau ja völlig fremd war, erklärte ich, daß meine Beziehung zu Sheila wesentlich weiter zurückging, erläuterte jedoch nicht, daß mittlerweile eine persönliche Beziehung daraus geworden war. Dreißig Sekunden am Telefon, und schon war mir klar, daß ich es hier mit einer Person zu tun hatte, der Geld und Status viel bedeuteten. Die Tatsache, daß ich vom Sandry Institut war, einer renommierten und teuren privaten Einrichtung, öffnete mir wahrscheinlich die Türen leichter als alle meine beruflichen Qualifikationen zusammen. Hätte ich gesagt, daß ich nur eine Freundin Sheilas war, hätte Jane Timmons mich mit Sheilas Vater in einen Topf geworfen und abgewimmelt.

So aber berichtete sie mir, daß Sheila seit etwas über einem Jahr in diesem Heim war, ein, wie sie sagte, meist schwieriges und unkooperatives junges Mädchen, das sich schlecht an andere anschloß und kaum Freunde hatte. Dreimal hatte sie versucht auszureißen, war bei einem dieser Versuche bis zum Fluß gekommen, so daß man gezwungen gewesen war, die Polizei zu rufen.

Ich fragte sie nach den Erziehungsgrundsätzen des Heims und erfuhr, was ich schon geahnt hatte: Man setzte dort vor allem auf Verhaltenstherapie und arbeitete mit einem Punktesystem, das heißt, die Kinder mußten sich alle Privilegien durch Wohlverhalten verdienen. Ich erkundigte mich außerdem nach Sheilas Aussichten, aus dem Heim entlassen zu werden, worauf Jane mir erklärte, daß Mr. Renstad etwa um Weihnachten herum mit Freilassung auf Bewährung rechnen könne und Sheila dann zu ihm zurückkehren würde, wenn das Jugendamt dies für angebracht hielt.

Da Jane Timmons annahm, ich wolle Sheila in meiner Funktion als Therapeutin sehen, brauchte Sheila sich nicht erst die notwendigen Punkte zu verdienen, um sich mit mir zu treffen. Zum Glück nicht. Bei Sheila, diesem emotional und intellektuell so komplexen jungen Menschenkind konnte ein verhaltenstherapeutisches Modell nur versagen.

Ich besuchte Sheila am Samstag nach ihrem sechzehnten Geburtstag. Es war ein sonniger, heißer Tag. Das Heim, eine Ansammlung flacher, moderner Bungalowbauten, lag nahe bei einem ausgetrockneten Fluß. Auf dem gesamten Gelände gab es nicht einen einzigen Baum, der Rasen war von der Hitze verbrannt. Nur der Stacheldraht glänzte in der Sonne.

Jane Timmons war an dem Wochenende nicht da, doch ich wurde sehr freundlich von einem jungen Mann empfangen, der sie vertrat, und dann an Holly weitergereicht, eine der Therapeutinnen, die für die Gruppe, zu der Sheila gehörte, verantwortlich war. Sie führte mich in die Mädchenabteilung, wo Sheila mich in ihrem Zimmer erwartete.

Es war eine richtige geschlossene Anstalt, mit einer endlosen Zahl schwerer, verschlossener Türen, in die Fenster aus dicken, von Drahtgitter durchzogenem Glas eingelassen waren, die einem kein unverzerrtes Bild des Insassen ermöglichten. Sheilas Zimmer war das drittletzte auf der linken Seite. Die Tür aus hellem Eichenholz mit einem kleinen quadratischen Fenster und einem Sicherheitsschloß stand offen. Sheila saß im Schneidersitz auf ihrem Bett.

»Hallo«, sagte ich.

»Hallo.« Einen Moment zögerte Sheila, dann sprang sie auf und warf sich in meine Arme. Ich umschlang sie und drückte sie fest an mich.

Holly, die an der Tür stehengeblieben war, betrachtete uns schweigend. Über Sheilas Kopf hinweg sah ich sie an. »Könnten Sie uns ein Weilchen allein lassen?«

Sie überlegte einen Moment, dann nickte sie. »Ja. Okay.«

Sheila hatte sich in den zwei Jahren, die vergangen waren, seit wir uns das letzte Mal gesehen hatten, sehr verändert. Sie war gewachsen und noch dünner geworden. Zu dünn. Sie wirkte zerbrechlich. Statt der extravaganten Klamotten trug sie jetzt nichts Aufregenderes als eine Jeans und ein blaues T-Shirt. Farbe und

Dauerwelle waren fast ganz verschwunden, und sie hatte sich den Pony herauswachsen lassen – beinahe jedenfalls. Ihr Haar hatte gar keinen Stil mehr, sondern wirkte ungepflegt mit dunkelblonden Wurzeln, krausen, gefärbten Spitzen und Strähnen, die nach allen Richtungen von ihrem Kopf abstanden.

Sheila musterte mich so aufmerksam wie ich sie. »Du wirst alt, weißt du das?« sagte sie. »Du hast Fältchen.«

»Wie nett. Vielen Dank.«

»Ich hab' mir dich nur nie mit Falten vorgestellt.«

»Ja, die kommen leider in den besten Familien vor«, erwiderte ich und setzte mich auf das Bett ihrer Zimmergenossin.

Das Zimmer war klein und spartanisch eingerichtet. Eigentlich war es nicht mehr als eine Kammer, wenn es hoch kam, zehn Quadratmeter groß. Auf der einen Seite hatte es ein Fenster, die Einrichtung bestand aus zwei eisernen Bettgestellen mit zwei ziemlich aggressiv pinkfarbenen Überwürfen und einem Schreibtisch am Fuß von Sheilas Bett. Ihre Zimmergenossin, ein Mädchen namens Angel, hatte die Wand über ihrem Bett mit Postern von Rockstars dekoriert, und auf der pinkfarbenen Tagesdecke waren diverse Plüschtiere aufgereiht. Bei Sheila gab es nichts dergleichen.

Ich sah mich um und wandte mich dann Sheila zu, die sich wieder mit gekreuzten Beinen auf ihr Bett gesetzt hatte. Sie war ein ungemein attraktives Mädchen, so mager sie war und so ungepflegt sie aussah, doch sie hatte eine Ausstrahlung von Schwermut, die ich früher nie an ihr bemerkt hatte.

»Und – bist du schon verheiratet?« fragte sie.

»Verheiratet? Ich?« versetzte ich verblüfft. »Nein. Warum? Hast du geglaubt, ich würde heiraten?«

»Ja. Jeff.«

»Jeff? Jeff und ich waren immer nur gute Freunde. Kollegen, genauer gesagt. Etwas anderes war nie zwischen uns.«

Mit skeptischer Miene neigte sie den Kopf zur Seite.

»Und du?« fragte ich. »Hast du einen Freund?«

Sie antwortete nicht. Nach einer kleinen Pause sah sie mich an und sagte: »Und was treibt Jeff so? Kommt er mich auch mal besuchen?«

»Nein«, antwortete ich.

Sheila war offensichtlich enttäuscht. »Ach, ich hatte so gehofft, er würde mal kommen«, sagte sie traurig.

Mich überraschte die Reaktion. Ich hatte immer geglaubt, sie hege eine Abneigung gegen ihn.

»Er ist jetzt in Kalifornien«, erklärte ich und überlegte kurz, ob ich ihr die ganze Geschichte erzählen sollte. Ich beschloß, es zu tun, um sie wissen zu lassen, daß er nur unter Zwang gegangen war.

Sheila hörte sich meinen Bericht aufmerksam und mit gekrauster Stirn an. Am Ende schüttelte sie niedergeschlagen den Kopf. »Er ist fort? Für immer?«

»Ich fürchte, ja.«

»Ach, Jeff«, murmelte sie. »Daß nicht den Einsturz solcher Macht verkündet ein stärkres Krachen! Soll der Welt Erschütterung nicht Löwen in der Städte Gassen treiben und Bürger in die Wüste?«

Mir war sofort klar, daß sie da etwas zitierte, aber ich wußte nicht, woher das Zitat stammte.

»Erkennst du das nicht?« fragte Sheila. Sie beugte sich nach unten, zog unter ihrem Bett einen Kasten hervor und klappte den Deckel auf. Als sie sich wieder aufrichtete, hielt sie die Ausgabe von *Antonius und Kleopatra* in der Hand, die Jeff ihr zu ihrem vierzehnten Geburtstag geschenkt hatte. Der Einband hatte Eselsohren und war an mehreren Stellen mit Klebestreifen repariert. Innen waren mehrere Seiten lose.

Es war auf einmal sehr still. Sheila saß da, das Buch auf dem Schoß und starrte auf den ramponierten Einband hinunter. Mir hatte es die Sprache verschlagen. Nach einer Weile begann sie leise zu sprechen.

»Ich hab' damals nicht verstanden, warum er es mir schenkte.

Ich fand, es war ein blödes Geschenk. Ich mein', wer will schon Shakespeare lesen? Zur Unterhaltung! Doch höchstens irgendeine vertrocknete alte Schachtel in schwarzen Tretern und Stützstrümpfen. Aber doch nicht ich!

Dann saß ich eines Abends auf einem Polizeirevier und mußte ewig warten. Aus lauter Langeweile hab' ich angefangen, in dem Buch zu lesen. Es war schwer, richtig reinzukommen. Ich kam mit der Sprache nicht zurecht. Heute kann ich das gar nicht mehr verstehen, weil es mir jetzt so leicht fällt, es zu lesen. Aber damals war es eine Riesenanstrengung. Und ich dachte immer nur, du lieber Gott, warum hat er mir das nur geschenkt.

Dann landete ich hier, und es war wie in der Wüste. Wenn man sich keine Punkte verdient, wenn man nicht nach ihren Regeln spielt, kann man nur rumsitzen. Damit machen sie einen kirre, verstehst du, mit der Langeweile.« Ihr Lächeln war rätselhaft. »Also hab' ich mir wieder das Buch vorgenommen. Und diesmal hab' ich's ganz durchgelesen. Als ich es durchhatte, hab' ich's gleich noch mal gelesen. Und dann noch mal. Ich hab's bestimmt zehnmal gelesen in zwei Tagen. Und ich fand es einfach wunderbar. Diese Frau! Unglaublich. Eine tolle Frau. Und dieser Mann gibt alles für sie. Er gibt buchstäblich die Welt für sie hin. Und doch ... die meiste Zeit reden die beiden nicht mal freundlich miteinander. Im Geist lieben sie sich, aber in Wirklichkeit streiten sie andauernd, ziehen sich auf, sind sich in nichts einig.

Wenn ich es lese, dann passiert was mit mir – ich weiß nicht, wie ich's beschreiben soll. Ich fühl' mich erweitert? Nein, das ist es nicht.« Sie schwieg nachdenklich. »Es ist, als säße ich in einem winzigen Mansardenzimmer – also mein normales Leben –, und über mir ist ein Dachfenster, das ich zwar sehen kann, aber niemals erreiche. Wenn ich dann dieses Buch lese, wächst etwas in mir. Hebt mich hoch, und ganz kurz kann ich das Fenster öffnen und hinaussehen. Es ist nur ein ganz flüchtiger Blick auf die andere Welt, verstehst du, was ich meine? Aber ich kann sie sehen. Einen

Moment lang erkenne ich, daß es etwas Größeres gibt als mich selbst.«

Ich war tief bewegt von Sheilas Worten.

Sie sprach weiter, ihre Worte überstürzten sich jetzt förmlich, als hätte sie Angst, ich könnte ihr Einhalt gebieten. All diese Gedanken, all diese Erkenntnisse und Einsichten, die sich da in einem Vakuum ans Licht emporkämpften. Ich spürte ihre ganze intellektuelle Verzweiflung.

»Die Geschichte ist wahr«, erklärte sie mir. »Ich habe alles nachgelesen. Die gesamte Entwicklung der westlichen Welt wurde von dem beeinflußt, was diese beiden taten. Wußtest du das? Kleopatra war eine unglaubliche Frau. Sie war sehr stark. Sie war eine sehr mächtige Königin. Und dabei ist sie doch so menschlich. So albern. So komisch. Ehrlich, Torey, manche Stellen in dem Stück sind das Komischste, was ich je gelesen habe.«

Und ich dachte die ganze Zeit nur, was zum Teufel uns einfiel, dieses Mädchen in einer geschlossenen Anstalt einzusperren. Warum war sie hier und nicht in den Sommerkursen einer Universität, wo sie Literatur und alte Geschichte studieren konnte, die sie offensichtlich so sehr faszinierte? Wo waren die Mentoren, die auf dieses begabte Mädchen hätten aufmerksam werden müssen? Auf diesem Gebiet hatte ich überhaupt kein Talent. Meine Kenntnisse über Shakespeare, über die Schriften Julius Cäsars waren gering. Wo waren die Englischlehrer, deren Herzen bei der Begegnung mit einer von der Poesie von *Antonius und Kleopatra* hingerissenen Sechzehnjährigen hätten höher schlagen müssen?

Sheilas Gesicht wurde traurig, während sie das Buch in ihren Händen betrachtete. Mit einem Finger glättete sie behutsam das Klebeband über dem eingerissenen Rand. »Das mit Jeff ist wirklich schade. Ich hätte ihn so gern wiedergesehen. Um ihm zu sagen, wie sehr ich das Buch liebe.«

»Vielleicht kann ich dir seine Adresse geben, wenn du ihm schreiben möchtest«, sagte ich.

»Ich glaube, ich war irgendwie in ihn verliebt«, sagte sie. »Das konnte ich ihm damals nicht sagen. Ein Glück, daß ich das Buch nicht schon damals gelesen habe. Ich hätte ihm niemals sagen können, daß es mir gefällt. Er sollte denken, daß ich ihn überhaupt nicht mag.« Sie sah auf. »Ist das nicht verrückt? Ich habe ihn gemocht. Ich habe ihn immer gemocht. Aber ich hatte Angst, er würde mich ablehnen, wenn ich ihn nicht zuerst ablehne.« Pause. »Jetzt wollte ich, ich hätte ihm die Wahrheit gesagt.«

Mehr als zwei Stunden lang sprachen wir an diesem Samstag nachmittag miteinander. Die meisten anderen Kinder, auch Sheilas Zimmergenossin, hatten sich genug Punkte für einen Ausflug in die Stadt verdient, und nachdem sie mit viel Lärm aufgebrochen waren, blieben wir allein zurück. Das war uns beiden recht.

Sheila war offen und gesprächig. Ich vermute, das war eine Folge dieser langen Zeit der Einsamkeit. Es tat ihr gut, ein vertrautes Gesicht zu sehen. Sicher spielte auch Depression eine Rolle. Ich hatte an diesem Nachmittag den Eindruck, daß Sheila sehr deprimiert war. Alle Lebenslust schien sie verlassen zu haben, und abgesehen von ihrer Beziehung zu *Antonius und Kleopatra* interessierte sie kaum etwas. Ich denke, sie war zu kraftlos, um ihre Gefühle und Gedanken so geschickt zu verbergen wie in der Vergangenheit.

Da ich mir Sorgen machte, sie könnte immer noch suizidgefährdet sein, sprach ich den Brief an, den sie mir im vergangenen Herbst geschrieben hatte.

»Es tut mir leid«, sagte ich, »daß ich auf deinen Brief damals nicht reagiert habe.«

»Ach ja«, sagte Sheila und wandte sich ab. »Dieser Brief.« Sie schnitt ein Gesicht. »Tut mir leid, wenn ich dich erschreckt habe. Ich finde es jetzt richtig dumm, daß ich ihn geschrieben habe.«

»Das solltest du aber nicht. Das waren doch sehr reale Gefühle. Es ist meine Schuld. Ich war damals verreist. Ich war in Wales und bekam den Brief erst bei meiner Rückkehr, Wochen später. Ich habe mich schrecklich gefühlt, Sheila, daß du mir geschrieben hattest und ich nicht antworten konnte.«

»Ach, reden wir einfach nicht mehr davon, okay?«

Ich sah sie an. Sie hielt den Kopf gesenkt, den Blick auf ihre Hände gerichtet. Immer war sie eine seltsame Mischung aus Tiger und Lamm gewesen, mutig und stark auf der einen Seite, ängstlich und verletzlich auf der anderen. Sie hatte mich oft bis zur Weißglut getrieben, wenn sie den Tiger herausgekehrt hatte, aber gleichzeitig war es das, was mich zu ihr hingezogen hatte. Und während ich sie jetzt musterte, suchte ich nach der Tigerin, die sich versteckt hielt.

»Ich muß in letzter Zeit so oft an meine Mutter denken«, sagte sie leise. Pause. »Das ist auch deine Schuld. Erinnerst du dich an unser letztes Gespräch? Im Auto? Als sich herausstellte, daß ich dich die ganze Zeit mit ihr verwechselt hatte?«

Ich nickte.

»Seitdem hab' ich die ganze Zeit nachgedacht – versucht, euch beide voneinander zu trennen, nehm' ich mal an. Ich weiß nicht, wie ich auf diese Idee mit dir kam. Du hast mich gar nicht verlassen. Du warst nur meine Lehrerin. Du hast nur getan, was alle Lehrer tun. Ich war wahrscheinlich einfach dumm. Ich hab' wohl nur versucht, irgendwie zu überleben.«

»Wie meinst du das?« fragte ich.

Sheila zuckte die Achseln. »Weiß nicht. Indem ich an diese Jahre einfach nicht mehr gedacht habe. Indem ich sie vergessen habe. Genau das hab' ich doch getan. Ich hab' alles vergessen. Weißt du, ich erinnere mich daran, daß ich vergessen *wollte*. Ich hab's ganz bewußt getan. Wenn ich irgendwo neu hingekommen bin, zu einer neuen Pflegefamilie zum Beispiel, oder auch wenn ich wieder zu meinem Dad gekommen bin, hab' ich für mich gedacht, so, jetzt fang' ich noch mal ganz von vorne an. Und wenn ich dann zum Beispiel in meine neue Schule gegangen bin und die anderen mich über früher gefragt haben, hab' ich immer nur gesagt, daran kann ich mich gar nicht mehr erinnern. Und das ist dann auch ganz so gewesen. Jedesmal war's so, als wär' ich neu geboren und alles, was vorher war, wär' in einem anderen Leben passiert. Beinahe so, als ob ich das gar nicht gewesen wäre.«

»Hat dir das geholfen, nicht an deine Mutter zu denken?« fragte ich.

»Ja. Und nicht an dich. Und nicht an Miss McGuire, weil ich bei ihr in der Klasse auch so glücklich war. Und ich wollte mich ja nicht daran erinnern, daß ich mal glücklich gewesen war. Ich wollte an die Zeit nicht denken, weil ich dann hätte weinen müssen. Mich an schlimme Dinge zu erinnern, macht mir nie was aus. Ich denke, ach, so ein Scheiß, und basta. Aber wenn ich mich an schöne Dinge erinnere, macht mich das total fertig. Also hab' ich dann jedesmal zu mir selber gesagt, nein, tu das nicht. Und nach einer Weile war's vorbei.«

Sie hob den Kopf, warf mir einen kurzen Blick zu und sah dann wieder auf ihre Hände hinunter. »Dann kamst du und hast mich in die Mangel genommen. Du schaffst es echt nicht, irgendwas ruhen zu lassen, weißt du das?« sagte sie. Ihr Ton war liebevoll, und sie lächelte schwach, aber ich wußte, daß sie meinte, was sie sagte.

»Wär's dir denn lieber gewesen, ich hätte es einfach ruhen lassen?« fragte ich.

Sheila sagte lange nichts. Schließlich zuckte sie langsam die Achseln. »Ich weiß nicht. Ich könnt' mir denken, daß für mich alles viel einfacher gewesen wäre, wenn du's getan hättest. Deinetwegen hab' ich die ganzen Jahre eine Menge Kummer gehabt, aber . . .« Sie sah mich wieder an. »Ich glaub', es ist einfach so, daß es für mich leichter gewesen wäre, wenn praktisch jeder, den ich je gekannt habe, sich aus meinem Leben rausgehalten hätte – meine Mutter, mein Vater, die Leute hier, die Pflegeeltern, die Leute vom Jugendamt. Du bist also keine Ausnahme.«

Ich lächelte, und da mußte Sheila ebenfalls lächeln. »Das macht dir nichts aus, daß ich das von dir sage?« fragte sie.

»Nein. Es stimmt wahrscheinlich.«

Sheila legte sich auf ihr Bett und verschränkte die Hände hinter ihrem Kopf. Schweigend blickte sie zur Zimmerdecke hinauf. Ich sah mir Angels Poster an. Die meisten der abgebildeten Rocksänger waren Leute, von denen ich noch nie etwas gehört hatte.

»Ich muß jetzt so oft an meine Mama denken«, sagte Sheila leise. »Ich mein', wo sie wohl ist und so. Was sie tut. Ich kenn' sie nicht mal, Torey.«

»Es aufzuschreiben war gut, finde ich«, erwiderte ich.

»Ich versuch' dauernd dahinterzukommen, warum sie das getan hat. Warum sie mich einfach auf dem Highway ausgesetzt hat. Vielleicht wollte sie es ja gar nicht. Vielleicht war es ein Unfall oder so. Vielleicht ist plötzlich die Tür aufgegangen, und ich bin aus dem Auto gefallen.« Sheilas Gesicht bekam einen in sich gekehrten Ausdruck. »Wenn sie wüßte, daß ich gesund bin und sie gern sehen würde, vielleicht . . .«

Da ich nicht wußte, was ich darauf sagen sollte, schwieg ich. Schließlich richtete Sheila ihren Blick auf mich. »Ich habe dir diese Briefe nicht geschickt, weil ich denke, daß du meine Mutter bist.«

»Nein, das weiß ich.«

»Das ist vorbei. Ich hab' sie dir nur geschickt, weil – es sind eben Briefe. Die bedeuten nur was, wenn man sie abschickt.«

»Ich verstehe, ich freue mich, daß du sie mir schickst.«

»Heb sie für mich auf, ja?« sagte sie. »Eines Tages werde ich sie nämlich finden, und dann gebe ich sie ihr. Ich möchte, daß sie mich kennenlernt, daß sie weiß, wie es mir die ganzen Jahre ergangen ist. Das hab' ich beschlossen. Wenn ich hier rauskomme, suche ich meine Mutter.«

28

Liebe Mama,
weißt Du eigentlich, wie unglücklich ich war? Weißt Du, was für ein Leben ich gehabt habe? Warum hast Du mir das angetan? Nachts hab' ich wach gelegen und darüber nachgedacht und versucht zu verstehen, warum ich nicht gut genug für Dich war, aber weißt Du eigentlich, wie es war, einfach zurückgelassen zu werden?

Ich machte mir große Sorgen um Sheila. Nachdem ich sie so einsam und deprimiert vorgefunden hatte, beunruhigte mich der Gedanke, sie könnte wieder auf die Idee kommen, Selbstmord sei die beste Lösung. Überdies schienen mir die Betreuer im Heim ihre Bedürfnisse nicht richtig zu erkennen. Wie in den meisten solcher Einrichtungen war das Personal knapp und überfordert. Die meisten Betreuer waren schlecht ausgebildete Teilzeitkräfte, die beinahe wöchentlich wechselten. Dauerhafte Beziehungen zu den Kindern waren unter diesen Bedingungen nicht möglich. Lediglich Jane Timmons und ihre zwei Stellvertreter besaßen die fachliche Qualifikation zur Arbeit mit gestörten Kindern, aber nur eine der drei war seit mehr als zwei Jahren in diesem Heim tätig. Jane selbst war nur wenig länger hier als Sheila.

Das allein schon mußte in Sheilas Fall Anlaß zur Sorge geben, da ja keiner der Erwachsenen lange genug mit ihr zu tun gehabt hatte, um eine tiefer gehende Beziehung zu ihr herzustellen; doch das behavioristische Modell, das man hier einsetzte, um Kontrolle über die Kinder auszuüben und Änderungen ihres Verhaltens zu erreichen, schien mir gerade für Sheila besonders ungeeignet. Erstens förderte es eine eher distanzierte, unpersönliche Art des Kontakts zwischen Betreuern und Kindern; zweitens war Sheila ihrem Wesen nach ein Mensch, der Zwang nur schlecht ertragen konnte; dem Punktesystem, das sie als Erpressung sah, trotzte sie von Anfang an, und das führte natürlich immer tiefer in die Isolation.

Leider konnte ich in dieser Situation nicht viel tun, da ich Sheila ja nicht als Therapeutin besuchte. Jane Timmons wußte das zwar nicht, und ich hielt es auch für ratsam, sie nicht aufzuklären, aber ich wußte, daß ich vorsichtig sein mußte und nicht zu weit gehen durfte. Ich beschränkte mich also darauf, meine Besuche bei Sheila anzukündigen, anstatt sie zu beantragen, so daß ich Sheila jederzeit sehen konnte. Ferner setzte ich mich hin und wieder zu Besprechungen mit Jane zusammen, da mir klar war, daß sie das von mir als Therapeutin erwartete, und ich ließ mir bei diesen Gelegenheiten Näheres über Sheilas Leben im Heim berichten.

Wenn es möglich war, besuchte ich Sheila jeden Samstagnachmittag. Es war eine ziemlich lange Fahrt von der Stadt aus, aber sie war angenehm, und oft machten Hugh und ich sie zusammen. Er pflegte dann sein Angelzeug mitzunehmen und für ein oder zwei Stunden irgendwo am Fluß zu verschwinden, während ich mit Sheila zusammen war. So verging der größte Teil dieses Sommers.

Jane Timmons zeichnete mir ein ziemlich schwarzes Bild von Sheilas sozialem Verhalten. Ich glaube, ich hatte damals schon erkannt, daß sie nicht gerade zu den kontaktfreudigsten Menschen gehörte, die ich kannte. Das war mir vor allem in dem Sommer klargeworden, als sie mit Jeff und mir zusammengearbeitet hatte; niemals hatte sie zu jener Zeit von Freunden oder Freundinnen gesprochen. Ich hatte Sheila mit diesem Problem nicht konfrontiert, einmal weil ich nicht in der Lage war, etwas Konstruktives zu tun, um es zu ändern, und zum zweiten weil ich der Überzeugung war, daß gewiß auch ihre außergewöhnliche Begabung der Entwicklung normaler Beziehungen zu Altersgenossen im Weg stand. Eine Auseinandersetzung mit diesem Problem wäre schwierig gewesen, zumal in Sheilas Situation. Ich hatte mir schließlich gesagt, daß Zeit und Reife wahrscheinlich die beste Lösung bringen würden.

»Was sagten Sie da eben?« fragte Jane. »Sie sprachen von außergewöhnlicher Begabung?«

»Aber ja, das wissen Sie doch.«

»Ich weiß gar nichts. Was für eine Begabung?« fragte sie.

Ich war entsetzt. So viel Zeit und Mühe hatten meine Kollegen und ich damals, als Sheila sechs gewesen war, darauf verwendet, ihre außergewöhnliche Begabung festzustellen, und dann hatte man es nicht in ihre Akte aufgenommen? »Sheila hat einen IQ von über hundertachtzig«, sagte ich.

»Wie bitte?« Jane riß die Augen auf. »Hundertachtzig? Das kann doch nicht Ihr Ernst sein.«

»Haben Sie denn keine Unterlagen darüber?«

»Einhundertachtzig? Sheila Renstad? Unsere Sheila Renstad? Sie machen Witze. Woher wissen Sie das überhaupt?«

»Ich war bei dem Test selbst dabei«, antwortete ich. »Ich weiß es, weil ich damals mit ihr gearbeitet habe.«

Jane ließ sich in ihrem Sessel zurückfallen. »Unglaublich! Und davon hat mir kein Mensch etwas gesagt.«

Voller Zorn gegen ein System, das Menschen mit so unglaublicher Nachlässigkeit behandelte, ging ich mit Holly, die mir die Türen aufsperrte, durch den Korridor. Sheila war wie immer allein in ihrem Zimmer.

»Wir müssen dich hier herausholen«, sagte ich.

»Was du nicht sagst.«

»Nein, im Ernst, Sheila. Das ist kein Platz für dich. Warum bist du überhaupt hier? Du hast nichts getan. Warum bist du eingesperrt? Dein Vater sollte im Gefängnis sein.«

Sheila, die im Schneidersitz auf ihrem Bett saß, sah mich an. »Tja, willkommen in meiner Welt.«

Ich zog mir den Schreibtischstuhl heran und setzte mich.

»Irgendwann gewöhnt man sich daran, Torey, daß es nun einmal so ist. Kämpfen hat keinen Sinn.«

»Das kann ich nicht akzeptieren«, entgegnete ich.

»Ich schon. Ich mußte es akzeptieren.«

Liebe Mama,
was tut Jimmie jetzt? Er ist inzwischen wahrscheinlich größer als ich. Ich hab' mal nachgerechnet, er muß jetzt mindestens vierzehn sein. Ich kann mich nicht mehr genau erinnern, ob er zwei Jahre jünger war als ich oder weniger. Vielleicht nur anderthalb Jahre? Ich denke viel darüber nach. Es ist ein komisches Gefühl zu merken, daß man seinen eigenen Bruder vergessen hat.

Jane Timmons hatte mich gebeten, mit Sheila über ihr eigenbrötlerisches Verhalten zu sprechen, und es war zweifellos notwendig, dieses Problem zu erörtern. Aber nicht an diesem Nachmittag. In diesen wenigen Stunden wenigstens sollte Sheila das Gefühl haben, daß sie den Ton angeben und bestimmen konnte, wie wir den Nachmittag verbringen wollten.

Sie war niedergeschlagen an diesem Nachmittag, wie so oft zuvor. Sie lag auf dem Bett und starrte zur Zimmerdecke hinauf, und als ich vorschlug, einen Spaziergang zu machen, lehnte sie ab. Sie hatte keine Erlaubnis, das Gelände zu verlassen, und keine Lust, hinter dem Stacheldrahtzaun Runden zu drehen.

»Was würde dir denn Spaß machen?« fragte ich schließlich, als die Stille so drückend geworden war, daß ich das Gefühl hatte, sie würde mich zerquetschen.

»Eigentlich gar nichts.«

Sie lag immer noch auf dem Bett. Jetzt hob sie eine Hand an ihre Stirn.

»Das heißt...« Sie hielt inne, während sie sich durch die Haare fuhr, »weißt du noch, als ich damals bei dir in der Klasse war?«

»Ja.«

»Weißt du noch, wie du mir immer die Haare gemacht hast? Ich fand es immer so schön, wie du es gebürstet und mir dann verschiedene Frisuren gemacht hast.« Sie sah mich an. »Würdest du – ich meine, wenn ich dir – also, es klingt blöd, aber würdest du mir die Haare machen?«

»Aber sicher.«

Sheila stand vom Bett auf und ging zur Kommode, um ihre Haarbürste zu holen. Vor dem kleinen Spiegel blieb sie stehen und zog sie ein paarmal kräftig durch ihr Haar. Sie schnitt ihrem Spiegelbild eine Grimasse und sagte: »Könntest du sie mir auch schneiden, wenn wir irgendwo eine Schere herbekämen?«

»Also, ich weiß nicht«, antwortete ich. »Ich bin keine große Leuchte, was Haareschneiden angeht.«

Sie hielt mir die Bürste hin. »Ich möchte die Spitzen abschneiden. Bitte, Torey. Ich kann mich so nicht mehr sehen.«

Behutsam zog ich zuerst die Bürste, dann den Kamm durch ihr Haar. Es war brüchig und spröde vom vielen Färben und Bleichen im Lauf der Jahre. Nachdem ich mir die Schere von Janes Schreibtisch ausgeliehen hatte, versuchte ich, Sheila das Haar zu stutzen, wie sie mich gebeten hatte. Ich schnitt die letzten dauergewellten Spitzen ab und bemühte mich, so viel wie möglich von den gefärbten Strähnchen mitzunehmen. Als ich damit fertig war, war ihr Haar nur noch etwa schulterlang. Der Schnitt war keineswegs professionell. Danach bürstete ich nur noch.

Sheila genoß es, sich von mir umsorgen zu lassen. Mir ging plötzlich der Gedanke durch den Sinn, daß sie, da sie sich im Heim so abseits hielt, wahrscheinlich schon lange keine körperliche Berührung mehr erfahren hatte. Im ersten Moment überraschte mich der Gedanke, aber je länger ich darüber nachdachte, desto wahrscheinlicher erschien er mir. Ja, Sheila hatte vermutlich den größten Teil ihres jungen Lebens kaum positive körperliche Berührung erfahren.

»Hast du eigentlich einen Freund?« fragte ich.

»Ich? Hier? Nicht geschenkt!«

»Hast du mal einen Freund gehabt?«

Sie antwortete nicht gleich. Sie saß mit dem Rücken zu mir, da ich immer noch ihr Haar bürstete, und so konnte ich ihr Gesicht nicht sehen. Aber ich spürte ihr Zögern.

»Nein«, antwortete sie schließlich.

»Hättest du gern einen?« fragte ich. »Magst du Jungs?«

»Soll das heißen, ob ich lesbisch bin?« fragte sie, zog sich von mir zurück und drehte sich herum. Sie schnitt eine Grimasse. »Nur weil ich keinen Freund habe, brauchst du doch nicht gleich so was zu denken.« Sie machte einen Satz weg von mir. »Du denkst jetzt wahrscheinlich, daß ich deshalb wollte, daß du mir die Haare bürstest. Scheiße. Gib her. Gib mir die Bürste zurück.«

»Moment mal! Ich habe nichts dergleichen gesagt. Außerdem – was wäre daran so schlimm? Mir wäre so was gleichgültig. Ich habe mich an Jeffs Präferenzen nicht gestört, und ich würde mich auch an deinen nicht stören. Das ist eine persönliche Angelegenheit, Sheila. Ich habe einfach nur gefragt.«

»Ja, aber warum? Was geht es dich an, ob ich einen Freund habe oder nicht? Ich frag' dich ja auch nicht, was du so treibst, oder?« erklärte sie gereizt.

»Okay, okay. Tut mir leid«, sagte ich.

»Hm!« schnaubte Sheila energisch und kletterte wieder auf ihr Bett. »Da steckt doch bestimmt Jane dahinter, oder? Die ist wahnsinnig neugierig.«

»Okay. Tut mir leid.«

Schweigen. Sheila starrte auf die Haarbürste in ihrer Hand. Sie hob sie hoch und fuhr damit auf der einen Seite durch ihr Haar. Das Schweigen zog sich in die Länge und vertiefte sich. Einen Moment lang glaubte ich, sie würde zu weinen anfangen.

»Nein, ich hab' keinen Freund«, sagte sie leise. »Und ich hab' auch nie einen gehabt. Ich mag Jungs, ja. Ich hab' Jeff gemocht. Ich fand ihn ganz toll und –« Pause. »Aber es läuft doch immer einzig und allein aufs Vögeln raus, Torey. Und ich hab' schon so viele Schwänze gesehen.«

»Es kann auch auf ein bißchen mehr als das hinauslaufen, Sheila.«

»Ich kann keine Kinder kriegen. Wußtest du das? Nach dem, was mein Onkel damals getan hat. Weißt du das noch? Das war, als ich bei dir in der Klasse war. Und jetzt kann ich keine Kinder kriegen. Und was gäbe es sonst für einen Grund?« fragte sie.

Da ich nicht wußte, was ich darauf sagen sollte, hielt ich den Mund.

»Was ich mir wünsche, ist jemand, der einfach mit mir kuschelt. Weißt du, was ich meine? Jemand, der mich in die Arme nimmt, ohne mehr von mir zu erwarten. Aber das werde ich wohl nie finden. Und darum habe ich beschlossen, daß ich lieber ganz ohne auskomme.«

Liebe Mama,
ich habe diese Woche in der Zeitung gelesen, daß sie eine Frau gefunden haben, die vor fünfundzwanzig Jahren ermordet worden ist, und keiner hatte gemerkt, daß sie verschwunden war. Alle sagten nur, sie wäre weggegangen, und keiner hat sich die Mühe gemacht, sie zu suchen. Sie haben geglaubt, sie wollte nicht zurückkommen. Ich krieg' manchmal solche Angst, daß Dir auch so was passiert ist. Ich möchte Dich finden. Ich möchte mit Dir reden und wissen, daß Du okay bist. Ich möchte sicher sein, daß nicht das der Grund ist, warum Du nie zurückgekommen bist.

Als ich Sheila am folgenden Samstag wieder besuchte, brachte ich ihr verschiedene Dinge für die Haarpflege mit, die ich im Drugstore besorgt hatte. Es war nichts Besonderes: eine Dose Conditioner, etwas Frisierschaum und ein blauer Haarreif für die zu langen

Stirnfransen, die ihr immer in die Augen fielen. Sie war vor Freude über diese Geschenke ganz aus dem Häuschen.

»Wow! Das ist ja toll.« Anstatt die Tüte aufzumachen, riß sie sie in ihrer Ungeduld auseinander, nahm den Haarreif und schob ihn sich ins Haar. »So einen hab' ich mir immer gewünscht. Aber ich dachte immer, mit dem Pony brauch' ich keinen. Drum hab' ich mir nie einen gekauft. Aber den finde ich toll. Warum hast du mir das alles mitgebracht?«

Ich zuckte mit den Schultern. »Ich dachte mir, es würde dich freuen.«

»Ja, das tut es. Vielen Dank.«

In den nächsten paar Minuten betrachtete sich Sheila ihre Geschenke genauer. Sie schraubte den Deckel der Dose mit dem Conditioner auf, sah sich den Inhalt an, schraubte den Deckel wieder zu und las dann die Gebrauchsanweisung.

»Die lassen mich das Zeug hier wahrscheinlich überhaupt nicht nehmen. Hier muß man immer alles abgeben. Wahrscheinlich glauben sie, man raucht es oder weiß der Himmel was.«

Ich setzte mich auf Angels Bett zu den Plüschtieren.

»Ich weiß jetzt, wann mein Dad auf Bewährung rauskommt«, sagte Sheila. »Am achtundzwanzigsten Oktober.«

»Und wie findest du das?«

»Hm.« Sie sprühte etwas von dem Schaum auf eine Hand und roch daran. Dann verrieb sie den Schaum zwischen ihren Händen.

»Wohin geht er dann? Hat er Arbeit?« fragte ich.

»Er geht wieder nach Broadview. Da hat er Freunde. Er ist nämlich da aufgewachsen, weißt du. Da hat auch meine Großmutter gewohnt, als sie noch gelebt hat.« Sie massierte sich den Schaum in die Haare.

Es war das erste Mal, daß ich Sheila von Verwandten sprechen hörte. Ich wußte, daß es außer der Großmutter noch andere gab, Jerry zum Beispiel, den Bruder ihres Vaters, der sie im Alter von sechs Jahren auf so brutale Art mißbraucht hatte. Doch Sheila sprach kaum je von diesen Menschen, die nicht zu ihrer engsten Familie gehörten.

»Na, das ist wenigstens eine gute Nachricht«, sagte ich. »Dann kannst du hier weg.«

Sheila verzog den Mund. Zweifel und Ablehnung drückten sich in ihrer Miene aus.

»Ach, ich weiß nicht. Ich bin mir gar nicht sicher, ob ich überhaupt zu meinem Dad zurück will. Ich meine, er hat ungefähr schon eine Million Male gesagt, daß er keinen Stoff mehr nehmen wird, und er tut's doch immer wieder. Das wird diesmal bestimmt nicht anders, und ich hab' keinen Bock drauf, immer wieder in diese Scheißheime hier gesteckt zu werden.«

Ich sagte nichts.

Sie sah mich kurz an. »Weißt du, was ich mir gedacht hab', daß ich machen könnte? Meine Mutter suchen. Vielleicht könnt' ich dann bei ihr wohnen.«

»Und wie würdest du das anstellen?«

»Versprich mir, daß du keinem was verrätst.« Sheila sah sich verstohlen um, als erwartete sie, belauscht zu werden. »Ich hab' mein ganzes Geld gespart. Mein Dad schickt mir ab und zu was, weißt du. Und als ich das letzte Mal in der Stadt war, bin ich in die Bibliothek gegangen und hab' mir die Adresse von einer Zeitung in Kalifornien besorgt. Da hab' ich dann Geld hingeschickt und eine Anzeige aufgegeben. In der Anzeige steht, wer ich bin und daß ich meine Mutter suche.«

»Kalifornien ist ein ziemlich großes Gebiet. Da erreicht eine Zeitung nur einen kleinen Teil.«

»Ja, klar, das weiß ich auch. Aber wenn ich mehr Geld zusammenkriege, geb' ich noch mehr Anzeigen auf«, sagte Sheila. »Eine liest sie dann bestimmt. Da bin ich ganz sicher.«

Ich sah sie an. »Und dann weiter?«

»Na ja, dann kann ich mit ihr reden. Und vielleicht kann ich bei ihr wohnen.«

»Sheila, ich glaube nicht –«

Sie schnitt eine Grimasse. »Du willst sagen, laß den Scheiß. Das hab' ich mir gleich gedacht.«

»Nein, das stimmt nicht. Ich sage nur, laß dir ein bißchen Zeit.«

»Ich weiß schon, was ich tue«, entgegnete sie. »Sie wird mir bestimmt dankbar sein, daß ich sie gesucht hab'. Das hört man doch immer von Kindern, die adoptiert worden sind; wie froh ihre richtigen Eltern sind, wenn sie mit ihnen Kontakt aufnehmen.«

»Fast immer.«

»Sie hat irgendwo ein Haus oder eine Wohnung, und mein Bruder ist dort und . . .«

»Mach dir keine zu großen Hoffnungen, Sheila.«

Sie ließ ihre Schultern hängen. Gereizt fuhr sie mich an: »Ich hätt's dir nicht sagen sollen. Ich hab' gleich gewußt, daß ich's dir lieber nicht sagen sollte, weil du's ja doch für Quatsch hältst.«

»Das tue ich nicht, Sheila. Ich sage nur –«

»Ich weiß schon, Torey, aber es wird nicht so, wie du glaubst. Ich hab' keinen Bock, bei meinem Vater zu bleiben. Und hier will ich erst recht nicht bleiben. Ich möchte zu meiner Mutter. Sie wird mir wahrscheinlich dankbar dafür sein, daß ich mir die Mühe gemacht hab', sie zu suchen. Das ist so lange her. Es kann sogar ein Unfall gewesen sein. Vielleicht bin ich einfach aus dem Auto gefallen, und sie hat's erst gemerkt, als es zu spät war. Sie ist bestimmt froh, wenn sie erfährt, daß es mir gutgeht.«

29

Liebe Mama,
ich möchte zu Dir kommen. Ich mag nicht mehr bei Dad wohnen. Nicht, daß Du meinst, es wär' was Schlimmes passiert; es ist schon lang nichts Schlimmes mehr passiert, ich hab's nur so satt, wie er ist. Ich hab's satt, mir dauernd um ihn Sorgen zu machen, wegen des Alkohols und wegen des Stoffs, und was aus unserem Geld wird und ob er gleich wieder im Knast landet und was aus mir wird, wenn das passiert. Ich möchte mit Dir und Jimmie zusammenleben. Bitte, ginge das nicht wenigstens für eine Weile?

»Kannst du mich hier rausholen?« fragte Sheila, als ich wie gewohnt am Samstag nachmittag zu ihr kam. »Ich werd' noch verrückt hier.«

»Du meinst, ich soll dir ein anderes Heim suchen?« fragte ich.

»Nein. Bloß nicht. Du sollst mich hier nur mal rausholen. Damit ich hier zur Abwechslung mal wegkomme. Ich bin seit ungefähr drei Monaten nicht mehr rausgekommen«, antwortete sie. »Ich möcht' so gern mit zu dir nach Hause. Geht das?«

»Ich weiß nicht, ob Jane das erlauben wird. Du stehst hier nicht sehr gut da.«

»Ha!« versetzte sie. »Ich steh' vielleicht nicht gut da, aber dafür kann ich schneller laufen als alle anderen hier.« Sie kicherte über ihr Wortspiel.

»Ja, hm, das ist genau das, was ich befürchte. Jane wird sich bestimmt nicht überreden lassen, dir noch eine Gelegenheit zum Abhauen zu geben.«

Sheila seufzte gereizt. »Dir würde ich doch nicht davonlaufen, Torey. Das weißt du doch.«

Ich wußte es nicht, um ehrlich zu sein. Ich glaubte nicht, daß Sheila mich belog, nein. Sie mochte alle möglichen Tricks auf Lager haben, aber sie war, zumindest mir gegenüber, immer bemerkenswert aufrichtig gewesen. Ich hatte keinen Anlaß, jetzt an ihrer Ehrlichkeit zu zweifeln. Aber sie war eine geborene Opportunistin. Ich wagte nicht zu beurteilen, ob sie würde widerstehen können, wenn sich die Gelegenheit zum Abhauen bot.

»Ach komm! Bitte! Willst du's nicht wenigstens versuchen?« bettelte sie. »Ich halt's hier drin einfach nicht mehr aus.« Einen Moment schwieg sie, dann hellte ihr Gesicht sich auf. »Ich könnte dir was kochen. Weißt du noch? Wie das letzte Mal. Das hat dir doch Spaß gemacht, oder? Ach, bitte.«

»Dir ist doch klar, was wir zur Antwort bekommen werden, wenn ich wirklich frage.«

»Was denn?«

»Daß du erst die nötigen Punkte sammeln mußt.«

Mit einer dramatischen Geste schlug Sheila ihre Hände vor ihr Gesicht und ließ sich auf ihr Bett fallen. »Ach, Mist! Nicht du auch noch! Mensch, Torey!«

»Du mußt dich nach ihnen richten, Sheila. Du hättest wahrscheinlich schon vor Monaten hier raus sein können, wenn du getan hättest, was von dir verlangt wurde.«

»Hätt' ich vielleicht denen ihr blödes Spiel mitspielen und diese beschissenen kleinen Dinger sammeln sollen? Was sind es gleich wieder – verdammte Golftees oder so was? Glaubst du im Ernst, ich lass' mein Leben von Golftees bestimmen?«

Ich sah sie an. »Dir wird nichts anderes übrigbleiben, wenn du mit mir nach Hause kommen willst.«

»Ach, Scheiße, Torey. Ich dachte, du hättest mehr auf dem Kasten.« Mit Zornesfalten auf der Stirn starrte sie mich an.

Der Tiger begann sich zu rühren. Sheila wehrte sich. Ich war glücklich darüber und provozierte sie gleich noch ein bißchen mehr. »Wir holen Jane hierher. Wir können einen Punkteplan aufstellen, und sobald du ihn erfüllt hast, darfst du ein Wochenende bei mir zu Hause verbringen. Wie hört sich das an?«

»Beschissen.«

»Na schön. Wie du willst.«

Sheila setzte sich auf. »So hab' ich das nicht gemeint. Mann, du hast heut' vielleicht eine Laune! Was ist eigentlich los?«

Ich lächelte ausdruckslos.

Sie machte ein Gesicht, als hätte sie am liebsten gefaucht, dann aber kroch sie zum Ende des Betts, um ein Blatt Papier vom Schreibtisch zu nehmen. »Okay, dann hol Jane. Bringen wir dieses beschissene Spiel hinter uns.«

Kaum machte sie sich mit Eifer an die Arbeit, da hatte Sheila ihre Punkte auch schon beisammen. Jane war verblüfft, und ich nehme an, das war genau die Reaktion, auf die Sheila abgezielt hatte. Ja, als Sheila langsam aus dem tiefen Tal der Depression herauskroch und im Heim kräftig ihre Stimme vernehmen ließ, schien Jane beinahe erschrocken über den Tiger, der da geweckt worden war.

Zwei Samstage später fuhren Sheila und ich zusammen in meinem Auto in die Stadt.

»Mann, ist das klasse«, sagte Sheila immer wieder. »Bäume. Schau dir die vielen Bäume an. Das hat mir da draußen so gefehlt. Da ist es wie in der Wüste.«

Als wir in meiner Wohnung waren, ging Sheila von Zimmer zu Zimmer.

»Ein komisches Gefühl ist das, wieder hier zu sein. Weißt du noch, wie ich das letzte Mal hier war? Das war an dem Abend mit dem kleinen Jungen. Alejo. Ehrlich, das ist wie ein Déjà-vu. Nein, nein, das war ja gar nicht der letzte Abend, oder? Ich war später noch mal da und hab' für dich gekocht. Das war doch hinterher, nicht wahr? Mensch, Torey, es kommt mir vor, als wär' das alles eine Ewigkeit her.«

Sie hielt inne und drehte sich nach mir um. »Erinnerst du dich, wie ich dir neulich erzählt hab', daß ich Teile meines Lebens einfach ausblenden kann? So, daß ich dann das Gefühl habe, es wäre alles jemand anderem passiert?«

Ich nickte.

»So war das hier auch. Obwohl ich es gar nicht wollte. Ich hab' versucht, es zu vergessen, aber jetzt, wo ich wieder hier bin, fühlt sich's genauso an. Wirklich so, als würde ich in ein früheres Leben zurückkehren, in eine frühere Zeit, weil – ich mein', ich glaub' nicht, daß ich irgendwann mal an einen Ort zurückgekommen bin, wo die Leute noch genauso gelebt haben wie an dem Tag, als ich weggegangen bin.«

In der Küche fiel Sheilas Blick auf mehrere Fotos, die mit Magneten an meiner Küchenschranktür befestigt waren. Sie blieb vor ihnen stehen und musterte sie aufmerksam.

»Das sind Bilder vom Zelten«, sagte ich. »Schau, ich hab' die größte Forelle gefangen.«

»Wer ist der Mann da?«

»Das ist Hugh. Den wirst du nachher noch kennenlernen. Er geht nämlich heute abend mit uns essen.«

»Aha, das ist also der Typ, den du im Augenblick vögelst, hm?«

»So würde ich es nicht ausdrücken.«

»Aber du vögelst doch mit ihm, nehme ich an.« Sie musterte immer noch die Fotos.

»Das ist eine von den Fragen, die in die Kategorie ›Persönliches‹ fallen, Sheila.«

Sie drehte sich herum. »Wir sind doch Freundinnen, oder nicht?«

»Ja, schon ...«

»Dann ist doch nichts dabei, wenn du mir das sagst. Du vögelst doch mit ihm, stimmt's?«

»Vögeln, nein. Wir schlafen miteinander. Das ist etwas vollkommen anderes.«

Sie zuckte die Achseln. »Für mich ist das alles Vögeln.«

Am Nachmittag wollte ich mit Sheila ins Einkaufszentrum fahren. Nach so langen Monaten Haft und Einsamkeit wollte sie unter Menschen, möglichst viele, und es gibt wohl kaum einen Ort, wo man stärker im Gewühl ist als in einem Einkaufszentrum am Samstag nachmittag. Wir aßen rasch etwas zu Mittag, und ich ging noch ins Bad, um mir die Zähne zu putzen, ehe wir losfuhren.

Als ich, immer noch eifrig zähneputzend, aus dem Badezimmer wanderte, hörte ich ein gedämpftes Geräusch, das wie ein leichtes Tippen klang. Ich bog um die Ecke zum Wohnzimmer und sah Sheila mit dem Telefon in der Hand.

»Wen rufst du an?« fragte ich überrascht.

»Niemanden.«

Das erschien mir höchst unglaubwürdig, und man konnte es mir wohl vom Gesicht ablesen.

Sheila war verlegen. »Ich hab' nur rumgespielt. Entschuldige. Aber weißt du, mit diesen Tastentelefonen kann man richtige Lieder spielen. Und ich wollte nur mal sehen –«

Ich betrachtete sie immer noch mit deutlicher Skepsis.

»Dann komm doch her. Ich spiel' dir ›Twinkle, twinkle, little star‹ vor.«

Die Sache mit dem Telefon beunruhigte mich etwas. Vielleicht hatte sie wirklich nur mit den Tasten gespielt, und ich war übertrieben mißtrauisch, aber meine Intuition sagte mir etwas anderes. Fragen verfolgten mich: Wen hatte sie angerufen? Und warum? Weshalb durfte ich nichts von dem Anruf wissen?

Ich stand den ganzen Nachmittag unter ziemlicher Anspannung. Mir war klar, daß es riskant war, Sheila, die schon so oft durchgebrannt war, ausgerechnet in ein von Menschen wimmelndes Einkaufszentrum mitzunehmen. Aber ich wollte ihr ein paar vergnügte, unbeschwerte Stunden bereiten, die sie an alte Zeiten erinnern sollten. Außerdem fand ich es wichtig für sie, das Gefühl zu haben, daß ich ihr vertraute. Die nüchterne Wahrheit war allerdings, daß ich das im Grunde nicht tat. Ich hatte schon zu lange mit Kindern dieser Art zu tun, um nicht mißtrauisch zu sein, und der geheime Telefonanruf hatte dieses Mißtrauen noch verstärkt.

Wie sich zeigte, hätte ich mir überhaupt keine Sorgen zu machen brauchen. Sheila war begeistert von unserem Ausflug. Sie ging in jeden Laden, befühlte und betastete alles, was ihr unter die Finger kam, probierte stundenlang Kleider, Hüte und Schmuck an und vertilgte eine unglaubliche Menge von Doughnuts, Popcorn, Keksen, Pizza und Eiskrem und spülte sie mit Litern von Orangensaft hinunter. Sie verliebte sich in einen flippigen kleinen Fummel, der, wie es schien, aus einer Uraltjeans geschneidert war. Das Oberteil hatte diverse Risse und war praktischerweise gleich mit den notwendigen Sicherheitsnadeln versehen. Der Rock bedeckte kaum ihren Po. Sie hatte sich von ihrem eigenen Geld schon ein sehr freches T-Shirt gekauft, darum spendierte ich ihr das Kleid. Der Preis schien angemessen dafür, daß endlich wieder ein Funke ihres früheren ausgeflippten Geschmacks zum Vorschein kam.

Als wir nach Hause kamen, war Hugh schon da. Sheila bekam erst einmal einen Schreck. Sie hatte mir den Wohnungsschlüssel abgenommen, um aufzusperren, und hatte nicht erwartet, drinnen schon jemanden vorzufinden. Sie stieß einen spitzen Schrei der Überraschung aus und rannte wieder zu mir in den Hausflur.

Hugh, der unverbesserliche Witzbold, wartete, bis Sheila und ich zusammen zur Tür hereinkamen. Dann warf er einen Blick auf sie, riß die Arme in die Höhe und stieß einen gleichermaßen spitzen Überraschungsschrei aus, ehe er ins Schlafzimmer flüchtete.

Sheila fiel die Kinnlade herunter. »Du lieber Gott, wer ist denn das?«

»Ich bin ein Einbrecher. Fort mit euch«, schallte eine Piepsstimme aus dem Schlafzimmer.

»Ist der wirklich echt?« fragte sie.

»Das ist Hugh«, antwortete ich mit einer gewissen Gereiztheit im Ton, um ihn wissen zu lassen, daß es uns jetzt reichte.

Mit Leichenbittermiene und einem Blumenhütchen auf dem Kopf, das ich in der vorangegangenen Woche zu einer Hochzeit getragen hatte, erschien Hugh an der Tür zum Wohnzimmer. »Ja«, sagte er mit tiefer Baßstimme. »Ich bin Toreys Freund Hugh.«

Sheilas Augen waren untertassengroß. »Und ich dachte immer, Jeff wäre schlimm«, murmelte sie. »Mann, Torey, wo gabelst du die nur auf?«

Es wurde ein sehr gelungener Abend. Zunächst einmal brachte Sheila Stunden im Badezimmer zu, um sich fertigzumachen. Sie warf sich in ihre neuerstandenen Klamotten und bediente sich dann hemmungslos von meinen Schminksachen. Danach führte uns Hugh in ein japanisches Restaurant, in dem der Koch mit artistischer Präzision sein Messer schwang und unser Essen direkt am Tisch zubereitete. Sheila, die noch nie mit Stäbchen gegessen hatte, amüsierte sich köstlich über ihre eigenen ungelenken Versuche, diese Kunst zu meistern, obwohl sie normalerweise nicht über sich selbst lachen konnte. Ihre Würde und ihr Selbstbewußtsein standen noch auf zu wackeligen Füßen, um so etwas zuzulassen. Doch an diesem Abend sah sie, wie komisch ihre ungeschickten Bemühungen waren; sie ertrug sogar Hughs schnodderige Bemerkungen und gab ihm auf seine Albernheiten in gleicher Münze heraus. Tatsächlich waren Hughs Kommentare so komisch, daß wir bald alle drei vor lauter Lachen unsere Stäbchen nicht mehr halten konnten.

Nach dem Essen sahen wir uns einen Science-fiction-Film an. Hugh kaufte einen Rieseneimer voll Popcorn und setzte sich zwischen Sheila und mich, damit wir alle drei davon essen konnten. Während wir auf den Beginn des Films warteten, unterhielten sich Hugh und Sheila damit, das Popcorn in die Luft zu werfen und zu versuchen, es mit dem Mund aufzufangen. Mir wurde bei diesem fröhlichen Treiben allmählich etwas unbehaglich; ich merkte, daß wir den anderen Leuten auf die Nerven gingen, und hatte Angst, daß sich gleich jemand beschweren würde. Ja, es sei wohl besser, wenn wir jetzt Ruhe gäben, stimmte Hugh mir zu. In einer seltenen Demonstration von Zuneigung ergriff Sheila Hughs Arm und schmiegte sich in einer Art Umarmung an ihn.

Später, als Hugh gegangen war und wir in meiner Wohnung auf dem Sofa im Wohnzimmer Sheilas Bett herrichteten, sagte Sheila: »War der high von irgendwas?«

»Wer? Hugh? Nein, der ist immer so.«

»Wow.« Sheila schwieg einen Moment, um das Bettuch über den Polstern strammzuziehen. »Bist du ganz sicher, daß er nichts nimmt? Ohne daß du's weißt, mein' ich.«

»Bestimmt nicht. Hugh ist einfach so«, erklärte ich. »Ich glaube, deswegen mag ich ihn so. Ich lache schrecklich gern.«

Sie nickte. »Ja, ich hab' wahrscheinlich nur nie gewußt, daß man auch ohne high zu sein, so lustig sein kann. Ich wußte nicht, daß man von selbst so glücklich sein kann.«

Als Sheila auf dem Sofa unter ihre Decke gekrochen war, machte auch ich mich fürs Bett fertig. Ich wusch mich, sagte gute Nacht und zog mich in mein Schlafzimmer zurück. Es war ziemlich spät, und ich war müde; schon Augenblicke nachdem ich das Licht ausgedreht hatte, war ich eingeschlafen.

Irgendwann fuhr ich hoch. Es war dunkel im Zimmer. Ich drehte mich herum und sah auf den Wecker auf dem Nachttisch. Seit ich zu Bett gegangen war, waren noch nicht einmal zwei Stunden vergangen. Ich hatte das ungute Gefühl, nicht allein in meinem Zimmer zu sein. Ich richtete mich auf.

»Sheila?« flüsterte ich.

Erst blieb alles still, aber dann trat sie aus dem Schatten bei der Tür.

»Entschuldige. Ich wollte dich nicht wecken.«

»Was machst du denn?«

Sie antwortete nicht gleich. Ich griff zur Nachttischlampe.

»Nicht!« bat sie, und ich machte kein Licht.

Als ich mich zum Bett hinausbeugte, sah ich, daß ihre Decke vom Sofa auf dem Boden lag. Sie kam näher und legte ihr Kopfkissen darauf.

»Was tust du denn da?« fragte ich wieder.

»Ich kann nicht schlafen.« Ihre Stimme klang so dünn wie die eines Kindes. »Da draußen ist mir alles so fremd. Ich bin's nicht gewöhnt, allein zu schlafen. Angel, weißt du, die schnarcht, und ich bin das Geräusch gewöhnt. Stört's dich, wenn ich zu dir komme?«

»Ich glaube nicht, daß ich schnarche.«

Sie kicherte. »Das macht nichts.«

Sie legte sich auf den Boden und zog die Decke über sich. Ich schloß schläfrig die Augen.

»Ich fand's schön heute abend«, sagte Sheila leise. »Ich finde Hugh nett. Du hast echt Glück.«

»Ja.«

»Mir hat's so gut gefallen. Ich hab' schon seit Ewigkeiten nicht mehr so viel gelacht.«

»Hm.«

»Ich wünsch' mir, daß ich später auch mal einen Freund wie Hugh finde.«

Ich war kurz vor dem Einschlafen. Ich weiß nicht, ob ich überhaupt noch etwas antwortete.

»Torey?«

Ich zwang mich, die Augen zu öffnen. »Ja?«

»Vögelst du wirklich mit ihm?«

»Die Frage hab' ich doch schon einmal gehört«, murmelte ich. »Du scheinst dich ungewöhnlich stark für mein Liebesleben zu interessieren.«

»Ich kann mir eben nicht vorstellen, daß du so was tust.«

Ich lächelte vor mich hin.

»Ich weiß ehrlich gesagt gar nicht«, fuhr sie fort, »ob ich das will.

Es erscheint mir so schrecklich. Wirklich, ich mein's ernst. Freiwillig tu' ich das bestimmt nie.«

»Das ändert sich vielleicht, wenn der Richtige kommt.«

»Nein, das glaube ich nicht.«

Stille trat ein. Ich spürte, daß sie nachdachte. Dann sagte sie wieder: »Torey?«

»Hm?«

»Glaubst du, daß ich überhaupt mal einen Freund finde? Ich meine, wenn ich keinen Sex will, will mich dann überhaupt ein Junge haben?«

»Wenn es ein richtiger Freund ist, liebt er dich aus vielen anderen Gründen, nicht nur wegen des Sex. Und wer weiß? Vielleicht ändert sich eines Tages bei dir doch was. Es ist ganz natürlich, daß man einen Mann, den man liebt, anfassen möchte und von ihm auch angefaßt werden möchte.«

Sie antwortete nicht.

»Du hast schlimme Erfahrungen gemacht, Sheila. Abscheuliche Erfahrungen, denen ein Kind niemals ausgesetzt sein dürfte. Dir ist Gewalt angetan worden. Aber das hat mit Vögeln nichts zu tun, dieses natürliche Gefühl. Das ist Liebe, es gehört zur Liebe, und man spürt es, weil es einen, wenn es geschieht, sehr glücklich macht.«

Das Gespräch geriet ins Stocken. Ich hatte den Eindruck, daß Sheila wieder in Nachdenken versunken war. Ich zog meine Decke hoch und schloß die Augen.

»Hoffentlich ist er so wie Hugh. So lustig«, sagte sie.

»Ja, das wünsche ich dir auch. Hugh ist ein netter Mann.« Ich schwieg einen Moment, dann sagte ich: »Ich bin zwar nicht gern eine Spielverderberin, aber es ist sehr spät. Wir fühlen uns morgen wie Schafskotze, wenn wir jetzt nicht schlafen.«

Sie lachte leise. Dann wurde es still.

Nach einer kleinen Weile wieder ihre Stimme. Leise.

»Weißt du, woran mich das heute abend erinnert hat?«

»Woran denn?«

»An damals, mit deinem anderen Freund. Wie hieß der gleich? Chad? Weißt du noch, als er mit dir und mir Pizza essen gegangen ist? Das heute abend war genauso lustig wie damals.«

»Du erinnerst dich daran?« fragte ich. Ich hatte noch deutlich im Kopf, wie sie vor zwei Jahren behauptet hatte, sich nicht entsinnen zu können.

»Ja. So ungefähr. Nicht in aller Einzelheit. Vor allem erinnere ich mich an das Gefühl. Dieses Glücksgefühl. Mit dir und ihm zusammenzusein und mich so toll zu fühlen. Ich weiß noch, daß ich dachte, so muß es sein, wenn man einen richtigen Vater und eine richtige Mutter hat.«

Ich lächelte in der Dunkelheit. »Ja, ich erinnere mich, daß ich mich an dem Abend auch sehr gut gefühlt habe.«

»Und so war es heute abend auch irgendwie. Du weißt schon. So ein Gefühl, als wären wir eine Familie. So ein Gefühl von – Geborgenheit.«

»Ja.«

»Das ist ein schönes Gefühl. Es ist schön zu wissen, daß die Menschen, mit denen man zusammen ist, nicht nur darauf warten, eine Tür aufzureißen und einen rauszuschmeißen.«

30

Liebe Mama,
ich habe damals viel Ärger gemacht. Deshalb mußtest Du wahrscheinlich so handeln. Ich glaube, ich kann es verstehen, weil es wahrscheinlich das einzige war, was Du tun konntest. Aber ich habe mich inzwischen sehr gebessert. Hier sind alle meine guten Seiten:

1. *Ich kann kochen.*
2. *Ich kann alle Haushaltsarbeiten echt gut.*
3. *Wenn ich hier rauskomme, suche ich mir eine Arbeit und verdiene Geld.*
4. *Ich habe in der Schule sehr gute Noten und gehöre immer zu den Besten.*
5. *Ich werde Dir jetzt immer folgen, denn jetzt bin ich ja alt genug dazu.*

Es wurde Oktober. Da ich wußte, daß Sheila einzig von mir Besuch bekam, fuhr ich weiterhin fast jede Woche ins Heim. Ihr Verhalten besserte sich in diesen ersten Herbstwochen zusehends. Ihr lag jetzt viel daran, Punkte zu sammeln, um sich freie Samstage zu verdienen, und Jane berichtete, daß sie in der Woche weit kooperativer war als früher. Immer noch mied sie die Gesellschaft der anderen Jugendlichen, aber das beunruhigte mich nicht allzusehr.

Mit dem Näherrücken des Entlassungstermins von Mr. Renstad begann man sich im Heim auch über Sheilas Entlassung Gedanken zu machen. Jane hatte die Absicht, sie noch bis Mitte November im Heim zu behalten, um Mr. Renstad Zeit zu lassen, sich neu einzuleben. Ich hatte seit unserer letzten unerfreulichen Begegnung nicht mehr mit ihm gesprochen und wußte nicht, ob er davon unterrichtet worden war, daß ich wieder Kontakt mit Sheila hatte. Meine Informationen erhielt ich alle von Jane. Sie hatte mir schon berichtet, daß das Jugendamt Sheila nur zu ihm zurückkehren lassen würde, wenn er nachweisen konnte, daß er ein geregeltes Leben führte; im Oktober jedoch erzählte mir Jane, daß man im Rahmen eines Rehabilitationsprogramms für Strafgefangene für ihn einen Arbeitsplatz in Broadview gefunden hatte und daß es jetzt nur noch darum ging, ihm eine Unterkunft zu beschaffen.

Sheila nahm diese Neuigkeiten und Aktivitäten alle ziemlich gelassen auf. Sie hatte das gleiche mindestens schon dreimal vorher erlebt und hielt an einer gewissen Skepsis fest – frei nach dem Motto »Ich glaube es erst, wenn ich es selbst sehe«. Außerdem beschäftigte sie noch eine ganz andere Sache.

»Torey! Torey! Komm, schnell.« Sie winkte mir aufgeregt, als ich am Samstag vor dem Kolumbus-Tag ankam. Sobald ich ihr Zimmer betreten hatte, schloß sie hastig die Tür hinter mir und rannte zu ihrem Bett. »Setz dich. Ich möchte dir was zeigen.«

Ich setzte mich.

Sheila zog wieder den Kasten unter dem Bett hervor, in dem sie ihre wenigen Schätze verwahrte. Sie hob den Deckel und nahm einen Brief heraus. Den Brief fest an ihre Brust gedrückt, sah sie mich strahlend an.

»Rat mal, was das ist. Rat mal, was das ist.« Doch ehe ich überhaupt einen Versuch machen konnte zu raten, drückte sie mir den Brief in die Hände. »Er ist von meiner Mutter.«

Ich nahm den Brief entgegen.

»Erinnerst du dich an die Anzeige, die ich in die Zeitung gesetzt habe? Du weißt schon, in Kalifornien? Stell dir vor, das hat geklappt. Sie hat sie gesehen und mir den ganzen langen Brief hier geschrieben.«

Der Brief war wirklich lang, zehn oder zwölf Bögen, beidseitig mit einer kleinen, krakeligen Schrift bedeckt. Ich faltete die Blätter auseinander, strich sie auf meinem Knie glatt und begann zu lesen.

Schon bei den ersten Absätzen wurde mir mulmig. Die Sprache der Schreiberin hatte etwas Befremdliches, Verzweifeltes. Sie schrieb, sie habe eine Tochter zur Adoption freigegeben, und erging sich dann über mehrere Seiten hinweg in einer äußerst verwikkelten Geschichte von emotionalen Problemen und Ehen mit prügelnden Männern.

»Sheila, ich sag' das nicht gern, aber – ich bin mir nicht sicher, ob das deine Mutter ist.«

»Doch, bestimmt. Sie schreibt doch, daß das Mädchen vier Jahre alt war. Ich war vier«, entgegnete Sheila. »Ich meine, wie vielen vierjährigen Mädchen kann denn so was passiert sein?«

»Sicher nicht vielen unter den gleichen Umständen wie dir. Aber sie erwähnt hier die genauen Umstände gar nicht. Außerdem schreibt sie ›zur Adoption freigegeben‹. Das, was deine Mutter getan hat, würde ich nicht als ›zur Adoption freigeben‹ bezeichnen.«

»Ja, ich weiß, aber sie war durcheinander«, konterte Sheila. »Schau doch, sie schreibt immer wieder, wie durcheinander sie war. Es hat praktisch ihr ganzes Leben verpfuscht. Und ich hab' gewußt, daß es so sein würde. Ich hab' gewußt, daß es meiner Mutter so leid tun würde, daß das passiert ist, und daß sie mich wiederhaben will, wenn sie erst weiß, wo ich bin.«

Ich hob den Kopf und betrachtete Sheila. So oft hatte ich diesen Ausdruck in ihren Augen gesehen. Sie hätte wieder sechs Jahre alt sein können, so viel rührende Verletzlichkeit spiegelte sich in ihnen. So verzweifelt wünschte sie sich, daß dies wahr war, daß dieser Brief von ihrer Mutter kam. Ich hob die Hand, um ihre Schulter zu berühren, aber sie zuckte zurück.

»Sie schreibt, daß ich Sheila heiße. Das weiß sie«, beharrte sie.

»Liebes –«

»Aber sie schreibt es.«

»Du hast es ihr mitgeteilt. Dein Name stand in der Anzeige, oder nicht?«

»Aber sie schreibt es doch. Warum sollte sie denn lügen? Warum sollte sie mir überhaupt schreiben, wenn ich nicht ihre Tochter bin?«

»Weil es Menschen mit schweren Störungen gibt, die nicht unterscheiden können, was wirklich ist und was nicht«, antwortete ich.

Zorn flammte plötzlich in ihren Augen auf.

»Zu denen gehör' ich auch, hm? Das denkst du doch. Du denkst, ich bin verrückt. Ja, los, sag's schon, Torey. Denn das willst du doch sagen.«

»Nein, das will ich nicht sagen. Ich spreche von dieser Frau, die dir den Brief geschrieben hat, nicht von dir. Ich glaube, sie wünscht sich, daß du ihre Tochter wärst. Vielleicht glaubt sie sogar, daß du es bist, aber du bist es eben nicht.«

»Doch, ich bin's. Das ist meine Mutter. Ich weiß es. Lies den ganzen Brief. Du hast ja nur ein paar Seiten gelesen. Sie erzählt von Jimmie in dem Brief. Sie erzählt von ihm, und daß ich außerdem noch vier Brüder habe. Jüngere Brüder, weil sie wieder geheiratet hat.«

Ich seufzte. »Aber du hast doch in der Anzeige Jimmies Namen angegeben, Sheila. Sie hat Jimmies Namen von dir selbst erfahren.«

Sheila schossen die Tränen in die Augen. »Du bist gemein. Du willst nicht, daß ich meine Mama finde.«

Ich streckte beide Arme nach ihr aus. »Komm her, Sheila.«

Mühsam die Fassung bewahrend, wandte sie sich von mir ab.

»Sheila, natürlich möchte ich, daß du deine Mutter findest. Nichts würde mich mehr freuen, schon deshalb, weil ich weiß, wie glücklich es dich machen würde. Aber ich möchte nicht, daß du noch mehr verletzt wirst, als du schon verletzt worden bist. Und ich habe große Angst, daß dir das mit diesem Brief passieren wird.«

»Ach, geh doch weg.«

»Sheila –«

»Geh weg. Hau ab. Ich will dich dieses Wochenende nicht sehen. Fahr heim.«

In dieser Woche bekam ich keine kleinen »Liebe Mama«-Briefe, und als ich Sheila am folgenden Wochenende wieder besuchte, sagte sie kein Wort mehr über den Brief. Sie war aber nicht so vergnügt wie sonst, und daran merkte ich, daß ich ihr bei unserer Meinungsverschiedenheit sehr weh getan hatte und sie Distanz halten wollte. Ich hielt nichts davon, das Problem von mir aus zur Sprache zu bringen, sondern war der Meinung, es würde mich weiterbringen, wenn ich ihr einfach meine Wärme und Zuneigung gab und wartete, bis sie von sich aus den nächsten Schritt tat.

Wir schwatzten durchaus freundlich miteinander. Größtenteils drehte sich das Gespräch um ihre Vorbereitungen für den Auszug aus dem Heim. Sheila würde von dem kleinen Unterrichtsraum im Heim an eine große High-School in Broadview wechseln, und sie war gespannt, was für Fächer dort angeboten werden würden. Wir besprachen die Vorzüge verschiedener Kurse, und ich machte sie auf die Vorteile aufmerksam, die die Wahl einer Fächerkombination haben würde, die auf ein zukünftiges Universitätsstudium abgestimmt war.

Damit kamen zum ersten Mal Sheilas Zukunftspläne zur Sprache. Sie war jetzt in der letzten Klasse der High-School, und derartige Entscheidungen standen eigentlich dringend an, aber bisher hatten wir über den Fortgang ihrer Ausbildung kaum gesprochen. Das lag zum Teil daran, daß Sheila in der Schule sehr gut allein zurechtzukommen schien, zum Teil aber befand sich Sheilas Leben in dieser Zeit in einem solchen Aufruhr, daß wir bisher nicht dazu gekommen waren, uns Überlegungen für ihre Zukunft zuzuwenden. Als wir nun darüber sprachen, erklärte Sheila zu meiner Bestürzung, daß sie nicht die geringste Absicht habe, nach dem Abschluß der High-School ein Studium aufzunehmen.

»Das kann nicht dein Ernst sein.«

»Doch«, erwiderte sie. »Ich hab' keine Lust zu studieren.«

»Aber natürlich hast du die«, entgegnete ich.

»Nein. Ich hab' die Nase voll von der Schule. Ich möchte auf eigenen Füßen stehen. Ein Leben führen, wo ich selbst bestimmen kann. Ich geh' doch nicht gleich nach der Schule wieder auf die nächste Schule.«

Für mich war das unfaßbar. Ich konnte mir nicht vorstellen, daß Sheila mit ihrer hohen Intelligenz, ihrem Interesse an alter Geschichte, an der lateinischen Sprache und am Lesen alter Texte nicht den Wunsch haben sollte, ihre Kenntnisse zu vertiefen. Ich versuchte, ihr zu erklären, wie anders als in der Schule das Leben an einer Universität war, wie leicht es ihr fallen würde, sich in diesem neuen Leben zurechtzufinden. Sie hatte längst die Fähigkeit entwickelt, für sich zu lernen, da sie in ihrem Umfeld kaum Förderung erfahren hatte, und ich sagte ihr, daß sie allein schon dadurch den anderen Studenten voraus sein und ein Studium wahrscheinlich leicht schaffen würde.

Aber alle meine Reden halfen nichts. Sheila wurde nicht einmal ärgerlich wie bei unserer Meinungsverschiedenheit in der Woche zuvor. Ich denke, sie begab sich in diese Diskussion gar nicht so tief hinein. Dieses Gebiet war ihr nicht wichtig, sie machte sich deshalb nicht die Mühe zu streiten. Doch sie blieb dabei: Sobald sie die Schule hinter sich hätte, würde sie sich Arbeit und eine eigene Wohnung suchen und ihr eigenes Leben führen. Die Universität konnte warten.

Am folgenden Mittwoch hielten Jules und ich gerade bei einer Tasse Kaffee einen gemütlichen Plausch, als das Telefon läutete. Es stand auf einem Stuhl zwischen unseren beiden Schreibtischen, und wir grapschten beide nach dem Hörer, aber Jules war schneller als ich. Er meldete sich und schnitt eine Grimasse.

»Na, typisch«, sagte er. »Immer wenn ich rangehe, ist es für dich.« Er reichte mir den Hörer.

Jane Timmons war am Apparat. »Wir haben hier ein Problem«, sagte sie. »Sheila ist verschwunden.«

»Was? Wann denn?«

»Sie durfte heute morgen mit einer Aufsicht in die Stadt fahren, um Kleider einzukaufen, und Annie ist mit ihr zu MacGregors gegangen, in das Kaufhaus. Offen gesagt, Torey, haben wir dabei zu diesem Zeitpunkt kein Risiko mehr gesehen. Sie wird ja sowieso in knapp drei Wochen entlassen. Sheila ging in die Toilette, und Annie wartete draußen, aber Sheila ist einfach nicht wieder herausgekommen.«

»Was ist denn passiert? Ist sie zum Fenster hinaus?«

»Vermutlich. Aber es war im ersten Stock. Weiß der Himmel, wie sie das geschafft hat und wohin sie verschwunden ist. Das Kaufhaus hat zwar ein Flachdach, aber . . .«

In diesem einen kurzen Gespräch verwandelte sich Sheila wieder einmal von dem freundlichen, lebhaften Mädchen in eine Fremde, die in Welten lebte, von denen ich mir kaum eine Vorstellung machen konnte.

»Ich wollte Sie eigentlich nur fragen«, fuhr Jane fort, »ob sie vielleicht bei Ihnen aufgetaucht ist.«

»Nein.«

»Tja . . .«

»Kann ich irgend etwas tun?« fragte ich.

»Im Grunde nicht. Wir haben die Polizei benachrichtigt. Ebenso das Gefängnis in Marysville, wo ihr Vater ist, obwohl ich mir kaum vorstellen kann, daß sie so weit kommen wird.« Sie schwieg einen Moment und sagte dann: »Haben Sie eine Ahnung, wohin sie gehen könnte? Wissen Sie von irgendwelchen Freunden?«

Als erstes kam mir natürlich ihre Mutter in den Sinn. »Sie hat neulich einen Brief bekommen«, begann ich und berichtete dann kurz von Sheilas Bemühungen, ihre Mutter ausfindig zu machen.

»Ja, das wissen wir alles«, sagte Jane.

»Ach ja?« Ich war erstaunt. Sheila hatte mir nichts davon gesagt, daß sie mit den Betreuern im Heim über diese Geschichte gesprochen hatte.

»Die üblichen Vorsichtsmaßnahmen. Wir sehen regelmäßig die

Sachen der Jugendlichen durch. Wir wußten, daß sie an Zeitungen in Kalifornien geschrieben hatte, aber ich hielt es nicht für nötig, deswegen mit ihr zu sprechen. Ich meine, es schien mir harmlos zu sein, und es wäre ja nur ein Segen, wenn die Kleine jemanden finden würde, der sie aufnimmt. Ihr Vater ist ja schließlich nicht gerade ein Goldstück.«

»Aber wußten Sie auch von diesem Brief?« fragte ich. »Von der Frau in Nordkalifornien?«

»Ja, den habe ich gesehen. Holly brachte ihn mir letzte Woche«, antwortete Jane. »Traurig, nicht wahr?«

Diese Lässigkeit, mit der man Sheilas Sachen durchsucht hatte und ihre Handlungen abtat, ärgerte mich so sehr, daß ich nicht bereit war, meine Meinung über die Bedeutung dieses Briefs und Sheilas Reaktion darauf näher zu erläutern. Ich hatte Jane, solange ich mit ihr zu tun gehabt hatte, nie besonders gemocht, jetzt aber empfand ich Verachtung für sie.

Dieser eine Anruf war das letzte, was ich in dieser Angelegenheit hörte. Jane meldete sich nicht wieder bei mir. Ich selbst rief am Donnerstag und am Freitag im Heim an, aber Jane war nicht zu sprechen, und ihre Stellvertreterin berichtete mir, man habe Sheila bisher noch nicht gefunden.

In den ersten Tagen nach Sheilas Verschwinden erwartete ich, von ihr zu hören, und hoffte, sie würde, wie damals mit Alejo, plötzlich bei mir vor der Tür stehen. Ich war unruhig, weil ich fürchtete, ihr könnte etwas zustoßen, aber ich vertraute immer noch darauf, daß sich bald alles in Wohlgefallen auflösen würde. Denn wie lange konnte sie schließlich einfach verschwunden bleiben?

Sehr lange, wie ich feststellen sollte. Aus Tagen wurde eine Woche. Eine Woche, zwei Wochen gingen vorbei. Mr. Renstad wurde aus dem Gefängnis entlassen und ließ sich wieder in Broadview nieder, aber Sheila blieb verschwunden.

Ich konnte es nicht glauben. Ich konnte nicht glauben, daß das

Mädchen spurlos verschwunden sein sollte, und zum ersten Mal wurde ich mit der harten Realität konfrontiert, wie Polizei, das Jugendamt und andere Behörden mit dem Problem jugendlicher Ausreißer umgingen. Nicht zum ersten Mal hingegen wurde ich darauf gestoßen, wie sehr sich Sheilas Welt von meiner unterschied.

Es war unmöglich, sich nicht um sie zu sorgen. Alle möglichen Gedanken spukten mir durch den Kopf, vor allem daß sie diese gestörte Frau in Kalifornien tatsächlich gefunden haben könnte. Oder ihre Mutter. Als Idealfall stellte ich mir vor, sie habe ihre Mutter und Jimmie gefunden und führe nun ein Leben, wie sie es sich immer gewünscht hatte. Ich versuchte, mir einzureden, daß genau das geschehen und dies der Grund sei, warum sie keine Verbindung zu mir aufgenommen hatte. Leider wurden diese angenehmen Gedanken immer wieder von Schreckensbildern verscheucht.

Es wurde November, und ich mußte mich wohl oder übel damit abfinden, daß Sheila einmal mehr aus meinem Leben verschwunden war. Wie das bei solchen Erfahrungen im Leben immer ist, begann die Zeit allmählich die Frustration und selbst die nagende Sorge zu mildern.

Eines Abends stieß ich auf den Stapel Briefe an ihre Mutter, den ich in einer Schublade aufbewahrt hatte. Anstatt ihn dort zu lassen, nahm ich ihn heraus und legte ihn in einen Karton mit all den anderen Andenken an frühere Kinder. Am nächsten Morgen brachte ich das Exemplar von *Sheila*, das ich stets auf meinem Schreibtisch liegen hatte, an einen Platz, an dem es mir nicht ständig ins Auge fallen würde.

Ich war mitten in einer Spieltherapiestunde mit einem kleinen Vierjährigen namens Bob, der nicht sprechen wollte. Er war ein schwieriger Fall, den einer unserer Psychiater zur Begutachtung an mich überwiesen hatte, weil es bisher nicht gelungen war herauszufinden, warum er nicht sprach. Ich verließ mich darauf, daß ich nicht gestört werden würde, da alle im Haus wußten, daß ich die Sitzung auf Videoband aufnahm. Dennoch ging gerade in dem Moment, als ich Bobby mit Seifenblasen so weit gebracht hatte, daß er begann, aufgeregt vor sich hin zu brabbeln, mein Piepser los. Ich versuchte, ihn zu ignorieren, aber das half nichts. Das Piepsen ging weiter.

Irritiert stand ich auf und ging zu dem Telefon an der Wand des Therapieraums. Mit der einen Hand wählte ich die Nummer des Vorzimmers, während ich mit der anderen versuchte, die Videokamera abzustellen.

»Ich bin's«, sagte Rosalie, die am Empfang arbeitete. »Ich habe Sie angepiepst, weil wir gerade ein Fax für Sie bekommen haben, und ich denke, Sie sollten es sich ansehen.«

»Jetzt gleich? Ich bin mitten in der Stunde«, erwiderte ich.

»Ja, Torey, Sie sollten lieber gleich kommen.«

Mit Bobby an der Hand ging ich ins Vorzimmer und nahm das Fax aus meinem Postkasten, um es zu lesen.

Geh fort, geh fort, o Menschenkind
Wo Wasser und die Wildnis sind.
mit einer Fee geh Hand in Hand
denn sind mehr Tränen auf der Welt, als einer fassen kann.

Für manche von uns ist diese Welt nicht gemacht, Torey. Der kleine Prinz hat es erfahren. Und Kleopatra, und ich glaube, ich auch. Hier gibt es nichts für mich. Ich komme von einem anderen Ort. Ich gehöre nicht hierher. Sind mehr Tränen auf der Welt, als ich fassen kann.

Danke, daß Du's versucht hast. Und fax mir nicht zurück. Ich schicke das von einem Geschäft aus und will keine Antwort.

In Liebe, Sheila.

»O Gott«, sagte ich, nachdem ich gelesen hatte.

»Ja«, antwortete Rosalie. »Als ich das sah, wußte ich, daß ich Ihnen das sofort zeigen muß.«

»Ich muß sie erreichen.« Ich sah mir das Blatt Papier genau an und bemerkte ganz oben in winzigem Druck die Faxnummer des Absenders. Ich schnappte mir Rosalies Telefon und rief die Auskunft an. Ich erfuhr, daß das Fax aus Nordkalifornien abgesandt worden war, und einen Augenblick später hatte ich die Telefonnummer des Geschäfts, von dem aus Sheila gefaxt hatte. Ich rief sofort dort an.

»Hallo, ja, ich habe gerade ein Fax von Ihnen bekommen. Es müßte von einem jungen Mädchen abgeschickt worden sein. Sechzehn Jahre alt. Ist sie noch da? Es ist sehr dringend! Ich muß sie unbedingt sprechen.«

Die Frau, die sich gemeldet hatte, verband mich mit einem anderen Apparat, und ich wartete, wie mir schien, mindestens hundert Jahre. Dann hörte ich es klicken, und gleich darauf ertönte Sheilas Stimme.

»Hallo?«

31

»Sheila? Sheila, ich bin's, Torey.« Es kam keine Antwort. Aber sie war noch in der Leitung. Ich konnte das feine Geräusch ihres Atems hören.

»Sheila? Alles in Ordnung?«

»Wie hast du mich gefunden?«

»Hör mir zu. Bist du okay?« fragte ich wieder. »Wo bist du? Was ist das für ein Geschäft, in dem ich anrufe?«

»Ein Kopierladen«, antwortete sie. Ihre Stimme klang tonlos. Ich glaube, sie war wirklich verblüfft, daß ich sie so schnell gefunden hatte, und wußte nicht recht, wie sie reagieren sollte.

»Alles in Ordnung?«

»Ich will nicht mit dir reden.«

»Nein, Sheila, leg jetzt nicht auf. Bitte? Bitte!«

»Laß mich einfach in Ruhe, okay?« In ihrer Stimme zitterten Tränen, ich hörte es an ihrem etwas stoßweisen Atem, aber sie bemühte sich, sie zu unterdrücken.

»Nein, Sheila. Sprich mit mir. Komm, komm. Bleib noch ein bißchen am Apparat. Erzähl mir, was du getrieben hast.«

Schweigen.

»Was ist passiert?«

Sie holte hörbar Luft.

»Sheila, leg jetzt nicht einfach auf.«

»Das tu' ich ja gar nicht.« Ihre Stimme war sehr dünn.

»Geht's dir nicht gut?«

»Nein.«

»Was ist passiert?« fragte ich. »Kannst du es mir sagen?«

»Ich kann hier nicht reden. Da hören alle zu.«

»Aber ich möchte mit dir reden. Wirklich. Gibt's kein anderes Telefon? Nein, warte, leg nicht auf. Warte. Laß mich überlegen.«

»Ich kann meine Mama nicht finden, Torey«, sagte sie. »Ich habe gesucht und gesucht, aber ich finde sie nicht.«

»Ach, Liebes.«

»O Scheiße, jetzt fang' ich gleich an zu heulen. Nein, ich will hier nicht heulen. Nein, nein!«

»Sheila, ich komme und hole dich.«

»Was?«

»Tu jetzt gar nichts. Ja? Ich komme und hole dich. Ich nehme dich mit nach Hause. Kannst du mir genau sagen, wo du bist? Wo wohnst du?«

Wieder schnürten ihr Tränen die Kehle zu. »Ich wohne nirgends. Ich bin ganz allein.«

»Okay, na gut, hör zu. Bleib, wo du bist. Ich habe die Faxnummer. Laß mich hier alles regeln, ich melde mich dann wieder und faxe dir alles. Aber bleib dort und warte auf mich. Und tu nichts. Ja? Versprichst du mir das?«

Sie weinte. Ob aus Not oder Erleichterung, konnte ich nicht sagen, aber sie versprach mir unter Tränen, daß sie in dem Kopiergeschäft bleiben würde, bis mein Fax eintraf.

Die nächste Stunde war die reine Hektik. Sie befand sich in einem relativ kleinen Ort in Nordkalifornien, der keinen Flughafen hatte. Der nächste größere Flughafen war in San Francisco, gut zwei Stunden Autofahrt von der Ortschaft entfernt, und der Flug von uns aus dorthin dauerte ebenfalls etwa zwei Stunden. Das hieß, ich mußte mit mindestens vier Stunden Reisezeit rechnen, wenn alles gutging. Aber es ging eben nicht alles gut. Das Thanksgiving-Wochenende stand vor der Tür, und als ich am Flughafen anrief, um einen Flug zu buchen, erfuhr ich, daß die Economy-Klasse nicht nur auf der nächsten Maschine, sondern auch auf der danach bis auf den letzten Sitzplatz ausgebucht war. Das bedeutete, daß ich frühestens Mitte des folgenden Tages abfliegen konnte. Ich war völlig aufgelöst. Ich hielt es für lebenswichtig, Sheila jetzt dort abzuholen. Ich konnte ihr in ihrem labilen Zustand nicht zumuten, die Reise hierher allein zu unternehmen, zumal ich wußte, daß sie noch nie geflogen war und sich mit dem Ablauf der Formalitäten nicht auskannte. Ich hatte aber auch Angst davor, wie sie reagieren würde, wenn ich fremde Hilfe anforderte, etwa bei der Polizei, beim Jugendamt oder einer anderen Behörde in der Gemeinde in Kalifornien, in der sie sich aufhielt.

Während ich mir in meiner Panik noch die Haare raufte, ging wieder einmal mein Piepser los. »Verdammtes Ding«, schimpfte ich zu Jules gewandt, riß mir das Gerät herunter und schleuderte es über den Schreibtisch.

Jules sah erst das immer noch piepsende Gerät an, dann mich. »Meinst du nicht, du solltest dich melden?« fragte er.

Verdrossen rief ich bei Rosalie an, die den Anruf für mich durchstellte.

»Hilfe! Hilfe! Ich sterbe. Retten Sie mich, Frau Doktor. Schnell! Eine Infusion mit Cabernet Sauvignon und ein T-Bone-Steak«, tönte es mit ersterbender Stimme aus dem Hörer. »Heute abend um sechs?«

»Also, Hugh! Wirklich! Du weißt doch, daß du keine solchen Späße mit mir treiben sollst.«

Er war, wie immer, nicht im geringsten zerknirscht, und mir tat es in diesem Moment so gut, seine Stimme zu hören, daß ich nicht ärgerlich werden konnte. Ich erzählte ihm die ganze schlimme Geschichte von Sheila und fügte hinzu, daß ich es für entscheidend hielt, ihr so schnell wie möglich zu Hilfe zu kommen, dies jedoch wegen der ausgebuchten Flüge nicht möglich war.

Hugh hörte mir aufmerksam zu. »Flieg erster Klasse«, sagte er, als ich zum Schluß gekommen war. »Die ist bestimmt nicht voll.«

Ich lachte ironisch. »Ich kann mir kaum Economy leisten, Hugh, geschweige denn erster Klasse. Und zurückbringen kann ich sie auf diesem Weg bestimmt nicht. Selbst wenn ich Plätze bekommen würde, was nicht der Fall ist. Bei den Rückflügen sieht es noch viel schlimmer aus. Alles wegen Thanksgiving. Es gibt einfach nichts.«

»Ich zahle den Flug«, sagte er. »Ich besorge dir ein Ticket. Dann kannst du für die Rückfahrt vielleicht ein Auto mieten. Du mußt dir ja in San Francisco sowieso einen Wagen nehmen, um sie dort oben abzuholen. Da kannst du genausogut von dort aus gleich mit dem Auto zurückfahren. Also, mach dir keine Sorgen. Ich erledige alles, okay?«

Ich war so gerührt von seinem großzügigen Angebot, daß ich nicht wußte, was ich sagen sollte.

»Na ja, sie ist ein feiner kleiner Kerl«, antwortete er auf mein Schweigen. »Und was sind schließlich ein paar Dollar im Leben?«

Ich bat Sheila, im McDonald's in dem kleinen Ort auf mich zu warten. Es war das einzige Lokal, von dem ich mit Sicherheit wußte, daß es spätabends noch geöffnet war. Außerdem war es ein für sie relativ sicherer Ort und einer, der für mich in einer fremden Gegend leicht zu finden war. Hugh besorgte mir ein Erste-Klasse-Ticket nach San Francisco, und ich buchte einen Mietwagen, mit dem ich von San Francisco die Küste hinauffahren konnte. Ich wollte Sheila abholen und dann mit ihr hierher zurückfahren, eine Strecke von mehr als achthundert Meilen.

Es kam mir nie in den Sinn, dies alles nicht für Sheila zu tun. Von Natur aus etwas impulsiv, neigte ich zu »großmütigen Taten«, wie Hugh es formulierte, aber ich glaube, ich hätte gar nicht anders handeln können. Meine Intuition ließ mich in solchen Situationen eigentlich nie im Stich, und ich war mir immer sicher, was ich tun mußte. Wenn mich das auch häufig dazu verleitete, erst zu handeln und danach zu denken, so führte mich dieses Gefühl doch nur selten dazu, etwas zu tun, was ich hinterher bereute. Ich war sicher, daß es in diesem Fall das Richtige war, Sheila selbst abzuholen; so sicher, daß ich eine Alternative niemals in Betracht zog.

Es war Viertel nach zehn Uhr abends, als ich im gelben Lichtschein des McDonald's anhielt. Durch das Fenster konnte ich Sheila sehen, eine einsame Gestalt, die zusammengesunken an einem der Tische saß. Ich schaltete den Motor ab und stieg aus.

Sie stand nicht auf, als ich eintrat, sondern hob nur den Kopf und sah mir entgegen. Auf ihrem Gesicht lag ein schwaches Lächeln, das ich für einen Ausdruck von Erleichterung hielt. Ich eilte zu ihr an den Tisch, neigte mich hinunter und nahm sie in die Arme. Sie sträubte sich nicht, sondern schmiegte sich fest in den weichen Stoff meiner Wolljacke.

Ich setzte mich auf die Bank ihr gegenüber und sah sie an. Sie war völlig verdreckt, so verdreckt wie damals, als sie in meine Klasse gekommen war. Das ungekämmte Haar hing ihr in langen, fettigen Strähnen ins Gesicht. Unter ihren Fingernägeln und in den Falten ihrer Haut hatte sich Schmutz eingegraben. Ihre Kleider waren zerknittert und voller Flecken. Und sie stank, genau wie damals.

»Bist du hungrig?« fragte ich.

»Ich hab' ein paar Pommes gegessen. Ich dachte, es ist besser, wenn ich was esse. Sonst hätten die mich womöglich rausgeschmissen.«

Ich selbst war nicht hungrig. Man hatte mir im Flugzeug ein Mahl aufgetischt, wie ich es selten bekam, und Big Macs waren danach wenig verlockend, aber ich ging hinüber an die Theke und kaufte einen für jede von uns und dazu eine große Portion Pommes. Ich hatte daran gedacht, eine Thermosflasche mitzunehmen, um mich auf der langen Fahrt, die wir vor uns hatten, mit Kaffee stärken zu können, und ließ mir die Flasche von dem Mädchen an der Theke auffüllen. Für Sheila nahm ich einen Milchshake.

Sheila hatte den Hamburger im Nu verschlungen und machte sich gierig auch noch über meinen her, als ich sagte, ich hätte keinen Appetit darauf. Wieder sah ich sie wie damals, eine ausgehungerte kleine Sechsjährige, die sich mit beiden Händen ihr Mittagsbrot in der Schule in den Mund stopfte. Viel kultivierter aß sie an diesem Abend auch nicht, und ich vermutete, daß sie in den letzten Tagen kaum zu essen bekommen hatte.

»Wo hast du hier eigentlich gewohnt?« fragte ich.

Sie zuckte die Achseln. »Wo ich was gefunden hab'.«

»Was hast du an Geld?«

»Jetzt? Genau fünfundachtzig Cents. Nachdem ich die Busfahrkarte gekauft habe, bin ich mit dreiundzwanzig Dollar losgefahren. Ich hab' versucht, sehr sparsam zu sein, aber...« Sie lächelte entschuldigend.

So sprachen wir miteinander, während sie aß, als wäre nichts geschehen. Ich erfuhr von ihr, daß sie an jenem Samstag, als sie bei mir zu Hause gewesen war, mein Telefon benutzt hatte, um Fahrpreise und Fahrpläne der Überlandbusse zu erfragen. Sie beschrieb mir, wie sie sich das Geld, das sie brauchte, von dem Taschengeld abgespart hatte, das die Jugendlichen im Heim bekamen. Mich faszinierte es, ihr zuzuhören, weil es zeigte, wie genau sie geplant hatte und wie gut sie es verstanden hatte, ihre Pläne zu verbergen. Nicht einmal ich hatte ja etwas gemerkt.

Wir sprachen jedoch nicht darüber, warum sie das alles getan hatte und was dabei herausgekommen war. Ich musterte sie aufmerksam bei unserem Gespräch, suchte nach den Anzeichen selbstmörderischer Verzweiflung, die meiner Vermutung nach immer noch vorhanden war.

Als sie geendet hatte, sah ich auf meine Uhr. »Ich denke, wir fahren jetzt besser los.«

Sheila blieb unbewegt sitzen. Ich sah sie an.

»Ich will nicht in das Heim zurück, Torey. Wenn du nur hergekommen bist, um mich wieder dahin zu bringen, hättest du auch gleich zu Hause bleiben können. Ich geh' da nicht wieder hin. Da sitzt man wie in der Todeszelle, und das ist für mich erledigt.«

»Natürlich. Wir finden schon eine Lösung. Dein Vater wohnt jetzt in Broadview. Er führt ein geregeltes Leben...«

Sheila stand immer noch nicht auf.

»Komm, Schatz, gehen wir.«

Sie stieß einen abgrundtiefen Seufzer aus und ließ ihre Schultern fallen. Dann erhob sie sich müde und folgte mir hinaus.

Wir fuhren aus dem Ort hinaus auf den Highway. Ich fahre gern Auto, besonders lange Strecken; es vermittelt mir ein Gefühl der Losgelöstheit und Autonomie. Wenn ich erst richtig unterwegs bin, ist es beinahe eine transzendente Erfahrung, durch die ich mich in einen Zustand grenzenloser Freiheit versetzt fühle. Nachdem ich den wichtigsten Teil meiner Mission erfüllt hatte, nämlich Sheila ins Auto zu packen, um sie mit nach Hause zu nehmen, war ich glänzender Stimmung.

Sheila saß wie ein Häufchen Elend neben mir. Lange Zeit sprach sie kein Wort. Anfangs glaubte ich, sie würde einschlafen, da sie offensichtlich sehr müde war, aber das tat sie nicht. Sie saß nur still da, den Ellbogen auf den Fensterrahmen gestützt, das Gesicht in die Hand gestützt, und blickte unverwandt geradeaus.

Die Straße war völlig leer. Ich hatte die direkteste Route gewählt und daher nicht den großen Freeway genommen, sondern einen kleineren Highway, der geradewegs nach Osten führte. Um diese Zeit war praktisch kein Mensch unterwegs. Ja, über lange Strecken sahen wir überhaupt keine Lichter, weder auf der Straße noch rechts und links davon.

In der Abgeschlossenheit des Autos konnte ich Sheilas Schmerz viel deutlicher wahrnehmen als zuvor in der künstlich freundlichen Atmosphäre des McDonald's. Er war beinahe körperlich spürbar, und lange Zeit wußte ich nicht, wie ich mich am besten verhalten sollte. Einfach schweigen? Sie zum Reden ermuntern? Oder so tun, als wäre es ganz normal, achthundert Meilen von zu Hause durch die Nacht zu fahren, und warten, bis der Damm von selbst brach?

Sheila nahm den Arm vom Fensterrahmen und verschränkte beide Arme auf der Brust. Sie blies sich das Haar aus dem Gesicht, drehte den Kopf und sah mich an.

»Warum tust du das? Warum bist du extra hier rausgekommen, um mich zu holen?«

»Weil ich dich liebhabe. Ganz einfach.«

Sie wandte sich von mir ab und sah durch das Fenster in die tiefe Dunkelheit hinaus. Lange blieb sie so, und als sie sich mir schließlich wieder zuwandte, sah ich die Tränen auf ihren Wangen. Sie schimmerten schwach im bleichen Licht der Armaturenbeleuchtung.

»Möchtest du darüber reden?« fragte ich.

Sie schüttelte den Kopf. Sie wischte sich die Tränen weg, aber sie konnte nicht aufhören zu weinen. Ich sah, wie sie zornig wurde, weil es ihr nicht gelang, die Tränen zurückzuhalten.

»In meiner Handtasche sind Taschentücher«, sagte ich und wies zum Rücksitz.

»Ich will nicht weinen.«

»Das ist doch in Ordnung, Liebes. Mich stört das nicht.«

»Aber mich stört's. Ich will nicht weinen. Wenn ich erst mal anfange, hör' ich bestimmt nie wieder auf.«

»Diese Angst hast du schon lange, nicht wahr?«

Sie nickte. Die Tränen begannen stärker zu fließen, aber sie kämpfte immer noch dagegen an.

»Ich hab' so eine Stinkwut. Ich will nicht nachgeben. Ich will nicht weinen. Das macht mich nur schwach.«

»Nein, nicht schwach.«

»Es ist so ungerecht. Ganz falsch. Du solltest gar nicht hier sein. Meine Mutter sollte so mit mir reden, nicht irgendeine Lehrerin.« Sie hob den Kopf und sah mich an. »Entschuldige, daß ich das so sage, Torey, aber das ist doch alles, was du bist. Wo sind die Menschen, die mich eigentlich lieben müßten?«

Ich warf ihr einen Blick zu.

»Wo sind sie, verdammte Scheiße? Wo ist meine Mutter? Und wo ist mein Vater, wenn wir schon dabei sind? Warum müssen es immer Menschen wie du sein, die was für mich tun? Warum haben sich meine Eltern nie um mich gekümmert? Bin ich denn so schlimm?«

Die Tränen überwältigten sie. Laut schluchzend und schniefend ließ sie sich in ihrem Sitz zurückfallen und weinte.

Ich sagte gar nichts. Es gibt Zeiten, da meint man, Worte könnten vielleicht helfen, aber in Wirklichkeit sind sie viel zu schwach, um etwas auszurichten.

Ich erinnerte mich an eine ähnliche Situation wie diese. Ich befand mich plötzlich nicht mehr im nächtlich dunklen Auto, sondern in dem kleinen Wandschrank in der Schule und hielt die weinende kleine Sheila in meinen Armen. Sie war so lange eine mutige kleine Tigerin gewesen, aber jetzt weinte sie. Es war das erstemal, daß ich Tränen bei ihr sah, obwohl das Schuljahr beinahe um war. Sie hatte immer den bodenlosen Abgrund hinter den Tränen gefürchtet.

Sheila weinte lange. Sie zog ihre Beine hoch, vergrub ihr Gesicht in ihren Armen und weinte schluchzend in den zerschlissenen Stoff ihrer Jacke. Ich sagte nichts und tat nichts. Ich fuhr nur durch die Dunkelheit. Wir waren jetzt in den Bergen, und zu beiden Seiten war die Straße von Wäldern gesäumt. Es hatte zu schneien angefangen. Der Schnee fiel in großen, sachte taumelnden Flocken, die im Licht der Scheinwerfer zu tanzen schienen. Die nächtliche Stunde, die Dunkelheit, die Bäume, der Schnee – das alles spielte zusammen, um eine Atmosphäre traumhafter Unwirklichkeit zu schaffen.

Endlich hatte Sheila sich ausgeweint. Sie schnüffelte, schluckte, holte zitternd Atem. Die Tränen waren versiegt. Stille folgte, eine lange, tiefe Stille, so angefüllt von Gedanken, daß sie beinahe greifbar zu sein schienen.

»Ich kann mich an den kleinen Jungen erinnern«, sagte sie. Ihre Stimme war sehr leise und noch ein wenig rauh vom langen Weinen. »An den Jungen, den ich mit in den Wald genommen habe.«

Ich blickte durch die Windschutzscheibe in das Schneetreiben hinaus und sagte nichts. Sheila hatte nie zuvor von der Entführung des kleinen Jungen gesprochen, die der Grund dafür gewesen war, daß man sie in meine Klasse und beinahe in eine Nervenheilanstalt gesteckt hatte. So vieles hatte Sheila im Lauf der Jahre mit mir besprochen, aber diesen Zwischenfall hatte sie nicht ein einziges Mal erwähnt.

»Ich hab' ihm immer zugeschaut, wenn er in seinem Garten gespielt hat. Er hatte eine Schaukel. Seine Mutter hat ihn immer rausgebracht und angeschubst, wenn er drauf saß. Ich hab' zugeschaut. Er hatte ein kleines Plastikauto, das die Form eines Elefanten hatte. Da ist er immer reingestiegen, und sein Daddy hat ihn rumgeschoben. Ich hab' immer zugeschaut. Und dann... Eines Tages war er ganz allein im Garten, und da hab' ich gesagt: ›Hast du Lust, mitzukommen?‹ oder so was Ähnliches. Ich weiß das jetzt nicht mehr so genau. Auf jeden Fall hab' ich das Gartentor aufgemacht und hab' ihn rausgelassen. Und dann bin ich mit ihm in den Wald gegangen.

Ich glaube nicht, daß ich ihm wirklich was antun wollte. Ich hatte ein Seil mit, aber nur zufällig. Ich hatte es unten am Bahngleis gefunden. Ich hab' es nicht extra mitgenommen. Und ich kann mich auch nicht erinnern, daß ich ihm weh tun wollte, jedenfalls am Anfang nicht. Ich weiß noch, wie ich mit ihm in den Wald gegangen bin... Ich hab' ihm gesagt, er soll seine Hose ausziehen. Ich wollte seinen Pimmel sehen. Daran kann ich mich erinnern. Und ich weiß auch noch, daß ich dachte, er ist genau wie Jimmie. Er war auch genau wie Jimmie. Und ich hab' ihn gehaßt. Torey, ich hab' damals Gedanken in meinem Kopf gehabt, die... Ich mein', ich kann mich dran erinnern, als wär's erst gestern gewesen. Ich weiß noch genau, wie mir zumute war, als ich diesen kleinen Jungen anschaute. Ich hab' ihn so furchtbar gehaßt, und ich dachte... Du magst mich bestimmt nicht mehr, wenn ich dir das jetzt sage, aber... Ich dachte, ich würde ihn am liebsten umbringen.«

Sheila schwieg. Sie senkte den Kopf und blickte auf ihre Hände hinunter. »Ich war ein schlimmes Kind. Genau wie mein Pa immer gesagt hat.«

Ich sagte nichts.

Sheila sah mich an. »Magst du mich jetzt nicht mehr?«

»Doch.«

»Aber wieso? Wenn der kleine Junge nicht gerade seinen Glückstag gehabt hätte, hätte ich ihn umgebracht.«

Ich hielt den Blick auf die Straße gerichtet, aber aus den Augenwinkeln konnte ich Sheila sehen. Sie sah mich immer noch unverwandt an. Schließlich wandte sie sich ab.

»Ich bin eine Mörderin«, sagte sie.

»Er ist nicht gestorben, Sheila.«

»Er hätte aber sterben können. Er hat nur Glück gehabt.«

Sie holte tief Atem. »Ich kann das niemals vergessen. Ich hab' nie einem Menschen davon erzählt. Ich hab' mich nicht getraut, es irgend jemandem zu sagen, aber es ist immer in meinen Gedanken. Alles Gute und Schöne, was je passiert ist, wird von dieser Sache, die da in meinem Kopf sitzt, aufgefressen. Ich denke: Ich bin so böse. Kein Wunder, daß mir immer schlimme Sachen passieren. Ich hab's nicht anders verdient. Ich bin so schlecht, daß nicht mal meine eigene Mutter mich ertragen konnte.«

»Daß deine Mutter dich verlassen hat, hatte nichts damit zu tun. Sie hat dich lange vor dieser Geschichte mit dem Jungen verlassen. Wenn ich versuchen wollte, das mit dem kleinen Jungen zu erklären, würde ich sagen, daß es genau umgekehrt war. Sie hat dich nicht verlassen, weil du solche Dinge getan hast. Du hast solche Dinge getan, weil sie dich verlassen hat.«

»Ja, aber warum hat sie mich denn dann verlassen?«

»Höchstwahrscheinlich, weil sie eigene Schwierigkeiten hatte. Weil sie noch sehr jung war. Sie war doch erst vierzehn, als du geboren wurdest. Hast du das gewußt? Vierzehn Jahre war sie alt.«

Keine Antwort.

»Folglich war sie an dem Abend, als sie weggegangen ist, erst achtzehn. Ungefähr anderthalb Jahre älter, als du jetzt bist. Und sie hatte zwei Kinder, für die sie sorgen mußte, und einen Ehemann, der im Gefängnis saß.«

Sheila kaute auf ihrer Unterlippe.

»Ich glaube, deine Mutter hatte genausowenig geplant, dich zu verlassen, wie du geplant hattest, diesem kleinen Jungen etwas anzutun. Ich denke, sie war einfach völlig überfordert. Sie war bis an ihre Grenzen belastet und konnte einfach nicht mehr. Sie konnte nicht einmal mehr mit einem kleinen Mädchen fertig werden, das auf dem Rücksitz ihres Autos Dummheiten machte. Und ihr ging es wie den meisten von uns: Wenn wir nicht mehr kämpfen können, laufen wir fort.«

Sheila ließ ein leises, spöttisches Lachen hören. »Da merkt man, daß ich ihre Tochter bin. Ich laufe auch immer vor meinen Problemen weg.«

»O nein«, widersprach ich. »Du bist nicht wie sie. Du bist viel stärker. Viel besser.«

»Wie kannst du das sagen?«

»Du läufst vielleicht fort, wenn es schwierig wird, aber der Unterschied ist, daß du zurückkommst.«

Sheila ließ sich das durch den Kopf gehen und nickte dann langsam. »Hm, ja.«

32

In der ersten Hochstimmung dieses Abenteuers hatte ich vorgehabt, ohne Pause bis nach Hause durchzufahren, aber wie töricht dieser Gedanke war, wurde mir gegen ein Uhr morgens bewußt. Als wir die Berge hinter uns ließen und sich die Weiten der Ebene von Nevada vor uns erstreckten, begann ich nach Motels Ausschau zu halten, in denen am Empfang noch Licht war, und fand schließlich eines am Rand einer kleinen Ortschaft.

Ich machte nur Katzenwäsche, als wir in unser Zimmer kamen, und kroch dann sofort in mein Bett. Sheila jedoch, die, nach ihrem Aussehen zu urteilen, seit Wochen nicht mehr mit heißem Wasser in Berührung gekommen war, holte sich Seife und Shampoo aus meiner Toilettentasche und verschwand so lange im Bad, daß mir in dieser Zeit die Augen zufielen.

Die Geräusche, als sie, aus dem Bad zurück, in ihren Sachen kramte, weckten mich wieder, und ich sah ihr zu, wie sie sich für die Nacht fertigmachte.

»Ich wollte, ich hätte was Sauberes anzuziehen«, sagte sie ärgerlich. »Alles ist widerlich dreckig.« Dann kroch sie in ihr Bett und machte das Licht aus.

Ein alter Heizkörper neben meinem Bett röchelte und seufzte in der Dunkelheit. Ich zog mir die Decke bis zum Hals hinauf, um mich gegen die Kälte der Novembernacht zu schützen.

Sheila wälzte sich in ihrem Bett herum. »Ich bin überhaupt nicht müde«, murmelte sie. »Ich muß dauernd über alles nachdenken, worüber wir heute abend geredet haben.«

Der Heizkörper rülpste, röchelte, beruhigte sich wieder.

»Und weißt du was? Irgendwie hab' ich eine echte Wut auf meine Eltern. Ich war doch nur ein kleines Kind. Ich fühl' mich so betrogen. Sie hätten mich vor all diesen Dingen schützen müssen.«

»Ja, da hast du recht.«

»Mir kommt zum ersten Mal der Gedanke, daß ich vielleicht... Na ja... Vielleicht konnte ich gar nichts dafür, daß ich so war, wie ich war. Ich war ein schlimmes Kind, das weiß ich, aber... Vielleicht habe ich nicht verdient, was meine Eltern mir angetan haben.«

Gut, dachte ich.

Sheila hätte ohne weiteres rund um die Uhr weitergeschlafen, denke ich, und zweifellos brauchte sie diesen Schlaf auch. Ich hatte den Verdacht, daß sie seit langer Zeit zum ersten Mal wieder in einem richtigen Bett lag. Doch das Wetter wurde zusehends unfreundlicher, und ich wollte aufbrechen, deshalb holte ich sie um halb zehn aus den Federn.

Jetzt erst zeigte sich, wie erschöpft Sheila war. Sie wirkte nicht mehr so niedergeschlagen wie am Abend zuvor, aber sie war keineswegs gesprächig. Ab und zu tauschten wir kurze Bemerkungen aus, dann trat zehn oder fünfzehn Minuten Schweigen ein, ehe sie das nächste Mal den Mund aufmachte. Ich schaltete zu meiner Unterhaltung das Radio ein.

»Ich war bei der Frau, die mir auf meine Anzeige geschrieben hat. Und sie war natürlich nicht meine Mutter, genau wie du vermutet hast. Gott sei Dank.« Ein kleines Lächeln. »Sie war schlicht und einfach plemplem. Wie du gesagt hast.«

Ich sah sie lächelnd an. Sie zuckte die Achseln.

»Und was hast du noch getan?« fragte ich.

»Eigentlich nichts. Lange Zeit dachte ich... Na ja, ich mein', ich hab' gehofft, ich würde sie doch noch finden. Ich war in Kalifornien, und sie war in Kalifornien. Irgendwo. Ich hoffte...« Sheila drehte den Kopf und sah zum Fenster hinaus. »Es war ziemlich schlimm. Ich wußte nicht, wohin. Ich hatte kaum Geld. Meistens hab' ich im Freien geschlafen. In Hauseingängen und so. Und hab' versucht, von den Pennern wegzubleiben. Ich hab' fürchterlich gefroren. Und Hunger hatte ich...«

»Warum hast du mich nicht angerufen?« fragte ich.

»Ich weiß auch nicht. Zuerst wollte ich es dir einfach nicht sagen. Ich hasse es, wenn du recht hast. Du reibst es einem zwar nicht gerade unter die Nase, aber – irgendwie spürt man es. Außerdem wollte ich nicht zurück. Das will ich auch jetzt eigentlich nicht.«

Pause.

»Was meinst du? Was soll ich jetzt tun?« fragte sie. »Soll ich wieder zu meinem Vater gehen?«

»Ja, wahrscheinlich. Wenn du wirklich meine Meinung hören willst: Ich finde, du solltest dich in der Schule richtig auf die Hosen setzen, damit du ein Stipendium bekommst. Es ist noch genug Zeit, und es gibt bestimmt eine ganze Reihe Universitäten, die dich mit deiner Begabung mit Kußhand nehmen. Ich weiß, was du gesagt hast: Du hast keine Lust, gleich nach der Schule ein Studium anzufangen, Sheila, aber glaub mir, meiner Ansicht nach wäre das für dich die ideale Umgebung. Ich bin sicher, du wärst dort glücklich. Du hättest all die Freiheit, die du brauchst, und trotzdem wärst du in einer Art geschütztem Raum. Du kannst studieren, was du willst, und richtig loslegen. Deinen Gedanken und Ideen freien Lauf lassen. Ich glaube, das wäre sehr gut für dich.«

Sie seufzte. »Ja, wahrscheinlich.«

Danach schlief Sheila. Wir waren auf den letzten hundertfünfzig Meilen, und ich überlegte, wohin ich sie eigentlich bringen sollte. Ihr Vater erwartete sie nicht, und auf keinen Fall wollte ich sie jetzt Jane Timmons oder den Leuten vom Jugendamt übergeben. Ich hielt es für das beste, sie zunächst mit zu mir zu nehmen und dann ihrem Vater Bescheid zu geben. Am folgenden Tag war Thanksgiving, und ich spielte mit dem Gedanken, Mr. Renstad zu mir einzuladen und für uns alle etwas Gutes zu kochen. Irgendwie erschien mir das angemessen.

Sheila erwachte, als wir die Stadt erreichten. Sie richtete sich auf, streckte sich und rieb sich die Augen. »Ach Gott, ich bin wieder da«, sagte sie und schaute aus dem Fenster. Ich konnte ihrem Ton nicht entnehmen, ob sie sich freute oder nicht.

Ich erklärte ihr meine Pläne.

»Nein«, sagte sie.

»Nein?«

»Nein. Fahr mich nach Hause zu meinem Vater.« Sie sah zu mir herüber. »Die ganze letzte Stunde hab' ich nur mit geschlossenen Augen dagelegen, aber ich hab' nicht geschlafen. Ich hab' nachgedacht. Ich hab' unentwegt über alles nachgedacht, worüber wir geredet haben, und ich hab' beschlossen, daß ich nach Hause will.«

Überrascht nickte ich. »Gut.«

»Erinnerst du dich an den Sommer, als ich mit dir und Jeff gearbeitet habe?«

»Ja.«

»Und weißt du auch noch, wie ich dich einmal gefragt habe, ob bei mir jemals alles in Ordnung kommen würde? Ob ich jemals ein normales Leben führen würde. Weißt du noch, was du da gesagt hast?«

Ich versuchte, mich zu erinnern.

»Ich weiß es noch genau, weil ich es mir genau gemerkt hab'. Du hast gesagt, ich müßte mich mit den Dingen auseinandersetzen. Ich müßte akzeptieren, daß meine Mutter mich verlassen hat. Akzeptieren, daß es vielleicht unausweichlich war und nicht meine Schuld. Und zum Schluß hast du gesagt, ich müßte verzeihen und loslassen.«

Ich nickte.

»Ich glaub', daß ich inzwischen den ersten Punkt erreicht hab'. Ich hab' hier gesessen und nachgedacht, und, weißt du, ich hab' jetzt nicht mehr das Gefühl, daß es meine Schuld war. Es tut immer noch höllisch weh. Ich wünsch' mir immer noch, es wäre nicht geschehen, aber es ist geschehen. Ich kann jetzt verstehen, daß meine Mutter vielleicht ihre eigenen Probleme hatte und es nur mein Pech war, daß ich eins davon war.«

Sie ließ sich das einen Moment schweigend durch den Kopf gehen. »Und vielleicht gilt das gleiche für meinen Vater. Kann ja sein. Auf jeden Fall denke ich jetzt, ich kann nicht rechts dran vorbei, ich kann nicht links dran vorbei, ich kann nicht ausweichen. Das hab' ich ja die ganze Zeit versucht. Also muß ich da jetzt durch.«

Wieder schwieg sie einen Moment.

»Ich glaub', ich seh' das jetzt alles anders«, fuhr sie dann fort. »Ich glaub', ich kann es akzeptieren.«

»Gut.«

Als wir zu der Kreuzung kamen, an der ich zu meiner Wohnung hätte abbiegen müssen, hielt ich einen Moment an. Als Sheila nichts sagte, gab ich wieder Gas und fuhr geradeaus weiter zum Freeway nach Broadview.

»Weißt du«, bemerkte Sheila nach einer Weile, »am meisten hab' ich über das nachgedacht, was du über das Loslassen gesagt hast. Annehmen, verzeihen und dann loslassen. Annehmen kann ich, glaube ich. Ich glaube, ich kann sogar verzeihen, aber das Loslassen macht mir zu schaffen. Ich versuche dahinterzukommen, was zum Loslassen gehört, und das einzige, was mir einfällt, ist, daß man nach vorne schauen muß. Man muß mehr an die Zukunft denken als an die Vergangenheit.«

»Ja, ich finde, das drückt es sehr gut aus.«

Danach folgte wieder ein Moment gedankenvollen Schweigens. »Weißt du, ich glaube, ich hab' nie nach vorne geschaut«, sagte sie. »Sogar als ich mich an nichts erinnert hab', wollte ich immer zurück.«

Ich nickte.

»Wenn meine Mutter vierzehn war, als ich geboren wurde«, sagte sie, »und wenn mein Vater damals genauso bescheuert war, wie er das mit mir immer war, dann hat es wahrscheinlich nie ein goldenes Zeitalter gegeben. Es ist schon verrückt, jetzt zu erkennen, daß es wahrscheinlich niemals ein ›Zurück‹ gegeben hat.«

Sheila kehrte zu ihrem Vater zurück. Ich veranstaltete am nächsten Tag nicht den großen Festtagsschmaus, der so ein hübsches Happy-End abgegeben hätte. Tatsächlich bekam ich Sheila, nachdem ich sie bei ihrem Vater abgesetzt hatte, drei Wochen lang nicht zu sehen.

Doch es zeigte sich, daß sie auf unserer langen Fahrt von Kalifornien eine Menge belastendes emotionales Gepäck abgeworfen hatte. Als wir uns in den Tagen vor Weihnachten wiedertrafen, sah ich ein ganz anderes junges Mädchen vor mir. Sie war entspannt und heiter, lud mich zum Mittagessen ein und unterhielt mich mit Anekdoten aus ihrer Schule.

Sie war von ihrer neuen Schule und dem Kursangebot nicht sonderlich beeindruckt, doch sie hatte bemerkenswert gute Leistungen, besonders wenn man bedenkt, daß sie im vorangegangenen Jahr nicht regelmäßig zur Schule gegangen war. Besonders freute ich mich, als ich hörte, daß sie dem Lateinclub beigetreten war. Das Ungewöhnliche war, daß sie beinahe zugeben konnte, daß es ihr Spaß machte.

Wir sprachen nicht von unserer Fahrt in jener Nacht, auch nicht von ihrer Mutter oder sonst irgend etwas aus der Vergangenheit. Wir aßen Croissants, wir machten Weihnachtseinkäufe und sahen den Schlittschuhläufern auf dem Eislaufplatz im Park zu. Ich kaufte ihr als Weihnachtsgeschenk die *Orestie* des Aischylos, da ich mir vorstellen konnte, daß sie diese Geschichte von Muttermord und Vergebung tief bewegen würde. Sie schenkte mir eine Arden-Ausgabe von *Antonius und Kleopatra* und legte zum Spaß auch eine Kurzfassung bei.

Mein eigenes Leben nahm etwa um diese Zeit eine unerwartete Wendung. Einige Wochenenden zuvor hatte ich die Sonntagszeitung aufgeschlagen und eine Anzeige eines Schulbezirks entdeckt, der zum Beginn des zweiten Schulhalbjahrs eine Fachlehrkraft für eine Gruppe emotional gestörter Kinder suchte. Die Schule befand sich in einer kleinen Gemeinde eines Nachbarstaats. Das Seltsame war, daß ich zu diesem Zeitpunkt gar nicht nach einem neuen

Arbeitsplatz Ausschau gehalten hatte. Ich hatte geglaubt, am Sandry Institut wunschlos glücklich zu sein. Doch kaum sah ich die Anzeige, da erwachte in mir eine große Sehnsucht, wieder einmal im Klassenzimmer zu stehen.

Ich erzählte Sheila, daß ich mich um den Posten beworben hatte, obwohl ich da noch gar nicht wußte, ob ich ihn überhaupt bekommen würde. Es wunderte sie, daß ich bereit war, eine gutbezahlte Stellung an einem privaten Therapie-Institut zu verlassen, um wieder Lehrerin zu werden. Geld gewann in dieser Zeit große Bedeutung für Sheila, und es fiel ihr schwer, meine Entscheidung zu verstehen, doch sie schien sich auch zu freuen, daß ich in meinen alten Beruf zurückkehren wollte.

Ich bekam den Posten, und Anfang Januar zog ich aus der Stadt in den etwa zweihundert Meilen entfernten kleinen Ort Pecking. Von Sheila hörte ich ab und zu. Sie war nie eine große Briefschreiberin gewesen, und so bekam ich nicht oft Post von ihr. Und wenn, dann waren es, wie früher, selten Briefe im traditionellen Sinn. Daher wußte ich nicht immer, was vorging. Nach allem, was ich hörte, kam sie aber in der Schule und mit ihrem Vater weiterhin recht gut zurecht. Er hatte einen neuen Anlauf genommen, sein Leben in Ordnung zu bringen, und ich hörte viel von den Anonymen Alkoholikern. Sheila ging regelmäßig zu den Treffen der Anonymen Alkoholiker für jugendliche Angehörige, und dort lernte sie Claire kennen, eine Achtzehnjährige, die ebenfalls in Sheilas Schule die Abschlußklasse besuchte. Sie kam nicht aus den gleichen unterprivilegierten Verhältnissen wie Sheila, sondern war in einer wohlhabenden Familie mit Tennisstunden und Ferienreisen aufgewachsen. Hinter dieser ansehnlichen Fassade verbarg sich jedoch ein Alptraum von Alkoholismus und Mißbrauch. Claire und Sheila fanden beieinander das Verständnis, das ihnen andere Gleichaltrige nicht entgegenbringen konnten, und es entstand eine enge Freundschaft zwischen den beiden Mädchen.

Als wir im März zwei schulfreie Tage hatten, kehrte ich zu einem Kurzbesuch in die Stadt zurück. Bei einem Besuch bei Sheila hatte ich Gelegenheit, Claire persönlich kennenzulernen. Sie war ein ernstes junges Mädchen mit sehr langem schwarzen Haar und einer Brille, die ihrem Gesicht einen eulenhaften Ausdruck verlieh. Sie hatte dieses beinahe humorlos ernsthafte Wesen vieler junger Menschen, die mit Vorliebe tiefschürfende Gespräche über Sartre oder ökologische Probleme führen, und Sheila stimmte ihr jedesmal uneingeschränkt zu, wenn Claire mir gegenüber ihre profunden Statements abgab. Zum ersten Mal sah ich Sheila als das, was sie war – eine intelligente junge Frau, die dabei war, sich ihre eigene Identität zu schaffen.

Erst im Mai sah ich sie wieder, als wir uns in der Stadt zum Mittagessen in einer Pizzeria trafen. Beinahe hätte ich sie nicht wiedererkannt. Die Stirnfransen, die so lange gebraucht hatten, um nachzuwachsen, hatten endlich die gleiche Länge wie ihr restliches Haar, das sie gerade geschnitten und aus dem Gesicht gekämmt trug. Sie hatte es ein wenig aufgehellt, so daß das natürliche Blond und der seidige Glanz besser zur Geltung kamen. Die flippigen Klamotten waren verschwunden, aber ihr natürliches modisches Stilbewußtsein hatte sie sich bewahrt. Unter einem Baumwollkleid trug sie zwei T-Shirts, darüber eine Jeansjacke und dazu schweren Keramikschmuck, eine ungewöhnliche Aufmachung, die viel Pfiff hatte.

»Du siehst unwahrscheinlich gut aus«, sagte ich.

»Danke.« Sie setzte sich mir gegenüber. »Da kommt wahrscheinlich die Freude auf die Freiheit durch. Nur noch sechs Schultage.«

Ich sah sie forschend an. Über ihre Zukunftspläne hatte sie sich mir gegenüber beharrlich ausgeschwiegen. Ich hatte in meinen Briefen an sie ein paarmal danach gefragt, aber sie hatte mir nie eine Antwort gegeben, mir nicht einmal geschrieben, um welche Stipendien sie sich beworben hatte. Da war ich natürlich neugierig und rechnete mit einer Überraschung. Ich vermutete, daß sie an einer besonders guten Universität angenommen worden war und mir dies bei diesem gemeinsamen Mittagessen mitteilen wollte.

Wir schwatzten, bestellten Pizza, schwatzten weiter. Sie erzählte mir, daß Claire in Stanford, ihrer bevorzugten Universität, angenommen worden war.

»Und du?« fragte ich, unfähig, meine Neugier weiter zu bezähmen. »Was hast du vor?«

Sie senkte den Kopf. Um ihren Mund spielte ein Lächeln, aber eine ganze Weile blieb sie in dieser Haltung.

»Ich weiß nicht, wie ich es dir sagen soll, Torey.«

Ich wartete.

Schließlich blickte sie auf. »Ich werde nicht studieren. Ich hab' vor drei Wochen einen Job bei McDonald's angenommen, und wenn ich mit der Schule fertig bin, fange ich da voll an.«

»Bei McDonald's?« fragte ich verblüfft. »Mein Gott, Sheila, bei McDonald's?«

»Sch.« Sie langte mit einem Arm über den Tisch und legte mir einen Finger auf die Lippen. »Das braucht doch hier nicht gleich der ganze Laden zu wissen.«

»Das ist nicht dein Ernst. Oder? Du nimmst mich auf den Arm.«

Sie schüttelte den Kopf. »Nein, Torey.«

»Ein hochintelligentes Mädchen wie du! Und du willst dir dein Leben damit verdienen, daß du Hamburger austeilst?«

»Ich mag Hamburger.«

»Aber Sheila –«, protestierte ich.

Immer noch lag dieses leichte Lächeln auf ihrem Gesicht. »Hör zu, Mama, ich muß das tun, was ich für richtig halte.«

»Ich bin nicht deine Mutter. Meinem Kind würde ich so was niemals durchgehen lassen.«

»Doch, du bist meine Mutter. Wenn überhaupt jemand meine Mutter ist, dann bist du's, weil ich dich genauso liebe wie eine Mutter. Und ich weiß, daß du mich auch liebst.« Sie lächelte. »Und jetzt, Mama, wird's Zeit, daß du mich erwachsen werden läßt. Die

Universität kommt später. Vielleicht. Wer weiß. Aber jetzt kommen erst mal die Hamburger.«

»Ach, Sheila, komm! Das ist doch alles ein Witz!«

»Keine Kritik. Okay?« sagte sie. »Mach es doch wie früher. Sag: ›Sheila, ganz gleich, was du tun willst, es ist in Ordnung. Ich bin für dich da, wenn du mich brauchst. Ich steh' hinter dir.‹ Sag mir das.«

Ich sah ihr lange in die Augen, die in der dämmrigen Beleuchtung des Lokals graublau schimmerten. Dann seufzte ich und lachte. »Also gut. Tu, was du für richtig hältst. Ich hab' Vertrauen zu dir.«

»Danke, Mama.«

Epilog

Beinahe zehn Jahre sind seit dem Nachmittag in der Pizzeria vergangen. Sheila ist jetzt älter als ich in dem Jahr, als sie in meiner Klasse war. Sie arbeitet immer noch in der Fast-food-Branche, aber sie bedient nicht mehr. Dank eines unerwartet scharf ausgeprägten Geschäftssinns hat sie es inzwischen bis zur Filialleiterin gebracht und wird voraussichtlich bald eine der jüngsten Franchiseunternehmerinnen in ihrem Teil des Landes werden.

Ich muß zugeben, daß ich, bei all ihrem Erfolg, eine andere berufliche Laufbahn für sie gewählt hätte, und es fällt mir immer noch ein wenig schwer, mich damit abzufinden, daß soviel Begabung an schlichte Hamburger hingegeben wird. Wenn Sheila nach geschmacklosen Wortspielen zumute ist, pflegt sie zu sagen, daß ihre Arbeit ihr mundet. Ich habe den Verdacht, daß es ihr ebenfalls mundet, meine Pläne durchkreuzt zu haben, und das ist das beste Zeichen überhaupt. Sie steht jetzt auf eigenen Füßen und fühlt sich wohl in ihrer Haut. Ihre Pläne, ihr Entscheidungen und ihr Selbstbewußtsein sind weder von meinem noch von anderer Leute Beifall abhängig.

Natürlich hat Sheila gelegentlich immer noch ihre Schwierigkeiten. Sie hatte eine entsetzlich lieblose, von Mißhandlung und Mißbrauch geprägte Kindheit, und es wäre unrealistisch zu erwarten, daß diese frühen Erlebnisse sich nicht sporadisch bemerkbar machen. Vor allem gilt das für ihre Beziehungen zu anderen Menschen. Mit den klar strukturierten Beziehungen am Arbeitsplatz scheint sie gut zurechtzukommen, insbesondere in ihrer Funktion als leitende Angestellte, da hier das Private vom Beruflichen streng getrennt ist. In ihrem Privatleben jedoch hat sie immer wieder zu kämpfen und findet es besonders schwierig, enge Beziehungen zu

Männern herzustellen. Doch insgesamt hat sie sich zu einer bemerkenswert stabilen und tüchtigen jungen Frau entwickelt.

Vielleicht schließe ich hier am besten mit dem letzten »Liebe Mama«-Brief, den ich von Sheila erhielt. Sie führte als Teenager eine Zeitlang Tagebuch und hatte in dieses Buch die Briefe übertragen, die sie mir geschickt hatte. Vor einigen Jahren fiel ihr das alte Tagebuch in die Hände, und nachdem sie die Briefe gelesen hatte, erzählte sie mir in einem Brief davon und legte mir den folgenden bei:

Liebe Mama,
mein Leben hat sich gut entwickelt. Ich habe einen tollen Job und meine eigene Wohnung und einen Hund namens Mike. Es tut mir leid, aber ich denke nicht mehr viel an Dich. Ich möchte es gern, aber ich habe einfach nicht die Zeit. Es ist schade, daß Du mich nie kennengelernt hast. Ich glaube, Du hättest mich gemocht. Ich glaube, Du wärst stolz auf mich gewesen.

In Liebe, Sheila

Torey L. Hayden
Jadie

Das Mädchen,
das nicht sprechen wollte

320 Seiten

Jadie, acht Jahre alt, will mit niemandem sprechen. Mit größter Einfühlsamkeit und unendlicher Geduld gelingt es Torey L. Hayden schließlich, die selbsterrichteten Mauern des Schweigens um das kleine Mädchen einzureißen, und sie entdeckt dahinter ein zutiefst verstörtes und unglückliches Kind, das dringend ihrer tatkräftigen Hilfe bedarf.
Wie die junge Therapeutin nun Schritt für Schritt die Verkrustungen löst, die die Psyche des Kindes belasten, das ist anrührend, lehrreich – und spannend zugleich.